历史的棋局 2

家国兴衰与成事谋略

《国家人文历史》 编著

人民日报出版社
北京

图书在版编目（CIP）数据

历史的棋局2：家国兴衰与成事谋略 /《国家人文历史》编著. —北京：人民日报出版社，2024.1
ISBN 978-7-5115-8133-4

Ⅰ.①历… Ⅱ.①国… Ⅲ.①中国历史－通俗读物 Ⅳ.①K209

中国国家版本馆CIP数据核字（2023）第248199号

书　　　名：	历史的棋局2：家国兴衰与成事谋略
	LISHI DE QIJU 2：JIAGUO XINGSHUAI YU CHENGSHI MOULUE
作　　　者：	《国家人文历史》
出 版 人：	刘华新
选题策划：	鹿柴文化
特约编辑：	李　安
责任编辑：	张炜煜　霍佳仪
封面设计：	异一设计
出版发行：	人民日报出版社
社　　　址：	北京金台西路2号
邮政编码：	100733
发行热线：	（010）65369509　65369512　65369527　65363528
邮购热线：	（010）65369530　65363527
编辑热线：	（010）65369514
网　　　址：	www.peopledailypress.com
经　　　销：	新华书店
印　　　刷：	三河市华润印刷有限公司
法律顾问：	北京科宇律师事务所 010-83622312
开　　　本：	710mm×1000mm　1/16
字　　　数：	251千字
印　　　张：	19.5
版　　　次：	2024年7月第1版
印　　　次：	2024年7月第1次印刷
书　　　号：	ISBN 978-7-5115-8133-4
定　　　价：	59.00元

王朝兴亡

- 002　一、"大一统"的前奏：秦始皇统一文字之前，六国人员怎么交流？
- 009　二、西晋王朝做错了什么，导致三国时都不敢造次的少数民族肆意南下？
- 016　三、前朝降王如何处置？曹操后人为什么足足当了214年陈留王？
- 025　四、管不住士族通婚的李唐王朝，如何利用科举暴击士族家学？
- 036　五、与盛唐打得有来有回的吐蕃王朝，为何一夜之间崩溃分裂？
- 048　六、明代距离宋代不到百年，为何却有沧海桑田的感觉？
- 055　七、明军胜利后，朱元璋如何对待曾经的敌人？
- 062　八、"天子守国门"，朱棣定都北京如何盘活南北经济？
- 069　九、政权与货币的命运：王朝更迭时，前朝货币都去哪儿了？
- 078　十、如何将古代王朝拉入死亡循环：募兵制以来的"军饷困境"
- 086　十一、汉朝外戚风光无两，怎么到了宋、明竟没什么存在感？

家族盛衰

095	十二、在抢婚中壮大的"黄金家族":成吉思汗收了一众仇家女子,不怕有危险吗?
101	十三、"荆二代"刘琦是如何被刘备踢出局,被曹操骂成猪的?
110	十四、颍川荀氏,理想主义士族的结局又如何?
123	十五、萧氏后族的由来:为什么辽国太后大多姓萧?
134	十六、琅琊王氏风云起,颜氏家族赴国难:"琅琊"的传统基因有多强大?
146	十七、赵国李牧的后裔们,打了多少恶仗,写了多少好书?
154	十八、武则天晚年被迫退位,为何还能保全自己和家族的名声?
164	十九、为什么说中国第一大姓出自太原王氏?
172	二十、皇族接班博弈过后,没有参与"九子夺嫡"的五位皇子都去哪儿了?
179	二十一、曾国藩、左宗棠的后人为何成了维新派?他们的结局如何?
186	二十二、家族的坍塌:清代抄家后,被抄家的人还有钱花吗?

个人沉浮

193	二十三、从托孤重臣到全族被诛，霍光死后为何还能保全名声？
203	二十四、阿斗的野望：活着
211	二十五、游侠周瑜：士为知己者死
230	二十六、生有名，死有谥：为什么说东汉光武帝的谥号不走寻常路？
238	二十七、懦弱平庸却开创一个王朝，唐高祖李渊真的无能吗？
249	二十八、靠一首诗名留千史，"榜一大哥"汪伦到底为李白充了多少值？
259	二十九、"国民门神"秦叔宝，为何在凌烟阁排名倒数第一？
265	三十、大唐名将李靖，为什么乱入殷商"封神榜"？
271	三十一、宋代赘婿为什么能"软饭硬吃"？
281	三十二、秦桧是如何从一朝宰执变成千古罪人的？
291	三十三、被朱棣忽悠的宁王朱权，捱过了怎样的一生？
299	三十四、大清灭亡时，知府知县们都去哪儿了？

王朝兴亡

一、"大一统"的前奏：
秦始皇统一文字之前，六国人员怎么交流？

公元前 221 年，田氏齐国的最后一代齐王建出降，秦军进入临淄城（今山东淄博临淄区），战国时代宣告结束，中国历史上第一个统一王朝——秦诞生了。

"车同轨，书同文，行同伦"作为秦王朝巩固统一的措施向天下颁行。由此，原本作为秦国文字的小篆成为标准文字，通行于天下。那么，在文字和语言都没有被统一的先秦，不同地区的人是怎么交流的？

风俗殊，语言异
你讲什么我听不懂

语言自从产生，就有了差异。

氏族社会时期，中小部族众多，交通不便，语言的差异性非常大。到了商周时期，即便已经逐步形成相对稳定的政治、经济、文化中心，但各地区之间的语言差异仍然巨大。《礼记·王制》记载："五方之民，言语不通，嗜欲不同。"《左传·襄公十四年》中也记载："我诸戎饮食衣服不与华同，贽币不通，言语不达。"《左传·庄公二十八年》记载："子元以车六百乘伐郑，……众车入自纯门，及逵市。县门不发，楚言而出。"这些说的就是当时各地民众语言互不相通的情况。

当时各地的语言差异至少表现在词汇差异和读音差异两个方面。如《左传·宣公四年》记载："楚人谓乳谷，谓虎於（wū）菟，故命之曰斗谷於菟。"说的是楚国人把乳汁称为"谷"，把老虎称为"於菟"，因此就把令尹子文称为斗谷於菟。《诗经·周南·汝坟》释文"齐人谓火曰燬（huǐ）""吴人曰焜"，意思是齐国人和吴国人对"火"的读音有区别。《孟子·滕文公上》也说"今也南蛮鴃舌之人"，说的是楚国人说话发音与中原地区的人不同，被讥为"鴃舌"，即像伯劳鸟说话。

关于楚国人说话，《孟子·滕文公下》记载了一件趣事：

有一个楚国大夫想让他的孩子学会说齐国话，让齐国人做孩子的老师，结果每次齐国人教孩子说齐国话时，都有一群楚国人在那里干扰，这孩子就一直没有学会齐国话。这个大夫很愤怒，天天鞭打孩子，但没有任何效果。后来他把孩子送到齐国临淄的闹市区住了几年，这时纵使他又鞭打孩子让孩子说楚国话，孩子也是不会说了。（"有楚大夫于此，欲其子之齐语也，则使齐人傅诸？使楚人傅诸？"曰："使齐人傅之。"曰："一齐人傅之，众楚人咻之，虽日挞而求其齐也，不可得矣；引而置之庄岳之间数年，虽日挞而求其楚，亦不可得矣。"）

这种语言的差异，不仅体现在相距较远的地区之间（如齐、楚），即使是两个距离较近的地方，其语言可能也不相通。例如，楚国人鄂君子皙出使越国时，听不懂越国人为欢迎他而唱的歌曲，要求为他翻译。又如，因为担心秦国任用士会，晋国让魏寿余带领魏地人假意叛乱，诈降秦国。秦国朝野相信了，派官员接收魏地。这时魏寿余要秦国派出懂得魏地语言的官员，从而乘机带回了士会。（《左传·文公十三年》："秦伯师于河西，魏人在东。寿余曰：'请东人之能与夫二三有司言者，吾与之先。'"）楚、越是邻国，作为楚人的子皙听不懂越人唱歌；魏地和秦国也仅隔河相望，但语言并不相通，如果要交流，需要懂得对方语言的人从中翻译，可见当时语言差异之大，给人们的交流带来了极大的困难。

谕书名，听声音
说"普通话"

尽管"普通话"的概念始于现代，但是作为共同语的语言，我国历史上早已有之。明清时期，这种语言被称为"官话"；在秦始皇统一六国之前，"雅言"是上层社会交流时使用的共同语。

"雅言"最初见于《论语·述而》："子所雅言，《诗》《书》、执礼，皆雅言也。"意思是在孔子时代，诵读《诗》《书》和主持典礼时均采用"雅言"。钱穆在《论语新解》中认为："古西周人语称雅，故雅言又称正言，犹今称国语，或标准语。"

马克思曾对这类共同语作过论述："方言经过政治集中和经济集中而成为全民族的共同语。"这实际上揭示了作为共同语的通用语言的发展历程：方言是共同语的发展基础；共同语的发展受到政治、经济条件的制约，并且影响政治、经济、文化的发展。

从语言学发展脉络来看，"雅言"起源于华夏先民的语言。对此，有人认为，"雅言"即"夏言"，因为"雅"与"夏"同义，而"夏"即中夏，指黄河中部一带。传说中的黄帝部落入主中原后，兼并其他各个部落，其部落语言与其他氏族语言逐渐融合，开始形成共同语。至传说中的夏禹时代，中原各大部落的语言进一步交融，发展为部落联盟的共同语。当时因处于夏王朝时期，这种语言便被称为"夏言"。如《墨子·兼爱》篇记载了大禹伐有苗（又叫三苗）部落时的誓词："济济有众，咸听朕言：非惟小子，敢行称乱，蠢兹有苗，用天之罚，若予既率尔群对诸群，以征有苗。"作为当时部落联盟的领袖，大禹所发的誓词，应当是对联盟内部各部落首领发布的，假若没有共同语，则命令无法发布、事务无法协调、军队无法配合，战争也就无法进行了，遑论取得胜利。由此可见，"雅言"的雏形在原始社会末期到夏王朝早期这个阶段就已出现。

商周以降，"雅言"作为贵族语言逐步被推广。特别是周王朝建立后，为了维护统治，周王朝不遗余力地推进语言上的融合。比如，当时设立了撢人（撢通"探"）和掌交等官职，职责是巡行天下各诸侯国，以王畿地区的语言讲述国家大事，负责与诸侯国之间的联络。（《周礼·夏官·撢人》："掌诵王志，道国之政事，以巡天下之邦国而语之。"《周礼·秋官·掌交》："掌以节与币巡邦国之诸侯，……使和诸侯之好，达万民之说。掌邦国之通事而结其交好。"）又比如，通过设立外史等官职，推广规范文字以推进语言的统一。（《周礼·春官·外史》："外史：掌书外令，……掌达书名于四方。若以书使于四方，则书其令。"）

除此之外，周王朝还将各地语言通过翻译的方式纳入"雅言"体系。比如设立译官，将各地方言用"雅言"予以音译，翻译东方各地语言的官员称为"寄"，翻译南方的官员称为"象"，翻译西方的官员称为"狄鞮"，翻译北方的官员称为"译"。（《周礼·秋官·象胥》有记载"象胥"之职，郑玄注曰："通夷狄之言者曰象。胥，其有才知者也。此类之本名，东方曰寄，南方曰象，西方曰狄鞮，北方曰译。"）

诵诗书，宣礼仪
多说多用就都明白了

周王室制定了制度，设置了官吏来推广作为共同语的"雅言"。毫无疑问,"雅言"如果能够推广流行,将加强各地之间的联系,更方便人们的交流。不过,当时各地都有方言,作为外来语的"雅言"是怎么走进人们的日常的呢?

"幼学如漆",对于语言学习,最好的启蒙时段是幼年,古人很早就认识到了这一点。当时,诗歌乐曲的学习是贵族早期教育的重要内容,而雅言的学习,则作为启蒙学习的重要内容被涵盖其中。《礼记·内则》记载:"十有三年,学乐、诵诗。"意思是,在少年十三岁的时候,就开始学习音乐、诵读诗书。在乐官的口语教习之下,各国的贵族少年用"雅言"演唱歌曲、诵读诗书。

除了教学,贵族读书、作诗以及交游时也会使用"雅言"作为通用语,书籍的编订更是用文字将"雅言"固定下来。比如《诗经》中的305篇诗歌是收集自各地民间,在传唱之初使用的是各地方言,但经过周朝乐官用"雅言"进行编订整理,这些书籍被推行到各地时,人们会自觉不自觉地使用"雅言"诵读,这样就将"雅言"推广开来了。今天我们研究《诗经》时,不难发现其中的诗歌韵部系统仍然一致。而作为重要典籍的《书》《易》更是使用"雅言"撰写,所以才有孔子说的"子所雅言,《诗》《书》、执礼,皆雅言也"。

当然,诵读诗书并非一定要用"雅言"。这在今天也十分常见。有的人在读书时仍然使用方言,甚至有的方言歌曲还非常流行。但正如东汉末年经学家郑玄所说:"读先王典法,必正言其音,然后义全。"以作为通用语或标准语的"雅言"诵读,典籍会显得典雅、庄重,并且也容易传播。而在强调庄重严肃的朝、聘、盟等官方场合,"雅言"更是作为必备语言在使用。

当然,各地方言也不可能就此消失。同一地区的人们在日常交流时仍然使用方言,只是在诵读典籍和重大场合时才使用"雅言"。而在使用者的身份上,对于一般平民而言,或许他们既听不懂也不会说"雅言"；但对于贵族而言，他们则是必然懂得"雅言"的。对此，章太炎有一段论断："雅言者，正言也。谓造次谈论，或用方言，至于讽诵《诗》《书》，胪传典礼，则其言必一出于雅正……田夫野老，或用方音，而士大夫则无有不知雅言者。"这说的就是在诵读典籍、外交等重大场合，"雅言"具有较强的生命力，也由此进入各地。

问九鼎、唱楚辞
方言崛起又融合

周王朝全盛时期，"雅言"凭借政治权力而占据强势地位。但随着历史的车轮进入春秋战国时期，"礼乐征伐自天子出"演变为"礼乐征伐自诸侯出"，乃至之后的"陪臣执国命"，以周王室所在地王畿为基础形成的"雅言"的地位也受到挑战。正如《说文解字》的作者许慎所言："其后诸侯力政，不统于王。恶礼乐之害己，而皆去其典籍。分为七国……言语异声，文字异形。"

各诸侯国在政治、经济上脱离周王室的同时，也在文化上逐渐趋于分化。他们开始抛弃"雅言"，逐渐以本国国都的方言作为区域内的标准语。这样做使得本就存在的方言差异愈演愈烈，也使"雅言"的标准地位遭到巨大挑战。面对这种现象，孔子曾大声疾呼："必也正名乎！……名不正，则言不顺；言不顺，则事不成；事不成，则礼乐不兴；礼乐不兴，则刑罚不中；刑罚不中，则民无所措手足。"孔子这里所谓"正名"，并非仅仅指书面文字，还包括与政治相关的名分、名称，当然也包括语言在内。在各地"言语异声"的背景下，孔子认为要以"雅言"为标准。但由于诸侯纷争，天子衰微，孔子的呐喊并没有引起诸侯的关注。

然而，在各地语言分化的过程中，各国还是在局部地区形成了基于方言的较为统一的通用语。比如，在当时的南方地区，因楚国的强势崛起，就形成了与"雅言"（又称"北音"）相对的"楚音"，即"南音"。在经历了春秋战国时期的长期拓展后，到战国后期，楚国在长江流域有了很大的发展，其国土东到大海，北至黄河，西据巴蜀，南有黔巫，几乎占据当时的大半个中国。楚国人在长期发展过程中，一方面从中原积极汲取文化营养，另一方面则从征服和接触的南蛮与百越等民族中吸收悠扬的巫歌和想象力奇伟瑰丽的神话传说，创造了迥异于中原文化的楚文化。就语言而言，楚语或者说楚音的地位在得以发展和巩固后，与"雅言"构成了南北两大语音系统。

当然，语言不仅有分化，还有融合。在从以"争霸"为主旋律的春秋时代进入以"兼并"为主旋律的战国时代后，语言的融合趋势大大加强，特别是强大的诸侯国在征服、兼并了其他小国后，必然会将自己的通用语强加到这些被征服者身上，这就是语言的局部融合。楚国在统一南方后，又企图问鼎中原。此时的南北两大语音系统开始出现融合。比如《诗经》中曾经提到"以雅以南"，说的就是当时的部分诗歌也可以用"南音"诵读，不失韵味。这说明作为南方语音的"楚音"与作为北方语音的"雅言"已经出现了某种意义上的融合。

总之，语言的发展自有其内在规律。通用语的出现、发展背后有着深厚的政治、经济因素驱动。颁行"车同轨、书同文"的秦始皇尽管没有统一语言，但"大一统"历史的发展，促进了人们推进语言的统一。在"雅言"之后，相继出现了"汉言""洛阳正音""官话""国语"等通用语的称呼。这种通用语或共同语的演变一直延续到今天的普通话，不仅加强了各地的联系、增进了人们的交流，更从文化上夯实了统一的基石，成为构筑中华民族共同体的重要组成部分。

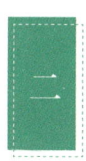 ## 西晋王朝做错了什么，导致三国时都不敢造次的少数民族肆意南下？

西晋之后的百年乱世算是一个非常不堪回首的时期，整个中华大地陷入了一轮又一轮的战乱。但奇怪的是，西晋之前的三国时期也是战乱不休，但在后世横冲直撞的北方少数民族，当时根本无法染指中原。

事实上，当时的北方少数民族之所以无法南下，很大一部分的原因是中原地区的猛人太多，他们根本不敢来侵扰。然而不可思议的是，结束了名将如云的三国割据时代、基本统一三国的西晋王朝，似乎一下进入了名将空档期。在北方少数民族面前，中原王朝居然还没来得及出现什么力挽狂澜的名臣名将，西晋政权就以极快的速度崩溃了。莫非中原地区的英雄都在三国时期被打光了，以至于后来无人能打？

西晋王朝在中国历史上的存在感很低。也难怪，如果从司马炎在公元 280 年灭掉孙吴、重新统一中国开始算起，到公元 316 年长安失守，公元 317 年司马睿建立东晋政权为止，西晋国祚也就三十七年。在这么一点儿时间里，西晋实在没什么拿得出手、能让人记住的东西。终结英雄豪杰辈出的汉末三国乱世、重新统一中国的政权，居然是这样的，提起来不免令人唏嘘。

东汉末年，天灾人祸不断，中原王朝国力日渐衰弱。不过，各路军阀依然保持着相当强的组织性和凝聚力，这一点在对外战争中尤为重要。以在边疆的军阀为例，董卓所部是汉军精锐西凉军，这些精锐部队在跟匈奴、鲜卑、羌等外族的长期交战中，培养出了一流的战斗力，这也是董卓胆敢犯上作乱的本钱。董卓死后，马腾、马超父子崛起，多次击败羌、氐等敌人。

除了西凉军，三国非主流势力、幽州军阀公孙瓒，也靠自己的军队多次击败鲜卑、乌桓，威震一方。

曹操也是带兵打仗的一把好手，在击败乌桓主力后，还相继收服了匈奴和鲜卑等少数民族。

在南方，蜀汉诸葛亮收服孟获；孙吴诸葛恪收服山越人。

三国时代的这些人物并不是简单的军阀，其手下是受过正规训练、有丰富作战经验的正规部队。此时的中原王朝虽然已支离破碎，但作为政府军和前政府军的军阀，他们依然拥有对周边外族的军事优势。整个三国时期，虽然内部战乱不断，但是外敌根本没有染指中原大地的机会。

这一切的转变，发生在西晋建立之后。

西晋立国，大封王爵

公元280年，晋武帝司马炎攻灭东吴，中国重新归于一统。中国历史上，能够做到大一统的王朝，一般都有着强大的向心力，但西晋却非常特殊。按正常的历史规律，大一统王朝在立国之初，会通过集中权力、打压地方豪强以稳固政权；同时要休养生息、整理土地秩序来稳定社会；最后还要在四方建立稳固的威信，阻止可能的外敌入侵。西晋的神奇之处在于，它几乎在以上每一个方面都开了历史的倒车，还都是"恰到好处"地做了最不该做的事情。这些昏庸的举措不但毁掉了好不容易得来的统一秩序，还给周边少数民族提供了千载难逢的机会。

比如，西晋王朝刚建立，晋武帝司马炎就开始大封诸侯王。他在位期间封的诸侯王多达二十七个。要说封王也就算了，他还把军事、经济、政治大权一并封给了这些诸侯王。这就给晋朝日后的动荡埋下了祸根。

有人奇怪，为什么司马炎要分封这么多诸侯王，他会不知道这其中的隐患吗？

实际上，司马炎确实经过了深思熟虑，在吸取前朝的经验教训之后才出此政策。只不过，司马炎完全搞错了前朝的问题所在。司马家之所以能够上位，是篡夺了曹魏的江山；而曹魏之所以失败，很大的原因就是宗室内斗，严重削弱了其自身的实力，这才让其他的世家大族有了觊觎权力的机会。最后，司马家在其他世家大族的拥护下篡位，曹魏集团的实际领导人曹爽无力反抗，被司马家一举拿下。这个教训摆在司马炎面前，但他却走到了另一个极端。司马炎认为曹魏政权之所以失败，是因为没有分封自家人去做诸侯王，缺乏强大的宗室拱卫中央皇室。于是，吸取"教训"的司马炎，在西晋立国之初就大封同姓诸侯王，还给了他们相当大的权力。

同时，司马炎此举还有防范其他世家大族的意思，毕竟其他世家大族既然可以拥护他，也就可以联合起来反对他。但是，权力的分散造成了地方诸侯王事实上的割据，割据必然会产生矛盾，当矛盾积累到一定程度时，内乱就不可避免。当中央实力比较强时，地方的割据势力还不敢轻举妄动；可一旦中央力量被削弱，那就不好说了。

果然，公元290年，晋武帝司马炎去世，皇太子司马衷即位，是为晋惠帝。这位说出"何不食肉糜"的皇帝，间接引发了"八王之乱"。在这场惨烈的内乱中，中原大地的主力部队被消耗殆尽。为了补充自己的军事力量，造反的诸侯王又主动引北方少数民族的兵马来为自己助战。很快，这些北方少数民族发现，他们恐惧已久的中原军队已经越来越衰弱不堪。这些深陷的眼窝和异色的瞳孔，看到的是长安、洛阳的繁华富裕，吃不完的山珍海味，穿不尽的锦衣玉带，婀娜多姿的百媚千娇，还有不堪一击的世家大族的公子哥。不过，瘦死的骆驼比马大，他们虽然眼馋中原的富裕，但仍忌惮西晋的军力。

土地兼并，迅速恶化

除了大封同姓诸侯王外，西晋另一个著名的政策就是所谓"占田制"。当时，曹魏的"屯田制"已经崩溃，各世家大族拼命兼并土地，社会上流离失所的人数众多，且荒芜土地无数。占田制的实质，是在保证世家大族利益的基础上，对流民进行安置。

比如，西晋制定了详细的政策，规定世家大族的土地面积。据《晋书·职官志》记载：太宰、太傅、太保和一品大员，给菜田十顷，田驺十人；二品大员则给菜田八顷，田驺八人；光禄大夫、尚书令等，给菜田六顷，田驺六人，以此类推。同时，在占田制下，西晋严格限制人口流动，刺激人口在当地生产作业，鼓励农民开垦荒芜的土地。这一政策在实施初期还是起到了恢复生产的作用。《晋书·刘颂传》记载："年用数万人，豪强兼并，孤贫失业，颂使大小戮力，计功受分，百姓歌其平惠。"

然而，这个政策的副作用很快显现出来——占田制在短暂地刺激了经济发展之后，犹如癌细胞一样开始在社会中蔓延，最大的问题是，占田制本身就是西晋朝廷跟世家大族妥协的产物，实际上朝廷根本没有足够的权力束缚世家大族。

不受约束的世家大族利用各种方式继续兼并土地。在西晋初年，地多人少，这个问题还不是很明显。但随着土地被划分完毕，土地兼并就不可避免地发生了。兼并土地往往意味着大量流民的出现。在接下来的日子里，此起彼伏的农民起义给西晋王朝带来了数不清的麻烦。在不停的镇压战争中，本已被"八王之乱"严重消耗的西晋军队，又被进一步削弱。

在西晋危机四伏之际，北方边境的问题也越发明显。当时，大量北方少数民族被引入中原参战，这也成了西晋噩梦的开始。

三国时期，为了填补战乱导致的人口缺失，解决劳动力下降的问题，曹魏在边境一带安置了许多少数民族。后来，曹操为了对付刘备政权，更是把大量的北方少数民族引入关中地区。到了西晋，这些人早已在关中地区站稳脚跟，并有割据之势。

当时，一些西晋的有识之士认为，这些少数民族实力强大后迟早要出事。比如，江统在《徙戎论》中就指出："夫为邦者，患不在贫而在不均，忧不在寡而在不安。以四海之广，士庶之富，岂须夷虏在内，然后取足哉！此等皆可申谕发遣，还其本域，慰彼羁旅怀土之思，释我华夏纤介之忧。"

可在当时，无人真正重视这个问题。主要原因还是三国后中原人口损失巨大，实在是需要劳动力填补空缺，更何况，此举还能满足世家大族聚敛财富的需要。既然能创造价值，管他是什么人，通通都可以利用。再加上当时西晋朝野都觉得自己兵力强大，北方少数民族不足为惧。

如此一来，这些少数民族开始在西晋的眼皮子底下不断积累实力，在学习中原文明的过程中，也越来越有组织，手中的武器也越来越精良。直到后来，包括南匈奴在内的许多少数民族，其军队组织力和凝聚力已经不下于中原王朝，且装备精良，士气高昂。此时此刻的北方少数民族大军，已经蜕变成西晋军队难以抵御的劲旅了。他们虎视眈眈，时刻盯着西晋的一举一动，安静地等待合适的机会。

文恬武嬉，自甘堕落

西晋在一片危机中开始了历时十年的"太康盛世"，却也埋下了祸根。在这一段只属于世家大族的太平时光里，西晋那些自以为坐稳位子的王公贵族开始了"放飞自我"之路，最为著名的就是世家大族之间的斗富。以"名留史书"的石崇和王恺斗富为例，两人的斗富极为离谱，一个用饴糖洗锅，另一个就用蜡烛烧火；一个用紫纱做步障，另一个就用锦做步障；一个搬罕见的珊瑚树出来炫耀，另一个就把这棵珊瑚树砸碎，再赔对方好几棵更贵重的珊瑚树……类似的斗富不仅限于这两位之间，西晋时期，炫富已大行其道。在这股风气之下，能培养出什么品行的公子哥也就可想而知了。

除了斗富，西晋在人才选拔机制上也有严重的问题。整个西晋时期，所有的升官发财之位被各个世家大族牢牢掌握，他们几乎垄断了全部的向上通道。以西晋推行的九品中正制为例，朝廷在州郡设立大、小中正官，根据士人的门第与德、才，将其分为九个品级，层层上报，最后由吏部选授官职。随着中正官为门阀士族掌握，门第也就成为评选官员最重要的标准。九品中正制的实行解决了选拔官吏无标准的问题，缓解了中央政府与世家大族的紧张关系，把世家大族统统纳入国家机器中。但是，这种选拔方式带来的问题也很明显：在一片奢侈靡费的生活中，推举上去的"人才"自然大多是绣花枕头，国家官僚机器逐渐变成一坨废铁，平时还能平稳运转，到了生死关口，基本"筛糠"。

西晋王朝文恬武嬉，危机逐渐积累。达官显贵依旧在穷奢极欲，毫无危机意识。即便到了"八王之乱"和农民起义时期，整个西晋王朝已经陷入风雨飘摇之中，此时的世家大族和王公贵族依然毫无警惕地过着逍遥日子，对即将到来的风暴毫无应对之策。

在多种因素的叠加下，历史这驾"马车"掀起了一场完美风暴，直接导致中原王朝第一次被外敌入侵打崩。

很快，那些平日看上去不起眼的少数民族看中机会群起造反，杀入中原大地。从南匈奴制造的永嘉之乱开始，长达数百年的乱世造成了无数的人间惨剧。平日锦衣玉食的王公贵族完全没有抵抗的能力。比如宁平城之战，十几万晋军被羯族人石勒轻易歼灭，数十位晋朝宗室悉数被俘，后惨遭杀害。令人心寒的是，在社稷大厦将倾之际，汉末三国时期人才辈出的中华大地，竟已到处都是唯利是图、钩心斗角、厚颜无耻的小人。平日或是高谈阔论，或是放飞自我，或是与世无争的世家大族，不但没有出现文韬武略的名将和谋臣，反而出现了各种不是临阵脱逃就是束手就擒的废物。这些人在动乱年代毫无疑问地成了被血洗的对象。

当过宰辅的王衍，四处钻营，无耻背盟，眼看大事不妙，临阵退缩辞官逃跑，被羯族首领石勒杀死。他死前曾哀叹："唉！我们即使不如古人，平时如果不崇尚浮华虚诞，勉力来匡扶天下，也不至于到今天的地步。"

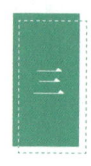

三　前朝降王如何处置？
曹操后人为什么足足当了214年陈留王？

记录南朝刘宋历史的史书《宋书·礼志》中有一条有意思的史料：有人向皇帝请示，陈留王曹家绝嗣了，建议从旁系里挑一位继承王位，但不知道是挑老大还是挑老二，请皇帝示下。

刘宋王朝按前朝惯例，异姓不封王，那么这个姓曹的国王是从哪儿冒出来的呢？仔细想一想，其实许多人都能想到，这个姓曹的陈留王正是曹操的后人。陈留王国从西晋代魏时开始，晋武帝降封魏末帝曹奂为陈留王，此后陈留王世代传承，一直延续到刘宋时期，刘宋王朝仍然承认其王位有效。

曹魏宗室创造了一个纪录：亡国后不仅未被赶尽杀绝，反而保持袭爵达214年（公元266—公元479年）。

与之形成鲜明对比的是，刘宋几乎把东晋王室屠戮一空，以致司马氏后人跑回北方温县老家，夹着尾巴给北方王朝出力做事。

为何刘宋对隔着两晋王朝的曹魏后裔如此仁慈？这其中的缘故，还真不是一两句话能说清的。

禅位不杀的古代传统

前代降王如何处置？在两晋之前并不纠结，只要终结其政治生命即可，并没有消灭肉体的习惯。虽说秦末大乱时，项羽杀秦王子婴是开了个不好的头儿，但照当时的形势来看，刘、项各部义军起初并无杀子婴的打算，只不过是项羽一时血气上头，为了给叔父报仇才杀之。

西汉末年，出现了各种"野鸡"皇帝，刘盆子得到了光武帝的庇护，另外三人都横死了。当然我们所说的"野鸡"仅指他们的称帝方式，而非其血统，比如孺子婴、刘玄、刘盆子都是刘邦的正宗子孙，与光武帝比起来不差什么。

光武帝的善举令他的后世子孙得到了善报。公元220年，东汉帝国灭亡，汉献帝刘协禅位于曹丕，被后者降封为山阳公，定都山阳县浊鹿城（今河南修武县附近），保留了天子礼仪，俨然是个国中之国。刘协的四个儿子在汉朝时封王，入曹魏后被降封为列侯。刘协活得相当悠哉乐哉，直到公元234年才去世，比曹丕还多活了八年。刘协死后，甚至获得了跟其他皇帝一样的待遇，得到谥号"孝献"，以汉天子之礼下葬，陵墓称为"禅陵"。虽然"献""禅"等字眼充满了政治调戏的意味，但他毕竟善始善终了。

曹魏灭亡时，晋武帝司马炎对曹氏末帝和皇族也采取了善待措施。魏末帝曹奂一如汉献帝，禅位后降封为陈留王。后来曹奂安然活到西晋孝惠帝（即晋惠帝）太安元年，享年五十七岁。

蜀汉和孙吴的末帝也得到了善待。公元263年刘禅降魏，迁至洛阳后被封为安乐公，一直安然活到公元271年，寿至六十五岁而死。吴末帝孙皓因在本国名声不佳，为政暴虐，西晋没有按刘禅的规格对待他，降了一格，封其为归命侯。孙皓亦在洛阳善终，寿至四十三岁。

然而这一传统到晋朝就戛然而止了。西晋惠、怀、愍诸帝都不得善终，晋惠帝被自家人抓来抓去，受尽凌辱，凄惨而死；晋怀、愍二帝皆被匈奴汉所杀。东晋灭亡时，晋安帝司马德宗、晋恭帝司马德文皆被宋武帝刘裕诛杀。

禅位不杀的传统到此终结，南北朝处置前朝降王的政策越来越血腥。政治传统突然发生变化，问题出在哪里呢？

北方政权开恶例在先

说起杀害前朝降王，许多人都把问题归结到刘裕头上，这其实并不准确。有组织地屠杀前朝或敌国降王，并非自刘裕始，而起自北方各政权。

匈奴汉灭亡西晋时，晋怀帝司马炽和晋愍帝司马邺被俘后，都被汉主刘聪所杀。此举如同打开潘多拉魔盒一般，之后北方国家对前朝或敌国之主的处置，几乎全是屠杀。

前赵与后赵决战，前赵皇帝刘曜临阵被擒，然后被处死；刘曜的太子刘熙率百官逃跑，后赵大军追上后将其全部擒获，刘熙被杀，前赵刘氏一族被全灭。后赵也没有好到哪里去，石虎死后诸子争位，冉闵乘势而起，将石氏子孙诛戮无遗。

唯一稍有仁心的是前秦。苻坚灭亡前燕国，下令前燕王族慕容氏一律不杀，而且还授以高官，慕容垂甚至可以在前线带兵。但是苻坚过于仁慈的做法并没有改变杀前代降王的恶性循环，前秦崩溃后，包括苻坚在内的苻氏王族分别丧生于姚苌和慕容鲜卑之手。苻坚临终前，对当年不杀慕容垂和姚苌后悔不已。

此后，拓跋魏诛慕容燕皇族、诛赫连夏皇族，东晋俘杀南燕主慕容超、后秦主姚泓，胜利者杀降王成了固定项目，酿成一幕幕国破君必死的惨剧。而在杀前朝和敌国降王一事上，由于有苻坚这个悲剧性案例杂于其间，更加强烈地说明似乎留着降王是祸害，不斩草除根绝对不行。

但北朝并非全都如此。北魏分裂为东魏、西魏后，高欢和宇文泰分别控制了其中一个元氏魏朝，分别立了元氏傀儡皇帝。起初，两家都善待各自的傀儡皇帝。东魏孝静帝太太平平做了十六年皇帝才禅位，退位后像汉献帝、魏末帝一样保持了天子的礼仪和待遇，三个儿子也都被封了官，到了北齐高洋夺位后的第二年才被暗中毒死。元氏后人存在的时间更久，高洋原本对他们只监控不迫害。到天保十年，也就是高洋在位的最后一年，高洋自感病入膏肓无药可治，再加上精神失常，才对元氏皇族大开杀戒。据传元氏宗族罹难者达千余人，在东魏的元氏后人几乎绝户。

西魏元氏的待遇就好得多。魏孝武帝因过于强硬被杀，继任者西魏文帝安安稳稳地当了十六年太平天子，末两任皇帝都因过于强硬，甚至企图在无兵无权的情况下反杀宇文氏，这才招致废黜、杀身之祸。即使这样，宇文氏代魏建周之后，仍然奉行"罪止及身"的原则，元氏皇族并没有被大规模屠杀。西魏北周十二大将军中有三位姓元的，都是元魏皇族，其中一位叫元赞的在西魏北周禅代过程中安然无恙，其后代甚至到北周武帝时还袭封了国公爵位。

所以回过头来看，对前朝降王杀与不杀，主要还是看新兴王朝是否有绝对的控制力，若局面足够稳定，法统的宣传与传递足够合理，诛除前朝的代表性人物后，并无大规模血腥屠杀的必要。

南朝四代对前朝皇帝和皇族的处置总体上以屠杀为主，但处理方式各有异同，充分体现了各朝皇帝面对不同历史条件时的心胸。

东晋和刘宋、萧齐、萧梁、陈皇族的不同遭遇

刘裕代晋时，充分借鉴了前朝处理降王的经验。

当年，曹丕篡汉后虽说没有杀汉献帝，但对汉献帝及其子孙的政治

管制相当严厉，不许刘氏子孙当官，只准他们在封国内活动。山阳国一直被派驻着许多监管人员，刘氏子孙就像被圈养的吉祥物一样，虽然没有生命危险，但是也过得无甚滋味。司马炎篡魏后采取了同样的操作，曹魏宗室也成了吉祥物。后来大概感觉无甚必要，晋武帝司马炎在泰始元年至二年间（公元 265—公元 266 年）下诏停止对汉、魏宗室人员的禁锢政策，宣布他们可以出来正常活动，甚至可以当官。

汉献帝的山阳国传承了好几代，在永嘉之乱中，第四代山阳公被杀，自顾不暇的晋朝没有再恢复这个封国，汉朝宗嗣到此断绝。曹魏陈留王则躲过了永嘉大乱，王国也从北方迁到南方，并奇迹般地得到了刘宋王朝的承认。刘宋还沿袭西晋、东晋的政策，陈留王的王位继承需要朝廷下诏决定，所以曹氏后人的线索在刘宋史书中得以保留。其中一代陈留王曹虔嗣因为无子，王位由弟弟曹虔秀袭封。但在曹虔秀死后，王位该由长子曹铣袭封还是次子曹锴袭封，当时还引起了一阵小小的争议。有人认为曹铣已被过继给伯父曹虔嗣为后，不能再绍本生父亲的王位，王位应传给次子曹锴。当朝皇帝最后裁定：哪那么啰唆，王位仍由老大继承。

曹魏陈留王一直生存到刘宋亡国，首尾长达 214 年。而东晋司马氏禅位后的零陵王国，在刘裕称帝的第二年，其王室就被斩尽杀绝。晋恭帝之死其实只是刘裕诛灭司马氏的终章。在刘裕称帝之前，司马氏宗室已被刘裕陆续以各种借口诛杀。东晋残存宗室司马休之、司马楚之等人都投降了北朝。

刘裕的基本策略是，该遵守的礼仪还是要遵守。汉献帝和曹芳被降封为王、公，晋恭帝也被封王，不像后秦、南燕的俘虏皇帝一样统统被杀死。但是刘裕的底层出身，又注定了他不会像出身世家的曹丕和司马炎一样保持应有的大度和宽容。对存亡继绝那一套传统政治道德，没有什么文化修养的刘裕缺乏应有的敬畏，所以杀起司马氏宗室来毫无负罪感。

刘裕本人过于深沉的心机，也注定了司马氏皇族不会好过。刘裕的一生是战斗的一生，士族余孽桓玄，起义军孙恩、卢循和徐道覆，京口集团老兄弟刘毅、诸葛长民和孟昶，外敌南燕、后秦和北魏，相继与他为难，弄得这位胸襟开阔的一代雄主很是糟心、窝火。老兄弟诸葛长民密谋造反，事泄被捕。刘裕在杀他之前，罕见地对这位将死之人来了一顿吐槽。史料并未记载刘裕说了些什么，只说诸葛长民十分高兴，刘裕竟然对自己尽吐心腹之事，还以为两人尽释前嫌了。结果刘裕刚一说完，刘裕的力士丁旿便勒死了诸葛长民。刘裕的这种心态，像极了《三体》中的面壁者，所有压力只能自己扛下来，扛久了自然累，所以找了这样一位倾听者。刘裕是个快刀斩乱麻的人，现有压力已经这么大了，凭什么还要留着司马氏的两个前皇帝给自己添堵呢？

萧齐取代刘宋王朝时，屠杀前代降王的传统延续下来了。虽然刘宋皇族已经在自相残杀中元气大伤，剩余的歪瓜裂枣没什么政治号召力，但是一来当年刘裕杀司马氏立下范例，二来萧道成并无太深厚的政治根基，不敢留着刘氏皇族，以防被他人利用，所以统统杀掉。可怜刘裕后世子孙枝繁叶茂，都成为黄泉路上横死人。

萧梁取代萧齐时，出现了一些变化。梁武帝萧衍只杀了齐明帝萧鸾的几个儿子，声言为兄长萧懿报仇。其余萧齐皇族并没有被赶尽杀绝，尤其是萧道成次子萧嶷的一支，如萧子显、萧子云兄弟都是萧齐皇族的嫡派子孙，梁武帝一律予以宽大优待，不杀、不关、不监视，还让他们当官食禄。萧子显后来以当事人身份撰写的《南齐书》，跻身二十四史之列。这是梁武帝为历史做的一大贡献。

梁武帝之所以对前朝皇族有杀有放，大约是与萧齐国祚仅有二十三年，没有形成强大的法统号召力有关，而且萧道成的子孙几近被齐明帝萧鸾诛杀一空，只有萧子显、萧子云兄弟逃过魔爪，萧齐已无太大影响力。再加上梁武帝开国时年仅三十八岁，春秋鼎盛，年富力强，又以力征得国，自信心非常强大，丝毫不惧萧齐后人作乱，就没有斩草除根的必要了。

萧梁、陈易代之际，情况又有不同。萧梁灭亡的三大原因分别是侯景之乱、诸王内讧和外敌入侵。梁武帝的子孙被侯景杀了一部分，梁元帝萧绎兄弟自相屠杀了一部分，西魏灭梁元帝时又杀了一部分，留给陈霸先能杀的不多了。陈霸先是土豪出身，丝毫没有梁武帝的仁义宽大，夺位后将萧氏后人全部杀掉。当然，陈霸先杀萧梁宗室也有不得已而为之的一面，因为梁武帝家人丁实在太兴旺了，即使被各路敌人各种屠杀，仍有为数甚多的萧氏后人在不同地域，或是给人当枪使，或是自己起兵，对陈朝造成相当大的威胁。陈霸先去世时尚且没有戡平这些敌对势力，对萧家人自然没有什么耐性。

残存皇族的威胁

南北朝时代的特殊性，给亡国皇族提供了广阔的空间。敌国往往支持亡国皇族活动，让他们上蹿下跳，不断地恶心新兴王朝。

刘宋杀东晋司马氏，司马休之、司马楚之逃到北方，分别投降后秦和北魏，声言借兵报仇。二人起初不被重用，但后来在作战中屡立战功，成为镇边重将。司马楚之的后人里面有一位司马裔，不甘心一辈子沉沦于凡庸，在魏末大乱时率领本乡子弟兵想搞一点事情，后来在北周做到郡公、州刺史。

刘宋亡国后，宋文帝之子刘昶躲过屠杀逃到北魏，北魏任命他为统军大将，让他参与讨伐南齐的战争。刘昶与司马休之、司马楚之的命运差不多，闹腾一阵子后一无所获，后来也渐渐偃旗息鼓了。

萧齐皇族、齐明帝萧鸾之子萧宝夤逃到北魏，也被北魏拿来用作攻击萧梁法统不正的工具，北魏派其到淮河沿线统兵进攻萧梁。萧宝夤自我感觉良好，仗打得不怎么样，野心却不小。后来，此公举兵反叛，自立为帝，事败后被擒获处死。

萧梁皇族在梁末时各种出洋相，虽说给陈朝带来了一定麻烦，但也着实把梁武帝的脸丢了个干净。当时北魏分裂，梁武帝的孙子萧詧投降西魏，在襄阳建立了一个傀儡小国西梁。这个小国的生命力异常顽强，作为魏、周、隋与陈朝对抗的马前卒，以二万余人的水陆兵马，和陈朝打得有来有回，堪称亡国皇族中的"战斗机"。西梁国历经西魏、北周、隋朝三个朝代，于隋朝灭陈前夕被废。然而令人啧啧称奇的是，西梁皇族的疏属萧铣居然在隋末唐初率兵起事，建立了一个北起江汉、南至大海的梁国，奏响了南朝最后一个音符。

萧梁宗室"第一水货"萧渊明北伐东魏时被俘，后来被北齐立为梁朝皇帝，送到江南去即位。南梁两位大将王僧辩、陈霸先，前者想接受萧渊明为帝，后者强烈拒绝，这竟然引发了一场滔天内讧。王僧辩在内讧中被杀，其旧将王琳在湘、鄂举兵反叛。仗打了好几年，陈霸先至死都未能击灭王琳叛军。陈朝土宇狭窄、先天不足，与此大有关联。

这些残存皇族的活动几乎都没起到正面作用。王夫之在评价这些人时说：

"国之将亡，惧内逼而逃之夷，自司马国璠兄弟始。楚之、休之相继以走归姚兴，刘昶、萧宝寅因以受王封于拓跋氏，日导之以南侵，于家为败类，于国为匪人，于物类为禽虫，偷视息于人间，恣其忿戾以徼幸，分豺虎之余食，而犹自号曰忠孝，鬼神其赦之乎？"

对前朝皇族过于残忍不会有什么好结果。作为南北朝的终结者，隋朝亲手结果的两家皇族分别是南陈陈氏和北周宇文氏。隋文帝杨坚对这两家一个宽仁一个残忍——陈后主及诸陈子弟基本不杀，他们个个得享天年，陈氏后人还有不少做官的；但宇文氏上至周静帝宇文阐，下至与皇帝血缘关系已远的宗室疏属，都被杀了个干净。杨坚的后人也没有什么好下场，无论是被唐朝控制的还是被各家乱军抓住的，基本都以横死告终。

　　人在做，天在看。纵使是威加海内的天子，把别人的江山夺了，也终究不能把事做绝。

四 管不住士族通婚的李唐王朝，如何利用科举暴击士族家学？

尽管古人老早就完成了大一统的伟业，但要持续、稳定地维持一个规模如此庞大的王朝运转，还是不容易的。比如关于政治组织构架的问题就从来没有消停过——智者在技术局限下不断优化，而时代发展的车轮，却总是把他们苦心孤诣制定的制度碾压得支离破碎。

在两汉短暂的政治稳定期过后，王朝政治组织又一次出现危机。魏晋南北朝的人们发现，无论一次次的英雄史诗如何磅礴大气，一旦创业者风吹云散后，他靠巧取豪夺赢来的"血酬红利"，罕有传得出三代之例。

帝王家族，总难逃血光之灾，而且因果循环越来越快。

英雄宿命之轮回，皆源于政治构架之因循和扭曲。

斯时的王朝，除被世家所垄断的家族教育体系外，统治者便再找不到一种稳定的管理人才来源。因此，各种治国安邦的具体业务，亦即王朝的经营权，只好长期交由世家大族把持。

然而世家大族又是一群冷酷无情的政治投机商——在这群狐狸的眼中，皇帝不过是巡护公共领地的狮子。一旦他衰老或无能，不能再开疆拓土或维护王朝稳定，狐狸们就会毫不留情地从无数觊觎帝位的野心家中遴选出新的枭雄取而代之。一言以蔽之，狐狸们以业绩能力为导向考核狮子，并随时准备把他当作替罪羊给抛出去。

于是自魏晋至隋唐，皇帝常常倾国覆族，但五姓七族、王谢朱张不倒。恶名与风险统统归诸帝王，荣誉与实利一概入于私门——春秋时的管仲尚且提倡"明王有过则反之于身，有善则归之于民"，而魏晋以下的世家大族为了沽名钓誉、自高门楣，全不顾及职业道德操守，愣是把风险与黑锅统统扔给帝王去背。

然而时代局限如斯，皇帝们虽然不高兴，但也只好战战兢兢地坐在悬有达摩克利斯之剑的宝座上，一个不当心就会被轰下台。皇帝的压力是如此之大，以至于竟发出了"愿后身世世勿复生天王家"这样的哀叹（南朝宋顺帝刘准语，遭萧道成篡弑时年仅十三岁），而世家大族却在熙来攘往的政权更替中游走自如——无论谁当皇帝，总得请他们来打理天下不是？

就这样，皇帝与世家大族在最根本的利益上逐渐出现了不可调和的严重分歧。这种随时会遭叛卖的处境，当然不是那些具有雄才大略的皇帝所能忍受的。

娶谁家女儿是严肃的政治问题

世家大族之所以能长期操持权柄，一赖其垄断的教育资源，二赖其以婚媾关系构建起来的人脉网络。

因循传统的世家教育，固然难以培养出开天辟地的英雄人物，却能源源不断地制造循规蹈矩、娴于政务、人脉熟稔、潜规则认同感强且整体成材率较高的业务骨干——如账房先生（理财政）、博弈大师（主外交）、文案写手（草诏书）、资深律师（定律令），等等。

凭着个人的武勇与机遇，寒门庶族可能成为秦叔宝与尉迟敬德；凭着个人的智慧与投机，寒门庶族也可能成为徐懋功或魏徵。但没有家族的熏陶、培养与铺垫，一个寒门子弟绝难在十二岁成为甘罗（战国外交家、政治家，十二岁拜相），半辈子也难成为王肃（北魏政治家，出自琅琊王氏，娴熟于政治制度，为鲜卑设计全套汉化官制），永远也成不了王羲之（东晋书法家，亦出自琅琊王氏）——乱世里提刀子卖命、设套子坑人，和治世里跑衙门（认得门）、抢人脉（认得人）、搞冷门科研（拉经费），在能力要求上压根儿是两码事。

所以自魏晋以降数百年，乱世中侥幸上位的寒门庶族，无不以融入世家圈子为孜孜以求的目标。就连番邦拓跋氏，在登上中原帝位后，也不惜做陈世美，举宗改娶中原世家女子为妻，企图以血统之融合而求文化之认同（北魏孝文帝改革，鲜卑皇族改与中原卢、崔、郑、王四大世家通婚）。

然而并非谁都是皇帝，可以完成与世家融合血统的美好意愿。为了能让子孙后代有个世家大族的外公，亦即从世家垄断的教育资源、人脉关系中分得一杯羹，寒门出身的新贵每每只能觍颜与交——在世家政治极盛之时，寒门新贵这样的努力通常不过是痴心妄想。偶尔有穷疯了的落魄士族，会看在孔方兄（古钱币的别称）的面上嫁女于寒门庶族，但旋即便会被其他士族公议开革出世家门墙之外。然而，"侯景之乱"毁掉了南朝世家赖以存在的政治基础；北魏末年的"六镇之乱"及隋、唐之间的大动乱，同样也严重削弱了北方世家的政治影响——世家多有治世之良臣，却绝少乱世之枭雄。

在盘马弯弓的武士面前，理财、辞令、书法、律条之类的技能统统归于无用，以火箭速度提拔起来的官员大多是那些一天能砍折十五柄刀子的猛人（《北史·薛孤延传》："薛孤延，代人也。少骁果，从神武起兵，以功累加仪同三司。从西征，至蒲津。及窦泰失利，神武班师，延后殿，且战且行，一日斫折十五刀。"），而不是严守法度的会计师、长于煽情的写手以及博古通今的制度设计家。

为了在乱世中自保门楣，骄傲的世家只好放宽婚姻标准。唐朝的寒门新贵也忘怀了自己的出身，欣然被敌对阵营的糖衣炮弹打成痴迷状态，只要世家略开一扇旁门，他们便会寻机蜂拥而入。

《新唐书·高俭传》道："房玄龄、魏徵、李勣（即徐懋功）复与（山东士族）昏，故望不减。"房、魏、李三人，一个是典型官僚，一个是敢谏直臣，一个是圆滑狐狸，然而他们却有共同的选择，将寒门出身的大唐新贵之口味暴露无遗，即对世家政治的迷恋与复辟。

而与之对比鲜明的是，大唐皇帝的女儿常常无人问津：唐宣宗时，进士王徽听说自己当选驸马，一急之下跑去找宰相哭诉推脱，连身体不好这种理由都搬出来了；唐宪宗时，皇帝求公卿大臣给公主介绍驸马，大家纷纷托词说自家子侄条件不靠谱……就连游方术士也瞧不上堂堂大唐公主。唐玄宗要将妹妹玉真公主嫁给"八仙"原型之一的张果，孰料张果竟生造出"娶妇得公主，平地生公府，可畏也"这样的言论来加以拒绝！

非但公主们爱情不顺，就连身为王朝继承人的太子同样难逃吃瘪。唐文宗欲为其太子选妃，对宰臣说："朕欲为太子婚娶，本求汝郑门衣冠子女为新妇，闻在外朝臣，皆不愿共联作亲情，何也？朕是数百年衣冠。"（《太平广记》）

在初唐动荡的政治环境下，世家竞相与新贵缔结婚姻，还隐含着更严重的政治斗争意味——这哪里是和皇帝抢亲家，压根儿就是争抢政权支柱嘛！如果任其发展，让世家完成人脉网络的大布局，唐朝就又有沦为"齐梁世界"的危险（在世家势力的怂恿、支持以及投机下，南朝篡夺、内讧不断，尤其以齐、梁两朝为甚，后人遂以"齐梁世界"为政治乱世的代称）。

一旦牵扯上政治斗争，世家与新贵之间的"婚姻自由"，就成了帝王心中"是可忍，孰不可忍"的严肃问题。

贞观六年（公元632年），唐太宗便对房玄龄抱怨道："比有山东崔、卢、李、郑四姓，虽累叶陵迟，犹恃其旧地，好自矜大，称为士大夫。每嫁女他族，必广索聘财，以多为贵，论数定约，同于市贾，甚损风俗，有紊礼经。既轻重失宜，理须改革。（《贞观政要》）"

然而，此时的李唐根基尚不稳固，皇帝还不敢公然挑战世家集团，只是发发牢骚而已。直到唐太宗之子——唐高宗朝，坐稳了宝座的皇帝才下诏书明令禁止著名世家圈内缔结婚姻："后魏陇西李宝、太原王琼、荥阳郑温、范阳卢子迁、卢浑、卢辅、清河崔宗伯、崔元孙、前燕博陵崔懿、晋赵郡李楷等子孙，不得自为婚姻。"

为了防止新、旧官僚结成小集团，进而架空自己，皇帝们一方面与世家争抢身居要害职位的亲家（如唐太宗便嫁女儿高阳公主与房玄龄之子房遗爱。无奈公主性情蛮横且不守妇道，竟搞得房公子破家丧命，反而让社会舆论更偏向世家女子），另一方面则悍然禁止他们以缔姻手段继续拓展、巩固人脉网络。

然而，社会价值观总是存在惯性——即便是最严肃的行政命令，也仍然不能改变时人心中根深蒂固的世家情结。这些被"禁昏（婚）家"，反倒因此"益自贵"。

于是，唐太宗便借重修《氏族志》事件，对世家发起了第二轮进攻。

大唐版的"士族排行榜"

一如今日的大厂招聘，在没有历史业绩可参考的情况下，招聘时只好考察文凭，通过文凭的含金量，来评估新人的分量。"世家政治"时代也是一样，不过他们的参照系是《氏族志》——一部详细记载某地某族出产某专业人才的工具书。比如说陇西李氏、吴兴沈氏出将才，琅琊王氏、博陵崔氏出宰相，谯国桓氏出叛贼，诸如此类。

贞观六年，唐太宗对房玄龄发完前述那场忿忿的牢骚之后，下旨重修《氏族志》，企图以现实地位为标准，重定世家等级，从而打击泥古不化、惯以历史成就自诩的世家大族（尤其是离心力最强的山东士族）。所以，这部"贞观版"的《氏族志》，其政治色彩就远重于学术价值了。

为了表示编撰工程的客观、严谨以及科学，唐太宗提出了"刊正姓氏，普责天下谱谍，兼据凭史、传，剪其浮华，定其真伪，忠贤者褒进，悖逆者贬黜"。为严肃其事，主持编撰《氏族志》者，也皆是核心衙门的主要领导。

领衔编撰者是高士廉（吏部尚书，唐太宗文德皇后的舅父），接下来顺次为：韦挺（御史大夫，关陇士族）、岑文本（中书侍郎，二十四史中《周书》史论部分的主要作者）、令狐德棻（礼部侍郎，二十四史中《周书》主编）等人。

照说这支编撰队伍人才济济，阅历、才智均强，编撰工作应该极其顺利才是，但结果却让人大跌眼镜——第一稿便被唐太宗驳回重撰，众人还差点挨处分。

原因也简单，高士廉本人便是山东士族出身（北齐皇族疏属），他保持惯性思维，先入为主，居然将博陵崔氏排为第一等士族。

唐太宗愤然道："我与山东崔、卢、李、郑，旧既无嫌，为其世代衰微，全无官宦，犹自云士大夫。婚姻之际，则多索财物。或才识庸下，而偃仰自高，贩鬻松槚，依托富贵，我不解人间何为重之？"借谴责山东士族卖婚套钱的劣迹，先兴大义以责之。

然后一句话点明问题的严重性，更隐含威胁："今崔、卢之属，唯矜远叶衣冠，宁比当朝之贵？公卿已下，何暇多输钱物，兼与他气势，向声背实，以得为荣。我今定氏族者，诚欲崇树今朝冠冕，何因崔干犹为第一等，只看卿等不贵我官爵耶！（《贞观政要》）"

眼见皇帝有剑拔弩张之态，高士廉等人按照"止取今日官爵高下作等级（《旧唐书·高士廉传》）"的标准，在贞观十二年（公元638年）捧出成稿：李唐皇族列为第一等，皇后长孙一族列为第二等，博陵崔氏则打入第三等。

唐太宗官修《氏族志》，是在压制离心力最强的山东士族集团（即崤山以东的博陵及清河崔、范阳卢、赵郡李和荥阳郑四大头等士族）的同时，刻意抬高自己所属的、声望较逊的武川士族（以皇族李氏、后族长孙氏为代表的功勋贵族）、关陇士族（以韦、裴、柳、薛为代表的次等士族）集团。

然而，在士族集团之间找平衡，虽能奏一时之功，但归根结底还是政治上的走钢丝技巧——稍有不慎就会失衡，陷入不断纠偏、矫枉过正然后再纠偏的振荡态。这就是东汉中叶以降的局面。

最理想的办法，当然莫过于彻底消除一切以血缘、裙带关系为基础，政归私门的政治集团，改让整个官僚集团在皇帝的监控下，保持随机抽取、平稳交接、有序更替的新陈代谢。

从"推荐"到"竞聘"

技术水平的进步，让大唐可以迈出更大的人事改革步伐——而这是魏晋时代的大英雄们连想都不敢想的。

当唐太宗的威望如日中天之时，他面对的对手是刚刚遭受过数轮沉重打击的世家大族，而实施人事改革的技术条件又刚好全部发展到位——语言标准的统一、廉价造纸术的普及、雕版印刷术的成熟，使时人的求学模式从"汗牛充栋"一跃进化为"牛角挂书"。

此时的人才培养逐渐呈现出标准化的趋势。这也就意味着，数百年来世家赖以垄断人才培养的技术壁垒，正被时代的大发展逐步跨越。

一个庶族大崛起的时代，至此已如磅礴朝日，呼之欲出了。

为削弱世家大族对官僚体系的把持力度，大唐皇帝继承了隋代的科举制。唐高祖于武德年间启动了唐朝首次科举。

不过武德年间的科举影响不大，如武德五年（公元 622 年）的科举总计才录取五人（秀才科取一人，进士科取四人），尚属试验性质。到唐太宗时，科举制度日趋稳定。贞观初年，唐太宗于放榜日赴端门观望，见新进士于榜下缀行而出，喜不自禁地对侍臣道："天下英雄入吾彀中矣！"这算是肯定了科举制度。《唐摭言》对此的评价为："文皇帝拨乱反正，特盛科名，志在牢笼英彦。"

大唐科举一改魏晋以来官吏选拔的传统模式，变"推荐"入仕为"资格竞聘"入仕：只要个人审核过关（未犯过国法，且非谋私利的工商业者），皆可"怀牒自列"，自由申报官员"资格竞聘"，并参加礼部（唐早期科考由吏部考功员外郎负责，开元二十四年贡举事归礼部）定期举办的考试。

起初，礼部考试门类繁多，有秀才、明经、进士、明法、明书和明算六大常设科目；有选拔天才儿童的"神童科"；有照顾皇亲和三品以上官员子弟的弘文、崇文生举（参照明经、进士考试办法，但要求较低）；偶尔还有些专业科目选拔（制科），如志烈秋霜、词殚文律、抱器怀能、茂材异等、才膺管乐、道侔伊吕、贤良方正、军谋宏远、才识兼茂、达于吏理之类。

因为分科制举，所以称之为"科举制"。

既然入仕资格考试种类繁多，且各科在进身道路上也有明显的快慢之分，时日一长，考生便自然出现分流现象：

秀才科，入职就是正八品上的官阶（上上第），较同等成绩的明经生要高出三阶，但因难度实在太大（政治、经济、军事、文学素养、道德操守，几乎无一不考），及第机会过少，考生皆视其为"畏途"，很快无疾而终。

明经科，考传统政治范畴内的填空题及名词解释，自然成为娴熟传统政治，稳重有余而文采不足的士族子弟之最爱，入职官阶略高于进士科，从八品下叙官（上上第）。

进士科，主要考文学才华，入职官阶又较明经科低一等，从九品上叙官（上上第），因为应试无门槛，所以成为寒门庶族子弟的首选。

明法（法律）、明书（书法）、明算（算数）三科，都是偏门的专业技能考试，考生不多，且发展空间狭窄，遂逐渐退出历史舞台。

一般说来，礼部考的是对政治文化、传统案例及执政风格的认知、掌握以及发挥，士子通过礼部考试便具备了做官资格，称为"进士及第"。但人员的实际任用，尚需由吏部复试决定。

吏部的复试比礼部简单，以面试为主，穿插笔试——考题更像如今的职业能力倾向测试，偏重于潜力考察，根据各人的仪表、对答、公文处理等能力，给予其不同的岗位分配。

礼部把入门关，吏部把分配关，从唐至清，虽然科举内容一变再变，但这套录取/任用体制却基本延续下来。

"官员竞聘"的科目起初五花八门，经过一番自然筛汰后，最终只剩下明经与进士两大科——明经科背后是世家大族累积数百年的执政经验，而进士科背后则是寒门庶族庞大的群众基础。

政治精英瞧不起舞文弄墨的酸丁，这是早有历史恩怨在的。

早在东汉灵帝时，为了对抗成天研究政治（经学）、煽动负面舆论的太学生，掌权的宦官就使出釜底抽薪之计，成立鸿都门学，收罗一帮没资格研读政治的寒门子弟，让他们改而研究文学、艺术等科目。在宦官的关照下，鸿都门学的毕业生的出仕待遇远较太学生优厚。从那以后，学政治的和学文学的，就成了职场上的对手、学术上的冤家。

唐朝又重演了这一幕。

在皇帝引入科举竞聘制后，世家子弟的出仕道路立刻变得狭窄起来：除了少数人有资格能够凭借"祖荫"入仕以外，大多数世家子弟只好选择应考明经科，去挤竞聘的独木桥。本来这就够让世家大族不满的了，偏生唐太宗之后又来了个"新出门户"的武则天当权，她不但继续在政治上压制世家，而且还抡刀子杀人，显而易见是没有道理可讲的了。

好不容易等到唐玄宗上台，缓过气来的世家大族立刻发动了反攻倒算。

在唐玄宗天宝九载（公元750年）的敕文中，世家大族便借皇帝之口道："文学政事，本自异科，求备一人，百中无一。况古来良宰，岂必文人。"给多为寒门子弟出身的进士科文学家们，兜头泼了一盆凉水。

这才仅仅是开始。

唐代宗宝应二年（公元763年），礼部侍郎杨绾又提出，进士科"重文轻儒"，助长了青年官员苗子的浮华作风，实在要不得，建议将"竞聘"改回"推荐"的老套路。这一提议引起舆论的热议——可不是吗？唐玄宗天宝年间文豪如云，唐诗"仙、圣"齐出，可还是"词人材硕者众。然将相屡非其人"，最后闹出个"安史之乱"。杨绾本人虽为世家子弟，却是进士科出身，又是"竞聘"项目的主要负责人之一，所以他的提议极有杀伤力，进士科差点因此被扼杀。

接下来，唐德宗贞元十二年（公元796年），驸马爷王士平与其妻义阳公主闹婚变，有两个报考进士科的无聊文士将其事迹谱写成乐曲到处张扬，皇帝大怒之下，又差点废掉进士科。

唐文宗开成元年（公元836年），世家出身的宰相郑覃屡次请罢进士科，理由是"南北朝多用文华，所以不治。士以才堪即用，何必文辞？"认为"此科率多轻薄，不必尽用"。而与郑覃同党的中唐名相李德裕说得更妙："然朝廷显官，须是公卿子弟。何者？自小便习举业，自熟朝廷间事，台阁仪范，班行准则，不教而自成。寒士纵有出人之才，登第之后，始得一班一级，固不能熟习也。"

以上反对进士科的，都抓住了此科选才的天然弱点——科目设置不具备针对性，文笔好和有从政经验是两码事；寒门出身的文学之士不懂官场礼节、规矩；等等。

然而，尽管被世家出身的政治精英批评得千疮百孔，但以进士科为代表的科举竞聘制度却始终屹立不倒。

奇怪吗？不奇怪。

因为，这套"竞聘"制度的首要目的，从来都不是求才——唐人中还真有明白这一点的。赵嘏的"太宗皇帝真长策，赚得英雄尽白头"，一语道破了科举的真意。

技术的发展，引发教育普及、知识流播的"多米诺骨牌效应"，推进了庶族阶层的分化。而以科举为筛网，将庶族中的优秀分子遴选出来，一来可以制约乃至取代长期威胁皇帝安危的世家力量，起到平衡政治的杠杆作用；二来又为庶族阶层开启了一条合法的上升通道（不管它多么狭窄），有助于缓和社会矛盾，起到"泄压阀"的效果。

大唐正是认清了科举的深意，所以尽管对"进士无行"也很窝火，但是始终不废科举。而失去了垄断政权技术基础的世家大族，则在与寒门庶族的斗争中不断衰败。

五　与盛唐打得有来有回的吐蕃王朝，为何一夜之间崩溃分裂？

7世纪初叶，在青藏高原以逻些（今拉萨）为中心兴起了一个强大的民族政权，汉文史籍称之为"吐蕃"，这就是历史上的吐蕃王朝。

吐蕃王朝建立于唐贞观七年（公元633年），从松赞干布至朗达玛共传九代，于公元842年走向分裂。半个多世纪后，唐朝也走向覆灭。可以说，吐蕃王朝几乎陪伴了大唐王朝的始终。

在这二百余年的历史中，吐蕃和唐朝之间的战争不断，吐蕃甚至一度攻陷唐朝都城长安，其也成为困扰整个唐朝的最大边患问题。然而，就是这样一个强盛一时的高原帝国，却在9世纪中叶轰然倒塌。究竟是什么样的原因导致吐蕃王朝一夜之间走向崩溃分裂，从此再未崛起？

这一切要从吐蕃王朝的渊源说起。

来自高原上的雄鹰：吐蕃王朝的兴起

如果没有专门研究吐蕃历史文化，那大部分人对吐蕃的印象或许停留在中学教科书上的唐朝文成公主入藏，以及金庸的武侠名著《天龙八部》中的吐蕃国师鸠摩智。除此以外，我们对古代少数民族政权吐蕃的认识和了解，恐怕是少之又少。这也让吐蕃王朝蒙上了一层神秘的面纱。

吐蕃王朝建立之前的西藏，小邦林立。吐蕃的前身就是寓居在雅砻河谷的悉补野部落。根据后世一些藏文史籍的记载，悉补野部落的第一位酋长，同时也是吐蕃的第一位赞普，就是聂赤赞普。

聂赤赞普统治吐蕃期间，带领族人对外扩张，发展医学，制定法律。其统治时期在公元前1世纪前后。

聂赤赞普之后，经六任赞普，历史进入了止贡赞普时期。止贡赞普时期也是悉补野部落发展的转折时期，生产力有了巨大发展。此时正值悉补野部落从母系氏族社会向父系氏族社会过渡。

止贡赞普之后是布德贡杰。布德贡杰本名夏赤，是止贡赞普的遗腹子。止贡赞普在与娘若香波部落首领罗昂达孜的比武决斗中被杀，罗昂达孜抢夺了悉补野部族的王位，随后他被悉补野部落的人杀死，夏赤就被推举即位，更名为布德贡杰。所谓"布德贡杰"，就是"战胜一切"之意。《敦煌本吐蕃历史文书》记录了很多关于布德贡杰的功绩：他在位时期，铁器得到广泛应用，社会生产力迅速提高，社会开始向奴隶制阶段过渡。布德贡杰在吐蕃早期历史上被认为是"中兴之主"。

止贡赞普之后，吐蕃社会先后经历了"六列"（或称"六地列"）"八德"赞普、"五赞王"时期，共计十九代赞普，奴隶制也在"五赞王"时期被最终确立。

除了生活在雅砻河谷、后来建立吐蕃王朝的悉补野部落，藏区还存在大大小小十多个部落和小邦。敦煌古藏文文献显示，见诸文字记载的就有十二个小邦。这些小邦一直与悉补野部落共存发展，直到松赞干布时期才被吐蕃王朝逐一吞并。

在这些邦国中，有几个邦国的发展很强势，成为与吐蕃并列的高原霸主的角逐者，其中最具代表性的有三个，分别是森波、苏毗和象雄（汉文称"羊同"）。

其中，特别值得一提的是象雄，也就是汉文文献中的"羊同"，它对西藏历史文化产生的影响不亚于吐蕃，还对吐蕃产生了重要影响。象雄在西藏各邦国部落中最早拥有自己的文字和语言，还产生了一个本土化的原始宗教——苯教。发源于象雄的苯教，对包括吐蕃在内的整个西藏地区都产生了深远的影响，其影响力远及印度、尼泊尔和中亚等地区，并且与佛教相互影响。

悉补野部落传至松赞干布的祖父达日年塞时，吐蕃迎来大发展时期。达日年塞在位时期（公元 6 世纪初叶），正值中原的南北朝时期，他率领吐蕃统一了雅鲁藏布江南岸地区，将三分之二的小邦都纳入吐蕃的统治之下。

达日年塞之后，是松赞干布的父亲囊日论赞执政时期。囊日论赞功勋卓著，他灭亡了森波，占领了岩波地区，将吐蕃的势力扩张到拉萨河地区。臣属为他上尊号"赞普"，并为后世所沿袭。

囊日论赞之后，就是历史上著名的松赞干布（汉文史书称作"弃宗弄赞"）执政时期。松赞干布即位后，先是平定了内部的贵族叛乱，继而开始对外进行军事扩张，"将南面的珞、门，西面的象雄，北面的霍尔，东面的草地居民和森林居民收归治下"（《红史》）。

贞观七年（公元 633 年），松赞干布迁都逻些，这标志着吐蕃王朝正式建立，历史就此翻开了新的一页。逻些从此成为吐蕃王朝的政治、经济和文化中心。

战与和：吐蕃与唐朝二百年的交锋史

由于缺乏相关史料和考古证据，吐蕃王朝建立之前的西藏的真实状况很难被还原出来，这也成为西藏早期历史的难解之谜。但是，从贞观七年松赞干布迁都逻些开始，吐蕃正式进入信史时代，相关的史事开始清晰起来，史书中对吐蕃的记载也逐渐增多。

松赞干布在位期间，实行了大刀阔斧的改革，涉及法律、政治、经济、文化等诸多领域。从此，吐蕃开始走向强盛，并且频繁地与外界进行交流。除了我们所熟知的文成公主入藏外，另一个代表性例子就是吞弥·桑布扎留学印度。吞弥·桑布扎不仅把印度的佛教典籍引入西藏，还根据梵文创制了古藏文。可以说，松赞干布时期的吐蕃不仅实现了西藏地区的统一，还加速了吐蕃的文明化进程。

松赞干布完成西藏统一后，并未停止军事扩张，开始把视野放到更广阔的地方，逐渐蚕食吐蕃与唐朝之间的一些部落邦国，在较短的时间里，相继对吐谷浑、党项、白兰等部用兵，虽然没有完全占领这些邦国，却为此后吐蕃王朝的持续扩张奠定了基础。

松赞干布最先把目光投向青海湖地区，把盘踞在青海湖一带的吐谷浑视为下一步吞并的目标。

贞观八年（公元634年），吐蕃使者造访长安，向唐太宗提出联合对抗吐谷浑的建议。唐太宗欣然接受了吐蕃使者之请，派出使者安排联合进攻吐谷浑事宜。次年，唐军两路出兵平定吐谷浑。然而，吐蕃并未发出一兵一卒，还趁机夺取了原先由吐谷浑控制的青海大片土地。

此役之后，吐谷浑归附唐朝。唐太宗为了安抚吐谷浑，将一位公主下嫁给吐谷浑首领，正式与之联姻，并授予其唐朝的头衔和军旗。松赞干布听闻吐谷浑娶了唐朝公主，便遣使入朝请求唐太宗赐婚。此时，唐太宗开始疏远吐蕃，拒绝了吐蕃的和亲请求。

吐蕃的使者害怕松赞干布降罪，就谎称是吐谷浑首领从中作梗、挑拨离间，这才导致与唐朝联姻失败。松赞干布听信了使者的片面之词，勃然大怒，就联合象雄亲征吐谷浑。当时的吐谷浑经过北周、隋、唐三朝的连番军事打击后已经衰落，所以松赞干布轻而易举地打败了吐谷浑，将吐谷浑驱赶到青海湖北岸。

击败吐谷浑后，吐蕃在松赞干布的带领下又消灭了东北方的白兰和党项。之后，吐蕃军攻打唐朝的松州（今四川省松潘县），被唐朝大将牛进达击退。吐蕃军吃了败仗后，退回吐蕃。松赞干布知道唐朝实力强大，转而对唐朝采取外交手段，经过几轮外交斡旋后，最终说服唐太宗答应和亲，将文成公主许配给他。

《步辇图》描绘了唐太宗李世民在宫内接见松赞干布派来的吐蕃使臣禄东赞。作者/（唐）阎立本

贞观十五年（公元641年），文成公主在江夏王李道宗和吐蕃迎亲使者禄东赞（即噶尔·东赞）的护送下来到青海。松赞干布亲自在青海黄河之源以子婿之礼拜见李道宗，把文成公主迎回逻些。

文成公主入藏后，松赞干布为她在红山上修建了一座宏大的宫殿，这座宫殿被称作红山宫，也就是今天布达拉宫的基础。

不过，根据一些藏文文献的记载，红山宫其实并不完全是为文成公主而建，更可能是出于军事防御的考虑而建。根据藏文文献记载，赤尊公主（松赞干布迎娶的泥婆罗公主，泥婆罗是尼泊尔旧译名）看到松赞干布担心外敌来犯，就建议扩建宫室，松赞干布接受此议，这才修筑了雄伟的布达拉宫。

不管怎么说，文成公主入藏大大促进了西藏地区和中原王朝的交流，也促进了吐蕃的文明化。单是公元641年到公元648年期间，吐蕃就先后八次遣使到长安，还多次派兵协助唐军平定西域叛乱。

文成公主入藏，标志着吐蕃和唐朝联盟关系的建立。吐蕃和唐朝的联盟关系一直持续到唐高宗显庆三年（公元658年）。当时，松赞干布已经去世，吐蕃连续两任赞普都是年幼即位，军政大权被贵族噶尔氏家族把持。当时把持吐蕃政权的禄东赞征服了白兰部，并利用白兰部作为对抗唐朝的前哨，于公元658年向唐朝遣使求婚。禄东赞的这一请求实际上是在要求唐朝承认吐蕃对白兰部的统治，为吐蕃以后的继续扩张做铺垫。唐朝断然拒绝了吐蕃的求婚之请。自此，吐蕃和唐朝的联盟关系宣告破裂。

咸亨元年（公元670年），把持吐蕃国政的噶尔氏家族首领赞聂多布（禄东赞长子）率军攻陷唐朝安西四镇，唐朝遂罢安西四镇，唐朝所控制的西域地区也被吐蕃占领。唐高宗派薛仁贵率领唐军经青海远征逻些，最终于大非川大败于论钦陵（赞聂多布之弟）。

大非川之役是唐朝和吐蕃的首次大规模战役。对唐朝而言，唐和吐蕃从此毗邻，青海河湟地区也成为双方兵力进出的要道。对吐蕃而言，此役让吐蕃从此掌控了青海地区，青海地区不仅成为吐蕃的版图领地，也成为吐蕃对外扩张的前沿和门户。到武周时期，唐廷收复了安西四镇和塔里木盆地，又派出王孝杰、娄师德军，与论钦陵大战于素罗汗山（今甘肃临潭），论钦陵所率吐蕃军获胜。

几次交战后，吐蕃和唐朝再次开始商讨联姻结盟事宜。不过，这次和谈并未成功，因为当时的吐蕃赞普发动政变，诛杀了把持国政的噶尔氏家族，主持谈判的论钦陵也自我了断。论钦陵死后，吐蕃国政重归于赞普。论钦陵的弟弟和儿子投奔武周，被武则天封王拜将，其族人也改姓,从此为唐朝效力。

噶尔氏家族执掌吐蕃国政五十年,吐蕃赞普沦为傀儡,但在这五十年的时间里,吐蕃并未停止对外扩张,而是迎来了高速发展时期。禄东赞和论钦陵执政时期,继续发展和完善吐蕃的政治、经济和法律制度,为吐蕃王朝日后的发展奠定了基础。

噶尔氏家族倒台后,重掌大权的吐蕃赞普是赤都松赞(即器弩悉弄)。为了避免朝政再次被权臣窃夺,赤都松赞不再任命大相(大论)。赤都松赞常年领兵在外,先后在唐蕃边境和南诏征战,逻些朝政由其母后赤玛蕾代为执掌。

在赤玛蕾的主持下,赤都松赞把全部精力投入到对外征战中。不过,赤都松赞最终在对南诏的征讨中病逝,年仅二十九岁。此后,吐蕃陷入内乱。对此,《旧唐书·郭元振传》记载:"故赞普(赤都松赞)躬往南征,身殒寇庭,国中大乱,嫡庶竞立,将相争权,自相屠灭。"

面对吐蕃内乱,赤玛蕾开始以太皇太后的身份执掌国政,先后平定了多位大臣叛变,拥立野祖茹(即后来的赤德祖赞,又称尺带珠丹)继承赞普之位,避免了吐蕃的分裂,维护了吐蕃王朝的统一。

赤德祖赞继承赞普之位后,开始与唐朝和亲,唐中宗将金城公主许配给他。当然,是赤玛蕾促成了吐蕃和唐朝的再度联姻。

赤玛蕾病逝后,赤德祖赞执掌吐蕃国政。由于赤玛蕾主政时期已经奠定了吐蕃和唐朝的联盟关系,所以赤德祖赞主政后,将对外扩张的矛头指向了中亚地区。要想经略中亚地区,吐蕃必须面对今克什米尔地区的两个政权——大、小勃律。事实上,勃律本无大小之分,勃律的分裂正是吐蕃促成的。从7世纪初开始,吐蕃就不断把势力延伸到克什米尔地区。勃律因被吐蕃频繁进攻,在迁徙过程中,分裂为大、小勃律。勃律分裂后,难以抵御吐蕃,便求援唐朝。唐朝开始积极协助勃律对抗吐蕃。

开元二十五年(公元737年),吐蕃开始对小勃律大规模用兵。小勃律王战败，臣服于吐蕃。面对吐蕃的肆意扩张，唐朝也开始向吐蕃出兵，双方于青海、西域和帕米尔地区展开激战，互有胜负，呈现拉锯状态。直到天宝六载（公元747年），唐朝名将高仙芝率兵攻陷小勃律，唐朝才再次控制了中亚。这次战争也是高仙芝的成名之战。

不过，唐朝对中亚地区的控制只是昙花一现。天宝十载（公元751年）怛罗斯之战爆发，唐军在怛罗斯城败于大食，唐朝的势力开始退出中亚地区。吐蕃则乘势取而代之，控制了中亚地区。

此后，唐朝虽然在天宝十二载（公元753年）大败吐蕃，占领了九曲之地（今青海省东南部），取得较大优势，但并未能扩大战果，随即在天宝十四载（公元755年）遭遇安史之乱，彻底无力经营西域。

安史之乱爆发前夕，吐蕃这边也发生政变，赤德祖赞被杀，继位的是赤松德赞。赤松德赞在吐蕃历史上的功绩和地位不亚于松赞干布，而且是唯一可与之相提并论者。赤松德赞统治时期，也是吐蕃王朝的鼎盛时期，赤松德赞是吐蕃历代赞普中统治疆域最为辽阔的一位。

持续八年的安史之乱被平定以后，唐朝国力大打折扣——唐朝在河陇以西的统治区全部丢失，仅有若干孤城在吐蕃的包围下苦苦支撑。并且，吐蕃快速将战火烧到了唐朝的心脏——京畿地区。

广德元年（公元763年）十月，吐蕃攻陷长安，唐代宗仓皇出逃。吐蕃迎立金城公主的兄弟李承宏为帝，并设置百官。长安被吐蕃攻陷十五天后，才被郭子仪收复，李承宏也主动退位。可以说，此次长安沦陷，既暴露了唐朝军事上的空虚，也见证了吐蕃王朝的强盛。

一波未平一波又起，刚刚收复长安的唐朝再次面临一个新的危机——仆固怀恩之乱。广德二年（公元764年），仆固怀恩串通吐蕃、回纥，集结十万大军进攻唐朝，并迅速包围奉天。唐廷再次派郭子仪出兵御敌。郭子仪最终解了奉天之围，并阻止吐蕃大军继续进军长安。

唐德宗即位后，认为唐廷的主要任务应该是削除藩镇，加强皇权，而不是与吐蕃对抗，便开始和吐蕃议和。建中四年（公元 783 年），唐朝派出陇右节度使张镒与吐蕃大相尚结赞结盟于清水，史称"清水会盟"。

会盟四个月后，唐朝发生了泾原兵变，唐德宗仓皇逃出长安。在情急之下，唐德宗向吐蕃求援，赤松德赞派出援兵协助唐军平叛。当然，吐蕃此次出兵并非真的是出于联盟关系，而是因为唐德宗答应把安西都护府和北庭都护府割让给吐蕃。但是，随着叛乱的平息，很多唐朝官员开始极力反对割地。最终唐朝并未割让安西和北庭，只拿出一万匹绢帛作为酬劳。如此一来，唐朝和吐蕃短暂的和平局面被打破，双方再次决裂。

唐朝和吐蕃关系破裂后，吐蕃于贞元五年（公元 789 年）进攻陇右、泾州和邠州。到贞元七年（公元 791 年），唐朝河西数州以及"安西四镇"之一的于阗都被吐蕃攻陷。面对来势汹汹的吐蕃大军，唐朝只能被动防守，竭力加强西境守备，很难组织起有效的军事反击。

不过，当时的南诏已经和唐朝在点苍山会盟，重修旧好，唐朝可以和南诏并肩作战，合兵反击吐蕃。唐朝和南诏的联盟让吐蕃很难讨到便宜，在旷日持久的拉锯战中，赤松德赞最终于贞元十三年（公元 797 年）去世。

随着赤松德赞的去世，吐蕃的国势不可避免地开始走下坡路。

赤松德赞在位时期，抑苯崇佛，与苯教相攀缘之贵族都遭到了他的打压，所以他们对赤松德赞怀恨在心。赤松德赞去世后，苯教势力反扑，吐蕃国政大乱。在此背景下，赤松德赞之子牟尼赞、牟如赞相继继位（是否为赞普有争议）。不过，牟尼赞和牟如赞都暴毙而亡，最终继承赞普大位的是赤德松赞。

赤德松赞执政时期，吐蕃的对外军事扩张暂告一段落，并随着西线、北线、东南线等地军事吃紧，吐蕃已无力发动军事进攻。这一时期的吐蕃开始主动向唐朝示好。当然，这种示好未必表示吐蕃有和谈之意，可能更多的是避免唐朝在此时对吐蕃采取军事行动。

到赤祖德赞执政时，吐蕃已经明显衰落。此时，吐蕃要应对北方的回鹘，而回鹘和唐朝也已建立和亲关系。赤祖德赞意识到，必须和唐朝联盟，才足以对抗北方的回鹘。

于是，在唐穆宗长庆元年（公元821年），吐蕃首先向唐朝提议会盟，唐穆宗应允此议，双方正式订立盟约。会盟仪式先是在长安西郊举行，之后又在吐蕃首都逻些举行，前后持续近两年，史称"长庆会盟"。

长庆会盟承认吐蕃领有陇右、河西、安西和北庭，吐蕃的要求得到了满足，这为双方的持久和平奠定了基础。

此后，吐蕃接连遭遇内乱、政变、灾害和瘟疫，国力衰弱。这一切让唐朝君臣看到了收复被吐蕃侵占的陇右、河西之地的希望。唐宣宗时期，沙州张议潮起兵反抗吐蕃人的统治，光复沙州，又相继收复了肃州、甘州和伊州等地。公元851年，张议潮被唐朝封为归义军节度使，兼十一州观察使，归义军从此登上历史舞台。

与此同时，吐蕃国内内乱频仍，平民和奴隶阶层掀起了史无前例的大规模暴动起义，强大一时的吐蕃王朝在内乱中走向衰落。最终，吐蕃王朝分崩离析成若干大大小小的政权，再也不复吐蕃王朝统一时代的辉煌。

吐蕃王朝的衰亡之谜

中国古代出现过非常多的边疆少数民族政权，比如两汉时期的匈奴，魏晋南北朝时期的鲜卑及其建立的诸多北方民族政权，还有隋唐时期的突厥、铁勒、契丹等。

在隋唐以前，中原王朝的边患问题主要集中在北方。随着吐蕃王朝的崛起，中原王朝开始把视野向西南边疆地区转移。事实上，随着吐蕃王朝的崛起，西南地区的少数民族势力也随之崛起，继吐蕃之后崛起的南诏国和大理国就是典型的例子。

由此，隋唐以后，中原王朝的治边策略开始发生转变——由过去的一味重视北方边防，渐趋把边防视野扩展到西南边疆。而这个关键节点，其实就是公元6世纪吐蕃王朝的崛起以及之后持续二百年的唐蕃互动。

正如历史学家王小甫所说："从7世纪中叶开始，亚洲大陆的政治格局发生了重大变化，这就是在传统的南北农牧分立局面中，加入了冲出沙漠的大食人和走出高原的吐蕃人，他们内部统一起来的原因尽管有很大不同，但都成了亚洲大陆上全新的、举足轻重的政治力量。从此，旧大陆政治地理的空白完全消失了，旧大陆的历史却因而增加了新的篇章。"可以说，吐蕃王朝的崛起对中国古代史、边疆史和整个亚洲史都有着非常关键且特殊的意义。

那么，这样一个产生过重要影响的民族政权，最终为何会在顷刻间土崩瓦解呢？结合藏文和汉文文献，我们大致可以归结出吐蕃衰亡的四点原因。

第一，经济基础的崩溃。吐蕃是以军事立国，是在不断地进行对外军事扩张的基础上建立起来的国家，而长期的对外战争必然导致社会经济的破坏，乃至崩溃。高原的农牧业本身十分脆弱，人口也并不充足，常年的军事扩张会导致大量青壮年人口被输送到军事前线，剩下由老弱人口构成的劳动群体无力支撑频繁和庞大的军事行动。根据吐蕃文书记载，吐蕃的军事赋税征收十分频繁，这些赋税和摊派会不断摧毁农牧业，进而使得农牧业的生产能力随之丧失，军事扩张赖以维系的经济基础终将崩溃。

第二，自然灾害频发和疾病的蔓延。高原的生态比较脆弱，自然灾害对农牧业产生的影响也会更为明显，进而影响到政权的稳定；而瘟疫则会影响到本就不充裕的劳动力，导致青壮年人口减少。藏文史籍记载，末代赞普朗达玛时期出现了地震、洪水、陨石、冰雹、雷击等极端灾害，这些无疑都沉重打击了吐蕃王朝的统治。

第三，统治阶层的争权夺利。在整个吐蕃王朝的历史上，政变不计其数，废立赞普的事情时常发生，尤其是到了王朝后期，政治纷争更为频繁，政坛动荡更为剧烈。比如从赤松德赞到赤德松赞时期，短短数年之间，吐蕃就三易其主，政局之动荡可见一斑。而且，越是到吐蕃王朝后期，吐蕃赞普、宗室贵族和大臣之间的矛盾就越发白热化，越是难以调和，宫廷杀戮频仍。吐蕃上层贵族之间的激烈争斗，无疑加速了吐蕃王朝的衰亡。

第四，宗教冲突。宗教在吐蕃的整个历史进程中扮演着重要角色，宗教纷争也几乎贯穿了吐蕃王朝的始终。在佛教传入西藏之前，苯教是吐蕃早期历史上的主流教派。佛教传入西藏后，受到了统治者的青睐，佛教对吐蕃政治发挥出越来越大的作用。于是，宗教派系之间开始党同伐异，甚至演变为你死我活的残酷斗争。按照很多藏文文献的看法，正是末代赞普朗达玛的"灭法"（崇苯灭佛）导致了吐蕃王朝的覆灭。事实上，朗达玛的"灭法"只是表面原因，吐蕃王朝的覆灭其实是佛教和苯教之间的长期斗争，以及政教斗争激化后的必然结果。

数百年时光过去，元至元八年（公元1271年），乌思藏（今西藏中部、西部及其迤西地区）、朵甘等地成为元朝的一部分，西藏从此正式纳入中国的版图之中，与其他地区共同创造了丰富多彩的中华历史文化。

六　明代距离宋代不到百年，为何却有沧海桑田的感觉？

明朝虽承于元朝，但明与南宋相隔仅九十年左右，甚至明朝开国皇帝朱元璋的外祖父曾是南宋军中的一员，朱元璋幼年时还听过外祖父讲述南宋往事。对于一些长寿者而言，他们是有可能兼跨宋、元、明三朝的。

然而，从后世来看，宋、明两朝给人的感觉不但不同，而且"断代如隔世"，不禁令人大惑不解。这是为什么呢？

人口更迭与民族融合

从历史角度看，历史记忆的传承不仅依赖史书典籍的记载，还需要一代代人的口耳相传。随着传承代际的增加，其中的疏漏与失真之处自然会越来越多，直至一段历史被彻底遗忘。

古代人均寿命短，人口更迭速度很快。据历史学家估算，中国古代主要历史时期的人均寿命如下：

夏十八岁，秦二十岁，东汉二十二岁，唐二十七岁，宋三十岁，清三十三岁。

如此短暂的寿命自然迫使古人形成早婚早育的习俗，十几岁结婚生子成为普遍现象。自南宋彻底灭亡的公元1279年，到明朝建立的公元1368年，间隔几近九十年。若把时间线向前延伸到元入主中原时，更是有上百年之久。在此期间，迁徙、国家崩溃、饥荒以及疾病使中国的人口减少了四分之一左右。幸免于难的人由于人均寿命低下、早婚早育习俗的影响，也早已更迭了四五代以上。他们的子孙后代出生、成长于元朝，自然逐渐丧失了与宋相关的记忆。

宋朝是一个传统华夏王朝，其民族成分也较为单一，主要为汉人。元代则是中国历史上的民族大融合时期。元统一天下后，疆域空前庞大，帝国内部政令统一，宋、西夏、金时的政权对峙状况已不复存在。四通八达、遍及全国的驿站更将山水迢递、素无来往的各民族百姓联系到一起，为民族交往交流交融创造了条件。

元代时，大量外域人群通过陆上丝绸之路和海上丝绸之路以前所未有的规模涌入中国，与汉人杂处。朝廷的迁民、罪徙和民间的经商、流寓等因素，促使许多边远少数民族移往内地，形成大分散、小集中的局面。蒙古统治者置身于中原文明，尤其是汉文化的汪洋大海中，面对历史文化悠久和封建经济较发达的地区，亟须处理好游牧生产方式与中原地区传统生产方式的关系，以一种更新、更好的制度统治中原。元世祖忽必烈积极推行汉法，进行改制。汉法的实行对蒙古、色目、汉等族群融合起着促进作用。如河南、甘肃行省等行政机构的设立，不仅使边疆少数民族地区深受元朝政治、经济、文化的影响，还因其被置于同一行政机构管辖之内，为民族交往交流交融提供了前提条件。到元朝末年，进入中原地区的契丹人、女真人、党项人已融入汉族之中。蒙古族的语言、服饰、风俗习惯也深受汉族影响。

在元代民族大融合的过程中，比较重大的事件无疑是色目人的出现。元朝社会被划为四等：蒙古人、色目人、汉人和南人。他们在政治、法律、科举考试等方面都处于不同的地位。"色目人"一词为汉语词汇，最早见于唐长孙无忌等人撰写的《唐律疏议》："谓先知夫身老、幼、疾、残、养、庶之类"条，对"之类"的注释"以其色目非一，故云'之类'"。元人在借用"色目"一词前，曾使用"回回"一词指代西域信奉伊斯兰教的穆斯林。"回回"一词从唐宋时期的"回纥""回鹘"音转而来，元代的"回鹘"已改称"畏兀儿"或"畏吾儿"等。蒙古国建立后，曾用"回回"指代所有西域人，同时作为单指西域穆斯林的"回回"仍在使用，很容易产生混淆。于是在元世祖忽必烈时期，"色目人"开始作为代指西域人及中亚胡人的惯用词，逐渐成为对西北和西域以及欧洲各族人的总称。

元代民族大融合还有其他体现。据相关研究，回族是唐、宋以来，主要是在13世纪初的一段历史时期内，一部分信仰伊斯兰教的阿拉伯人、波斯人和中亚各族向东迁入中原，与汉、蒙古、畏兀儿等民族姻亲交往、繁衍生息而形成的。东乡族是13世纪进入甘肃临夏地区信仰伊斯兰教的蒙古人，与当地汉、回、藏等族长期相处，姻亲演进而逐步发展形成的。保安族是元明时期一批信奉伊斯兰教的蒙古人在青海同仁县驻军屯牧，同当地蒙古、藏、回、土等民族长期融合形成的民族共同体。前身为回鹘人的畏兀儿后来则形成了维吾尔族，最终融入中华民族。

因此到明代时，中国境内的人口和民族结构与宋代早已大相径庭。经过元以来的长期交往交流交融，中原境内已逐渐形成以中原文化为中心的民族认同，民族融合空前加强，中华民族多元一体的格局逐渐形成。

金元政治的影响

有宋一朝，军力始终不振，北宋为金所灭，南宋又亡于蒙古。由北方少数民族建立的金、元政权先后统治北方二百余年，其制度与宋相比，具有一些明显的特色，对中国古代政治产生了深远影响。

其一，门阀贵族政治复兴。贵族政治通常被看作官僚政治的对立物，实际上，官僚政治往往是由贵族政治演变而来的。随着官僚制度不断发展，贵族制度不断被排斥、减少。贵族作为一个有政治影响力的社会阶层，到宋代已几乎绝迹，士大夫集团成为社会上主导性的政治力量，对皇权形成约束和限制，宋代政治成为一种比较"纯粹"的官僚政治。

然而，金与元的建立使这种趋势发生了变化。女真、蒙古统治者在入主中原以前，即处于"前官僚制"的贵族政治形态，贵族力量强大；入主中原后，贵族作为"征服王朝"的主要政治支柱力量受到保护，被赋予种种特权，占据显赫地位。官僚机构对皇权的约束和限制明显减小，士大夫集团在政治领域中的活跃程度大大降低，官僚政治的成熟程度与宋相比明显减弱。

到了明代，贵族政治存在的基础大为削弱。但朱元璋等人毕竟生长于元代，受金、元以降的政治影响颇深，因此，明初同样形成了一个包括宗室、勋戚在内的庞大贵族集团。他们虽然在参与政治方面受到限制，但在经济、社会地位等方面受到国家的优厚待遇，享有种种特权，并倚仗自己的特殊身份攫取利益。

其二，君臣关系变为主奴关系。自古以来，君臣之间在政治权力和社会地位等诸多方面并不平等，但在人格上仍存在某种抽象的平等——"君使臣以礼，臣事君以忠"，君臣之间，以礼遇换忠诚；"邦有道则仕，邦无道则可卷而怀之"，臣子有不合作的权利。这种"抽象的平等"到蒙古人这里宣告终结。成吉思汗建立的怯薛制度，就是以大汗的贴身宿卫充当国家的管理者。怯薛分管大汗的冠服、弓矢、饮食、文史、车马、帐篷陈设、府库、医药、卜祝之事，通过世代为大汗服务，来获得处理政务、治理国家、官至宰相的地位。对蒙古贵族来说，没有什么比作为奴婢服侍大汗或皇帝更光荣的事业了。成吉思汗刚刚崛起时，木华黎的父亲将他送到成吉思汗身边，要他"永远做奴婢者"，

"若离了你门户呵，便将脚筋挑了，心肝割了"。木华黎家族在元朝世代身居高位，但他们认为最贵、最足以骄人的是"老奴婢根脚"。

由于君臣之间带有主仆色彩，皇帝对臣下施以责罚便更为随便。大臣被杖责之例经常发生，有的是犯罪受罚，有的则是借刑立威。皇帝的尊严、权威愈增，大臣稍微冒犯就可能招来横祸。有的大臣虽一度得到皇帝信任，权势赫然，而一旦形势变化，下场可能十分悲惨。明初动辄折辱、诛杀大臣的极端情况无疑受到了元代的影响。

其三，"家天下"色彩加深。就国家性质而言，华夏传统主张"以一人治天下，不以天下奉一人"。一姓王朝的统治权力来自上天对其德行的承认，而这种承认体现在"天下苍生"，也就是百姓的感受上。因此，皇帝和朝廷必须顾及百姓的利益，在国家利益与社会利益之间寻求平衡。蒙古人信奉更为原始的家产制国家观，他们相信蒙古国家是成吉思汗家族的私有财产，没有"江山社稷"的概念。在他们看来，新占领区的土地和人民都是蒙古人的战利品。初入中原时，曾有蒙古贵族向元太宗窝阔台建议："留着这些汉人也没什么用，不如都杀了，让中原大地草木畅茂，用来放牧牛羊！"耶律楚材制止了这场大杀戮。他给窝阔台算了一笔账：若留着汉人收税，每年可收五十万两银子、八万匹绢和四十万石小米。窝阔台被巨大的利益打动，让耶律楚材协助治理汉地，从而保全了黎民百姓的生命。

正是在这种思维下，元朝成了中国历史上空前腐败的王朝，而且有两点特色：华夏王朝的腐败通常发生在王朝末路，而元的腐败从一开国就风气甚烈；自古宰相级别的高官通常爱惜羽毛，希图留名后世，所以较少有腐败发生，而元朝宰相不但贪腐成风，且贪腐涉及金额巨大。如元成宗时期，一度有八成左右的宰相因贪腐被惩处。全国上下腐败糜烂的官场风气，也是元朝早夭的重要原因。

当然，由于金、元两朝具体政治环境与明朝的差异，我们也不能把明朝的政治制度都看作对金、元的继承。金、元对明朝的影响更主要的是在观念方面，而非制度方面。明朝虽然是汉人政权，但是就政治文化而言，其实是在金朝、元朝的延长线上。明朝对唐、宋制度的恢复工作大多流于表面，却顽固地将金朝、元朝政治文化中的野蛮基因保留下来，影响了此后数百年间中国的政治走向。

社会生活的变迁

长期以来，宋被视为中国历史上最辉煌的时期之一。海外宋史研究者迪特·库恩认为，宋是"当时世界上最先进的文明"，表现出"现代资本主义启蒙最为显著的特征"。历史学家陈寅恪认为："华夏民族之文化，历数千载之演进，造极于赵宋之世。"王国维也说："天水一朝人智之活动，与文化之多方面，前之汉、唐，后之元、明，皆所不逮也。"邓广铭则有论断称，就中国古代史而言，"宋代物质文明和精神文明所达到的高度，在中国整个封建社会历史时期之内，可以说是空前绝后的"。

宋的繁荣与其较为先进的财经政策分不开。虽然程朱理学兴起，但宋代从皇帝到平民，普遍讲求功利。司马光曾为此感叹："无问市井田野之人，由中及外，自朝至暮，惟钱是求。"中国历史上绝大多数时期，农业税是国家收入的主体。而相较于农业，工商业带来的收益无疑更多。宋时，工商税占财政收入的70%，农业税占30%，工商税占比不仅是唐的数倍，且大大超过后世的元、明、清。可以看出，宋朝财政收入并不主要来自农业税种，而是工商业繁荣、生产力提高的结果。一方面，宋朝大力发展官营工商业，官营工商业采取多样化经营方式，民营工商业中的经营形式，如承包、租赁、租佃、借贷、合伙等，在官营工商业中都有实施，甚至有的官营工商业还领先一步。另一方面，宋朝通过官营工商业获取巨额收入后，转而将其投入民间，向民间购买物品，促进货币流通，也使许多民间商人通过与官营合作致富。另外，宋积极鼓励社会和个人消费，如取消宵禁制度，促使"早市"与"夜市"的诞生，这不但丰富了居民生活，还增加了国家财政收入。宋还是唯一一个鼓励酿酒和饮酒的政权，北宋都城开封有七十二座大酒楼，南宋杭州也是官私酒楼林立，批发零售分店遍布大街小巷。

宋朝灭亡后，后继者未能完全延续宋朝注重工商业发展的经济政策。明太祖朱元璋出身农村，小农思想浓厚，执着于建立乌托邦式农业社会。对于不易受朝廷控制的工商业，朱元璋将之视作破坏自然经济、威胁国本的大敌。在他的统治下，中国几千年来的抑商传统进一步发扬光大。朱元璋屡屡说："农桑为衣食之本。"在他看来，只有实实在在出产了粮食和棉花的活动，才是劳动。明初规定，商人外出经商，必须经官府严格审核，发给通行证才行，不带通行证经商重则杀头，轻则发配边疆。宋代财政收入早就实现货币化，朱元璋却让税收制度倒退几百年，恢复了低效率的实物征收制和劳役制，并抑制铸币业，有时甚至禁止金银及铜币交易。据估计，整个明代铸钱量不超过千万贯，仅相当于北宋两年的造币量。宋元时期鼓励对外贸易，并从海外贸易中获得了巨大的财富。朱元璋却实行严格的海禁政策，非但不准国人出海，还将外国进行"朝贡贸易"的数量限得极低。推行这一政策的后果便是农业税占明朝财政总收入的81%，工商杂税只占总收入的12%，经济结构落后于时代，与宋不可同日而语。

在朱元璋的努力下，大明成为中国历史上比较平稳的朝代之一。平稳的背后则是发展缓慢。唐、宋以生机勃勃的外向型竞争社会呈现于世界，朱元璋统治下的明朝则是内敛化的、非竞争性的。因此，在这种环境中生活的明朝百姓已很难想象得到宋代先人所过的生活。这可能是人们感觉百年间隔世事大变的重要原因。

七　明军胜利后，朱元璋如何对待曾经的敌人？

随着明军的节节胜利，朱元璋"高筑墙、广积粮、缓称王"的生存战略逐步变成了"统一九州，万方臣服"的政治追求。

如果从政治上思考问题，那么非黑即白的军事逻辑、血雨腥风的征伐手段就变得不那么符合时宜，而文质彬彬、礼贤下士、有事好商量的政治逻辑渐渐成为主流。

也是从这时开始，元朝众臣遗民的命运与大明的未来走向一块，朱元璋几十年锻炼出来的分层分类思维也在行动中展现无遗。

那么，朱元璋究竟是如何对待前元精英的呢？

智囊之士

公元 1355 年前，朱元璋、张士诚、赵均用的军事行动本身并没有太多政治追求。

但朱元璋在公元 1356 年攻占镇江后，遇到了一个前元高官。

秦从龙，字元之，洛阳人，曾担任和林行省左丞、江南行台侍御史，后隐居镇江。

元代，汉儒主要担任吏员和教官等底层官职，或者如周伯琦任清要之职，要么缺乏大的视野，要么缺乏实际操持。而秦从龙的兼而有之是极其难得的。在克镇江前，朱元璋已经打听到有这么一号人物，专门嘱咐徐达"当询访，致吾欲见意"；克镇江后，派亲侄朱文正、亲外甥李文忠携带贵重礼物前往聘请。秦从龙到达南京后，朱元璋亲往龙江迎接，并与其同住富户家，"朝夕访以时事"。

此后十年，秦从龙住在西华门外，一直是朱元璋的邻居，朱元璋对其礼遇极高。两人来往极其频繁，"事无大小悉与之谋"。在这个过程中，朱元璋对元朝廷高层的熟悉程度、对天下形势的判断、对建章立制的认识等，都有了质的飞跃。

公元1360年之后，一方面是摆脱了生存危机，另一方面是得益于学问纯熟、视野打开，朱元璋开始有意识地谋划布局，将个人命运与天下大势放在一起思考。对这一变化，秦从龙厥功至伟。

作为智囊，许多时候并不需要太多。

元廷户部尚书张昶（chǎng）作为来招安朱元璋的人，结果反被扣留下来，并获得了朱元璋的礼遇。作为熟悉元朝财政、典章制度的事务性官员，张昶为朱元璋政权的正规化提出了很多建议。朱元璋也渐渐把他当作自己人，但张昶依旧"身在江南，心思塞北"。

等到明军攻克大都后，"凌轹一时"的文坛领袖危素进入明廷。危素的影响力非常广泛，至正（元顺帝年号）时期，"凡朝廷制作，皆自公出"，且学生众多，如翰林学士刘君献、待制黄君哔（hān）等七十余人。但此时朱元璋的需求已经与二十年前不一样了，于是，危素的命运就是到和州为元朝忠臣余阙守庙。朱元璋这一举动肯定是做给其他人看的：天下硕儒大德如果不够忠诚，依旧是不能被重用的。

此外，浙东文人与这些高层的文官不一样，比如宋濂是文士的代表，刘基、章溢、叶琛是浙东实力派，这批拥有强悍军事能力的人比文官的价值更大。在很长一段时间里,刘基、章溢、胡深的乡兵都在镇戍东南方面。开国后,这批人能有浙东集团之称,自然不是只靠道德文章就能行的。

相对于着眼文人,朱元璋还是将更多的精力投入在实力派方面。

前元实力派

天下大乱,豪杰并起。在各种兼并重组的过程中,群雄逐步向寡头集中,局面也一步步清晰起来。在明军向四方挺进的过程中,各方实力派都在思考自身的命运,或降,或战,或短暂合作,命运与形势在这里展现出了波澜壮阔的一面。

对于李伯升、左君弼、李思齐等实力派,朱元璋采取的人事政策基本属于一事一议、全力使用。

李伯升是张士诚的原始班底,张士诚除了信任士信、士德兄弟外,就属对李伯升、吕珍最亲近了。在朱元璋与张士诚的对战中,湖州之战是最激烈的。在此战中,李伯升由水路入城防守,吕珍带援兵在旧馆战败被俘并被斩杀于城下,李伯升最后选择投降。苏州之战中,李伯升被派去劝降张士诚,未果。战后,张士诚的降兵基本被整合进徐达的北伐大军中,苏南的富户被迁徙到凤阳,李伯升作为张士诚集团在新政权的最高代表,在这中间起到了配合的作用。明立国后,李伯升担任平章政事兼同知詹事院事(无实权),先后多次随军出征。朱元璋让他随军出征,主要是让他负责联络、招抚,当然也有展示大明军队强悍战力的想法。

而左君弼是朱元璋的"老熟人",双方在渡江前就有往来。巢湖水军与朱元璋合作,就有共同对抗左君弼的意思。后来的十多年里,左君弼的角色很复杂,既是元末农民起义军建立的天完政权的行省负责人,又与张士诚、元朝廷合作，不变的是其牢牢占据庐州一带。公元1363年、公元1364年明军先后两次攻击庐州，皆作战数月之久。左君弼在战败后降元，一路从安丰退往汴梁。

朱元璋曾对其多次劝降，并努力淡化过去的冲突，不再追究责任，打民族牌、亲情牌。直到公元1368年年初，徐达兵锋直指汴梁，左君弼此时退无可退，碍于形势所迫，降了朱元璋。朱元璋对左君弼既往不咎，还给予其一定的兵权。后来，左君弼任广西卫指挥佥事，效命征伐，后回自己的老地盘整顿，收集旧部一并带往广西镇守。

李思齐则是与王保保（即扩廓帖木儿）舅父察罕帖木儿一同起家的元廷建制内地方实力派。几年间，两人联手合作，平定大半个北方。李思齐官至太尉，以关中为基地，并自辟官员。后来元廷军阀混战，你方唱罢我登场。公元1367年10月，朱元璋给李思齐写了一封信，强调自己刚知道他们二分关中，各有一块地盘，并带有幽默属性地建议最好能从他们两个人之间选一个更有实力的抚定关中，"以一民心，拥精兵，守要害，虎视太行之东、大河南、北"，这样另一个人也可以永保"功名富贵"，并直言"苟为不然，鹬蚌相持，渔者获利"，妥妥的看热闹不嫌事大的心态。

公元1368年年初，明军进入河南，李思齐和王保保的混战才停下来。第二年，明军开入关中，李思齐节节败退。朱元璋此时再次来信："关中几派势力，都没能奈何你，当时没有谋划占据关中称王，现在形势已经不允许了。其他的实力派跑的跑，散的散；你退入朔漠，也没发展空间。你投降吧，我当以汉待窦融之礼相报。否则，就不好说了。"形势比人强，见朱元璋态度大转弯，李思齐势穷，于是率数万兵马来降。

后来，李思齐被任命为江西行省左丞，并不需要上任，即享受江西行省副职待遇，明代文人对此解释为"起兵归附之臣，上欲优之，命食禄而不视事"。后他多次随徐达征伐，升至中书平章政事。

公元 1374 年，朱元璋派遣李思齐前往朔漠招抚故人之子王保保，王保保待之以礼，李思齐在那里待了几天。返回的时候，王保保派遣骑兵护送李思齐至边界上，并要求李思齐留下一只手臂作为"纪念"。李思齐知不可免，选择了断臂求生，送一臂给对方，回京而死。明官方史料记载为"从征大同得疾而还"。李思齐身后备极哀荣，朱元璋亲自写下《祭平章李思齐文》，评价他"独能仗义施仁，挺身奋臂，率义旅以保关中"。

时代奇男子

要了李思齐一臂的王保保，也是朱元璋念念不忘的"奇男子"。双方来往多年，其过程堪称跌宕起伏。

公元 1363 年，朱元璋主动派人前往王保保处，提出"自今以往，信使继踵，商贾不绝，无有彼此，是所愿也"，可见其姿态非常低。公元 1364 年，朱元璋了解到北方混战，而自己已经平定两湖，此时态度发生了变化，不过其目标依然是睦邻。公元 1365 年，北方变乱加剧，而朱元璋的实力更强，因此他集中东征张士诚，目标是"节次使命若能遣回，庶不失旧好"。公元 1366 年，朱元璋的态度更加强硬，"如或不然，我则整舟楫，乘春水之便，命襄阳之师，经唐、邓之郊……加以张、李及天保奴腹心之疾，此时阁下之境，必至土崩瓦解"。到公元 1367 年，朱元璋的态度基本变成了教育态度。到这年底，江南大定，朱元璋对其已经是招抚态度，即"诸军屯驻在内，居闲养锐。阁下如欲借力，但遣一使至，即时调发应援"。

而此时的王保保苦苦挣扎，绝处逢生，保住了自己的山西地盘（丢失了山东、河南），并与元廷和解。在随后的四年里，王保保与明军先后进行了四次大会战，对明军的打击一次比一次大，太原之战只是重创明军自东南路来的偏师；庆阳之战，下原州，一度造成明军侧翼濒临崩溃，兵指凤翔。

庆阳之战后几个月，王保保卷土重来，围困兰州。明廷刚平定的西北不绝如缕。明军援军与王部对峙于沈儿峪，一日数十战，作战艰难程度远超过去。此战后，朱元璋册封王保保的妹妹为秦王妃，册文是"封诸子为王，必选名家贤女为之妃。今朕第二子秦王樉年已长成，选尔王氏，昔元太傅、中书右丞相、河南王之妹，授以金册，为王之妃"。这一招既有招抚王保保的考虑，又有安抚西北人心的作用。

洪武五年（公元1372年），为一举荡平草原，明军分三路北伐，徐达与李文忠两路败绩，折损数万士兵。此战后，王保保在朱元璋心中的分量更重了，朱元璋称之为"奇男子"，民间出现谚语——常西边拿得王保保来耶（有本事到西边把王保保抓来）！双方进入对峙状态。

王保保给朱元璋造成的麻烦越多，朱元璋对王保保反而越重视。

北元贵胄

纳哈出，既是元廷贵胄，也是朱元璋的故人。纳哈出是为成吉思汗经略中原的木华黎的后人，年轻的时候就当上了万户，在太平府。

公元1355年，年轻的纳哈出遇上了年轻的朱元璋，一战被俘。随后，朱元璋给了纳哈出盘缠，将其送到元廷地盘。编《明实录》的明臣将这一过程描述为：朱元璋重义，纳哈出对元忠诚，两人相知，纳哈出感动了朱元璋，朱元璋决定对他不杀不留。显然这种叙述有很强的后见之明和宣传属性，反而是朱元璋在洪武三年（公元1370年）给纳哈出的信更实在些："时朕未知天命所向，无必取天下之心，凡遇元臣忠于所事者，未尝不悯其劳而惜其无成也。"意思是"当时我不知道自己的命运会如何，没有一定要取得天下的心，但凡遇到忠于自己职责的元朝大臣，都会怜悯他辛苦劳动却没有成功"。

两人这一次告别，就是十五年不通音讯，再联系时，已经是公元1369年，朱元璋知道纳哈出已经主政辽东。双方恢复了来往，书信不断，战斗不停，边打边聊。一边是书信里的"昔窦融以河西归汉，功居诸将之右，朕独不能为辽东故人留意乎？"一边是明兵亦守辽左，与纳哈出旌旗相望。在这期间，朱元璋对俘获的人待遇很高，如乃剌吾被任命为镇抚，赐以妻妾、田宅，后来负责招抚草原。

洪武二十年（公元1387年），冯胜率兵二十万北伐，迫降纳哈出。冯胜对纳哈出礼遇有加。朱元璋对纳哈出的赏赐也非常丰厚，在其来南京之前就有多次赏赐，对其部属也不吝啬怀柔之赏，仅布就达到人均四匹。

九月份，阔别三十多年的故人再见，曾经二十几岁的朱元璋已经快六十岁了。他给纳哈出及其部属皆封官职（无实权），将其部属安置在云南、两广、福建，封纳哈出为海西侯，食禄二千石。

纳哈出爱饮酒，留下旧疾。朱元璋命大夫医治好他，并劝他戒酒。在第二年远征云南的路上，纳哈出卒于行往武昌的船上。后来，其子孙袭爵。

台前是战场上的血雨腥风，幕后是无数的政治往来。曾经的敌人可以把酒言欢，曾经不待见的人物也可以待若上宾。没有了非黑即白的逻辑，许多事情按照新的逻辑展开。

在明朝初年，朱元璋对元朝旧臣、地方实力派、实力重臣和文士都做了政治争取，有的失败了，如王保保，而更多的是成功，并取得了很好的效果，减少了战争破坏，也使长期分裂的南、北方更快地融合，实现了"万方胥庆，睹日月之光华；率土归心，乐乾坤之覆载"。

八　"天子守国门"，朱棣定都北京如何盘活南北经济？

公元 1368 年，朱元璋于南京即帝位，国号大明。这是南京第一次成为大一统政权的首都。尽管如此，朱元璋对位居南方的南京是否能承担大明京师的职责仍旧存有疑虑。因此，朱元璋曾派太子朱标前往西安考察形势。不过，朱元璋没想到的是，在自己身故后，大明的首都最终还是转移到了北京。

在朱棣迁都北京的准备工作中，除了建设北京城外，最为重要的就是疏通"经济命脉"——大运河。

古都的命脉

我们如果梳理自秦代以来中央王朝的都城变迁，会发现一个非常明显的规律——大一统王朝的都城在不断地向东部移动。从汉至唐在长安与洛阳之间来回摇摆，到五代、北宋独爱开封，再到金、元、明、清定鼎北京，中国大一统王朝的首都从关中平原迁到燕山脚下。促成这种变化的根本原因，是经济重心的转移。

当经济重心转移到南方后，如何保证南方的钱粮输送到首都，是统治者极为关切的问题。通过京杭大运河与江南直线连接的北京，在保证漕粮这点上，已经对关中形成绝对优势，而这种变化是在千年的实践中逐步形成的。

秦国位居关中，兼有巴蜀。关中和巴蜀这两处中国历史上著名的"天府之国"，为秦攻灭六国、统一天下提供了坚实的物质保障。彼时的关中平原，外有关山之险抵御外敌，内有千里沃野生养国民，进可攻取天下，退可据关自守，是定都的最佳选择。随着时间的推移和人口的增加，关中平原的环境逐渐恶化。在唐代，就有帝王率百官前往洛阳就食的记录。此时，关中平原已经从"天府之国"变成《新唐书》中"关中号称沃野，然其土地狭，所出不足以给京师，备水旱"的情况。

这时，隋朝和唐朝仍然能定都长安，大运河起到了重要作用。

翻开历史地图，我们可以发现，隋朝开凿的大运河并不是今天"京杭大运河"的直线形，而是人字形，曲线的设计正是为了用大运河连接首都地区。长久以来，对于隋朝开凿大运河的目的，研究者多将其集中在维系江南统治和对高句丽的用兵这些政治因素上，其实大运河的经济作用同样巨大：江南与河北在当时都是重要的产粮区，大量粮食通过大运河到达洛阳，再转运至长安，供给都城，仅河北一地在开元年间就有三岁输入七百万石租米至关中的记录。当洛阳与长安之间的水运出现问题时，哪怕是帝王之尊，也得去洛阳讨口吃的。[①]

安史之乱爆发后，中国的经济重心逐渐转移到南方。在河北先为叛军所占，后为藩镇割据的情况下，江南的钱粮成为维系唐朝生命的血液。

那么，为什么不能一直采用这样的输血模式，继续维系关中的首都位置呢？除了政治原因外，疏浚大运河的成本高昂也是重要原因。黄河等河流的水流携带有大量泥沙，人工开凿的大运河极易被堵塞，唐朝为

---

① 详情可以参见《历史的棋局》第一册。

了疏浚大运河花费了巨大的人力、物力。

到了北宋，为了维持开封的漕运，北宋朝廷也是穷极心血。靖康之变后宋室南渡，大运河荒废。南宋使臣楼钥出使金国时，就感叹原来的大运河已经几乎与陆地平齐，河道上有人盖房，有人种地，已经不复往日情形。元朝统一中国后也未能全面疏浚大运河，而是采用了风险更高的海路来运送粮食。

因此，朱元璋即使派遣朱标前往关中考察，最终也未迈出迁都的一步，毕竟以当时的情况迁都西安，大明君臣怕连吃饭问题都难以解决。京杭大运河再次焕发生命力，则要等到明成祖朱棣执政。

再造生命线

朱棣在取得政权后，立刻开始了新都城——北京的建设，将原本的京师应天府改为南京应天府，把封地北平则改为北京顺天府。之所以要迁都北京，除了北京是朱棣的政治根基所在外，守卫北方边界（尤其是新入明朝版图的辽东）也是重要因素。当初为了守卫北方，朱元璋将成年诸子分封至边地，所以对于蒙古势力的威胁，朱棣本人更是深有体会。而边地驻军的粮饷物资大部都需要从南方运输，因此修筑北京城与疏浚大运河，成为朱棣迁都前要做的头等大事。

永乐四年（公元1406年），明成祖朱棣开始营造北京城。五年以后，朱棣命工部尚书宋礼疏浚会通河。会通河，是京杭大运河的一部分，元代至元二十六年（公元1289年）始凿，由忙速儿、张孔孙、李处巽等主持，六个月而成，全长二百五十余里，元世祖赐名为会通河。此时的会通河仅仅是须城县至临清的河段，全程都在山东境内。元朝开凿会通河的目的是希望南来漕船再不用远涉渤海，可直达大都。但当时因河道浅，不能重载，终元之世，漕粮仍以海运为主。洪武年间，又碰上黄河在河南决口，大量泥沙进入会通河河道，造成会通河的淤废。明初运往辽东的军粮物资也要通过海运才能实现。

永乐九年（公元1411年），工部尚书宋礼开始主持疏浚会通河。宋礼是一个德才兼备的能臣，他吸取了元朝在修筑会通河时分水枢纽选择失败的教训，听取了汶上老人白英的意见，筑堽城坝及戴村坝，保证会通河的水量。元代会通河的问题在于水量不足，济宁以北的河段因为只依靠水量不稳定的汶水作为水源，所以只能通行小船，无法承担漕运的功能。宋礼则先建戴村坝，截住汶河之水，再从戴村坝至南旺分水口开挖一道八十余里长的小汶河，以汶济运，同时广引泉源，沿大运河设置水柜，分段置闸，堰水通航，保证了大运河可以发挥漕运作用。

但会通河的疏浚工程并未完成大运河的全段通航工作，直到永乐十三年（公元1415年），为了解决最后的阻碍，朱棣让平江伯陈瑄开清江浦河道，使得大运河南北全线贯通，再无阻碍，大运河也真正取代海运成为漕运的绝对主力。清江浦，今江苏淮安县城北一段里运河的前身。在清江浦开凿之前，水运只能到达淮安，然后要转经陆运，再重新进入水道，转输甚劳。因此，朝廷让当时负责督运漕粮的平江伯陈瑄负责开凿清江浦。陈瑄用五个月的时间开凿清江浦河道，由淮安城西管家湖导水，至鸭陈口入淮河。从此，江南漕船可以直接到清江浦，既免除陆运过坝之苦，又减少许多风险。至此，大运河航线全面贯通，北京城有了新的生命线。而这条生命线，保障的不仅是北京城，更是整个北方的经济。

重塑的北方经济

长久以来，对于明代大运河对北方沿岸的经济发展所起的作用，学界一直存在分歧。有的学者认为大运河沟通南北，促进了南北经济的交流，对经济发展起到了重要作用；有的学者则根据史料分析，认为一方面大运河走的是官船，民间使用有限，另一方面，为了保障大运河的供水，朝廷牺牲了两岸农民的灌溉用水，所以不应夸大运河的经济作用。

大运河的经济作用是一个极为宏大的命题，需要具体问题具体分析。就明永乐年间而言，大运河的疏浚拯救了北方，尤其是华北和辽东的经济。这主要体现在三个方面。

首先，大运河缓解了北方为京师北京供粮的经济压力。自五代以来，北京就被少数民族政权所占领。北宋因为一直未能夺回燕云十六州而在战争中处于被动局面。明军好不容易将元军赶回草原，把疆域拓展到辽东，又岂能轻言放弃？坐镇南京虽然靠近经济中心，但在国土防卫上先天不足。毕竟当年南朝刘宋就是以南京为都城，纵使刘裕气吞万里如虎，攻下了长安、洛阳，最终也守不住北方。定都北京，虽是"天子守国门"，但对于大明王朝的稳定有着重要作用。

明成祖既然决定迁都北京，那北京的补给问题就是必须要解决的。为了解决这个问题，朱棣首先想到的是在北京周边屯田，保障京师的供给。朱棣为了推广屯田，制定了两个办法：一是令有罪之人在北京卫所屯田，二是从其他地方向北京移民。按照朱棣原本的设想，屯田应该能够解决北京的粮食问题。《明太宗实录》中记载了永乐元年朱棣对朱高炽谈论移民至北京屯田的目的："意望数年之后可以助给边储，省馈运之劳。"朱棣甚至认为辽东的粮食问题也可以通过这种方式解决。但现实往往比理想骨感。为了兴建北京城，北京境内的人民承担着繁重的徭役，哪里有时间和精力再去种地纳粮呢？因此，大运河的贯通，使得粮食可以从江南富饶之地运来，北京以及华北、辽东的农民暂时不必同时承担徭役与纳粮两个重担，对于恢复北方的农业经济起到了积极作用。

根据现代学者考证，在疏浚会通河以及推动大运河取代海路的过程中，山东等处地方官员的态度非常积极，原因正是大运河漕运可以大大缓解山东的民生压力。

其次，大运河给了北京城一条相对高效、安全的补给线，保证了北方边界的稳定，对恢复生产起到了重要作用。在明成祖全面疏浚大运河之前，为了营造北京城和供应北方地区的军粮，在屯田已经无法满足需求的情况下，明廷选择的是海陆联运的策略。明初，海运因其较高的经济性，在南北漕粮运输中有着重要地位。即使在洪武末年朝廷下诏取消海运后，在建文元年至永乐十三年的十七年间，海运仍然是维系江南与北方经济往来的重要方式。在靖难之役中，江阴侯吴高等人屯兵辽东，威胁朱棣后方。此时陆运通道已被朱棣截断，辽东的补给就靠江南的海运。朱棣执政后，延续了这一做法。后来开凿清江浦的陈瑄，就是海运的主要负责人。与工部尚书宋礼不同，平江伯陈瑄是武将出身。陈瑄早年跟随蓝玉平定西南，在朱棣进攻应天时主动投降，被封为平江伯，深受朱棣信任。朱棣即位后，命其负责海上漕粮的运输。陈瑄在永乐元年便从海上向北京、辽东输运粮食四十九万余石，以供应两地兵饷，后又在直沽建百万仓，修筑天津卫城。因此，陈瑄对于海运的风险也十分了解——除了自然因素外，还会遭到海寇的袭扰。例如，在永乐七年，陈瑄就在青州海面遇到倭寇侵掠沙门岛。虽然陈瑄最终击败倭寇，并将倭寇船只全部焚毁，但这也说明海路运输面临着巨大的风险。将国家命脉交付在一条充满威胁的航路上，并非明智之举。

因此，有了大运河这样一条相对陆路高效、相对海路安全的运粮路线后，明廷在京师和边境的驻军有了粮草的保障。永乐年间，朱棣能够率大军御驾亲征漠北，与大运河漕粮的支持是分不开的。而永乐年间，北方边境军事上的胜利，为北方人民恢复生产提供了安定的环境，这样才能有后来的"仁宣之治"。这一点，大运河功不可没，对北方经济堪称再造之功。

最后，尽管大运河的政治性大于经济性，但它在客观上仍然促进了大运河沿岸的经济发展。虽然大运河上的商船、民船与官船相比数量不多，不过，作为全中国最重要、最繁华的南北水道，来往商船、民船的总量仍然是可观的，最好的证据就是大运河沿线出现了大量的商业城市。南方的扬州、杭州自不必提，会通河贯通之后，小县临清因为大运河的关系，一跃成为江北五大商埠之一。而大运河沿岸的济宁等地，也同样成为重要的商业城市。北方生产的粮食，南方生产的丝绸、茶叶，北方的晋商，南方的徽商，南北双方的人力、物力都通过大运河进行交流。大运河的疏浚，成功盘活了南北经济。

　　自隋代开凿以来，大运河就是古代中国都城重要的生命线。从隋到明，虽然大运河的河道在千年时间中发生了巨大变化，但是这一特点却未改变。明代永乐年间对大运河的疏浚，不仅保证了北京城的首都功能，更为安定北方边界提供了强大的物质保证，也让北方经济得以恢复发展，更是促进了大运河沿岸商业城市的形成。从某种程度上讲，明成祖疏浚大运河堪称再造了北方经济。

九　政权与货币的命运：
　　王朝更迭时，前朝货币都去哪儿了？

提及中国古代货币，大部分人的脑海里会不禁浮现出经典的"圆形方孔铜钱"模样，若是定睛一看，环绕着方形孔洞赫然有四个大字——"开元通宝"，再配上铜币上的点点斑驳，来自一千三百余年前的古朴与厚重感扑面而来，仿佛唐代物产琳琅满目、商客络绎不绝的景象都由这一枚小小的钱币见证。

然而，开元通宝只能在唐朝使用吗？

在今人的印象里，货币只是一个时代的符号，随着政权的更迭，这个王朝创造的货币也便逐渐埋入深窖，或是进入古玩收藏家的柜阁，不复流通。就好比在当下，谁也不会在市场上掏出一枚民国银圆去买东西。

事实上，唐钱也有可能流通于明代市场。晚明人姜绍书在笔记中写道："余幼时见开元钱与万历钱参用，轮廓圆整，书体端庄，间发青绿朱斑，古雅可玩，背有指甲痕，相传杨妃以爪拂蜡模，形如新月。"（《韵石斋笔谈》）依照此人的描述，开元钱居然能在明朝正常使用。

这样看来，古代货币的生命力似乎比创造它的政权顽强许多。那么同理，鼎鼎有名的汉五铢会不会也曾畅行于唐人的生活之中？那些印有年号的"通宝"在改元换代之后命运又如何？古代朝代更迭时，前朝的货币都去哪儿了？

五铢钱，凭实力流通七百余年

中国古代的货币，长期是一种"金钱本位"制，即较大数额的交易使用黄金，较小数额的交易则使用铜钱。因此，在人们的日常生活之中，铜钱往往更多地用作流通手段，无疑更为重要。

以铜铸造钱币，在春秋战国时期才广泛流行起来。这一时期，列国形形色色的铜铸币，被学者归纳为四个体系，即布币、刀币、圜钱（也称环钱）和蚁鼻钱。公元前221年，秦始皇统一六国，废除了六国那些奇形怪状的货币，秦国圆形方孔的"半两钱"成为全国通用标准。币制的统一，既是政治军事统一的结果，也是经济文化交往融合的诉求。

其实，秦国的货币也吸收了六国货币的一些特征。铢、两成为货币单位，圆形方孔成为货币的基本形制，都并非始于秦始皇，而是整个战国社会发展的结果。秦半两成为全国范围内的标准，这更多意味着一个时代的终结，而非新的开始。

秦二世而亡，西汉虽在一定程度上延续着秦制，但"半两"之实已然不复。中国古代铜钱的名称，一开始是以重量命名，譬如秦的"半两"、汉的"五铢"。后来，这种名称渐渐和重量分离。比如秦半两原重半两，吕后二年（公元前186年）就减为八铢，汉文帝五年（公元前175年）减为四铢。按照"二十四铢为两，十六两为斤"（《汉书·律历志》）的标准来换算，这"半两"铜钱足足缩水了三分之二，掂量着手中铜币的重量，自然很难再将其与"半两"之名对应起来了。

而且，由于"秦钱重难用"，汉初允许民间私铸铜钱，那些坐拥铜矿的宠臣、诸侯也凭此机会一夜暴富。（《史记·平准书》）

譬如，汉文帝时期有个管船的小吏名叫邓通，和汉文帝关系很好，甚至在汉文帝病时，为他吸吮痈包。当邓通被人断言"当贫饿死"，汉文帝看不下去了，寻思自己怎么可能让邓通因贫困而致死呢？便大手一挥，将蜀郡严道的铜山赐给了他。邓通借此私铸铜钱，"邓通钱"遍布全国，而他的财产也因此超越王侯。（《史记·佞幸列传》）后来七国之乱的头子吴国，也是"即山铸钱"，狠狠地发了一笔财。

这种民间铸币滥行，使得市场上的货币轻重不一，物价膨胀，诈伪肆意，管理十分困难。

又民用钱，郡县不同：或用轻钱，百加若干；或用重钱，平称不受。法钱不立，吏急而壹之乎，则大为烦苛，而力不能胜；纵而弗呵乎，则市肆异用，钱文大乱。（《汉书·食货志》）

对于统一的汉王朝来说，既有的货币制度显然已不再适应时代发展的需要。元鼎四年（公元前113年），桑弘羊提出币制改革，此建议为汉武帝所采纳，即禁止郡国和民间铸钱，各地私铸的钱币需销毁，由朝廷授权上林三官铸造新的钱币——"五铢钱"。在此次之后，五铢钱得到大规模使用，一直到唐代以后才退出流通的舞台。

在这漫长的七百余年中，五铢钱尽管曾遭受过新莽"禁五铢、行新钱"的挑战，却依然保持着独一无二的地位。魏晋南北朝时，铸五铢的例子也很多，而历朝铸造的五铢钱，在市场上也有混用的情况。蜀汉政权曾经发行过"直百五铢"，这种五铢的重量不过是蜀五铢的三倍，作价则是百倍，这使得蜀汉政权能够以等量的铜换取以往三四十倍的物资和铸币。果然，数月之间，蜀汉府库迅速充盈起来，为诸葛亮北伐等一系列对外作战奠定了财政基础。当然，这种抬高货币的价值而掠夺民财的做法，长此以往造就的经济后果也是显而易见的。

萧梁时期，梁武帝铸梁五铢，又铸造另一种没有外郭的钱币——"女钱"，并且多次颁布诏书，要求全国只能使用这两种新铸造的钱。然而，这种做法的实际效果并不理想，民间流通依然以旧钱为主，"百姓或私以古钱交易"。当时市场上流通的钱币，有"直百五铢、五铢、女钱、太平百钱、定平一百、五铢稚钱、五铢对文"等，其中不少是前朝铸造的五铢钱种类。(《隋书·食货志》)此外，南北朝时期还出现了一些以年号命名的五铢，如"太和五铢""永安五铢"等。

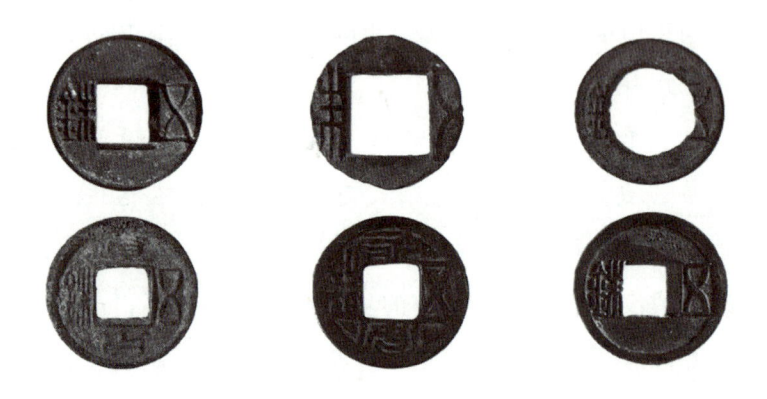

不同时期、不同版式的五铢钱，自左上至右下分别为：西汉五铢（穿下横纹）、剪边五铢、綖环五铢、直百五铢、永安五铢、隋五铢（曲笔五）。感谢中国钱币博物馆王纪洁老师供图。

到了隋朝，得益于政治上再度实现南北统一，广泛的全国市场也重新出现。汉末长久以来的政治动荡与分裂使得铸币五花八门、轻重不一，市场也需要一种新的货币规范。隋文帝开皇初年，隋朝采用相对来说比较合乎标准的五铢钱，大约每千枚重四斤二两，但整体市场上的钱币很杂乱，民间仍有私铸的现象。开皇三年（公元583年），朝廷要求各个贸易关口严格查钱，合乎标准的钱才能入关，而不符合标准的钱要没收改铸，一些旧钱如常平五铢（北齐）、五行大布（北周）、永通万国（北周）等钱，禁止再流通。于是，开皇五年（公元585年）以后，市场上的流通货币逐渐以隋五铢为主。

五铢钱的大小、轻重适中，采用与文字一样高低的外郭，从而保护钱文，使之不容易磨损。自此以后，古代钱币的基本重量固定下来，即便是在唐废五铢钱以后，新钱的大小、轻重仍然以五铢钱为标准。五铢钱被称为"中国历史上用得最久、最成功的钱币"，今天新疆一带乃至乌兹别克斯坦境内也有五铢钱出土。

唐宋货币，其生命超越创造它的王朝

货币在唐代产生了重大变革，变革的内容首先体现在货币的名称上。唐以前的货币，以五铢钱为典型，差不多都是以重量为名称。从这个意义上看，钱币依然是一定重量的"铜块"。而唐朝开始将钱币改称"宝"，如通宝、元宝，并冠以当时的年号。在钱币学家看来，这说明货币更加具有社会意义了，钱币成为支配人类社会的"宝物"。

如前文所述，钱上铸年号的做法在魏晋南北朝时期就已有了。其实唐朝最开始铸造的钱币也并不是年号钱。唐高祖统治初期，仍用隋之五铢钱和其他古钱币。武德四年（公元621年）七月，唐高祖废五铢钱，行开元通宝钱，"径八分，重二铢四絫，积十文重一两，一千文重六斤四两"。（《旧唐书·食货志》）从此，铜钱不再以重量为名称，而是改称"通宝"。通宝即"通行宝货"，唐人有"钱者通宝，有国之权"的说法。同时，开元通宝将五铢钱时代的二十四铢进一两改为十钱进一两，这是度量单位上的大变革。

值得一提的是，武德年间铸造的这批钱币究竟叫"开元通宝"还是叫"开通元宝"，大家争议了上千年。《旧唐书·食货志》里说："其词先上后下，次左后右读之（即直读，开元通宝）。自上及左回环读之（即旋读，开通元宝），其义亦通，流俗谓之开通元宝钱。"史书讨巧地认为，两种读法都是有道理的，便将这一问题的最终答案抛给了后来者。当今主流观点认为，虽然唐宋期间的不少文献都有"开通元宝"的说法，但是两晋南北朝以降，钱文的读法为直读，唐初的货币也应尊重这一传统，也就是读作"开元通宝"。同时需要注意的是，唐人说的左右，是以事物本身为标准，不是以看的人为标准。

开元通宝，一般也被称为开元钱。这里的"开元"比唐玄宗的"开元盛世"早了一百年，因此开元钱并不是年号钱。它的含义，从字面意义上讲，似乎就是想要开创一个新纪元，将从前旧的、不够完美的痕迹抛弃，寄寓着美好的政治想象。也由此，后世还有仿铸"开元通宝"的现象。

唐乾封元年（公元 666 年）所铸造的"乾封泉宝"才是正式的年号钱，然而行用未满一年该钱就作废了。此后，唐朝还铸造过许多年号钱，如乾元重宝、大历元宝等。毫无疑问，唐钱中最为重要的当属开元钱，它是唐朝近三百年间最主要的钱币，在唐以后还流通了上千年，且其轻重、大小成为后来制钱的楷模。宋时有诗人叹道："半轮残月掩尘埃，依稀犹有开元字。"甚至到了清朝，较为偏僻的两广地区市场上仍然流行着开元钱。

开元钱对中国周边国家也有深刻的影响，东至今朝鲜、日本，西至今阿富汗境内，都有开元通宝的仿铸和使用。以开元钱为核心，形成了一个货币文化体系，它维系着整个东亚、东南亚的货币制度稳定与区域经济发展。

史家常以汉、唐并举，其发行的铸币同样也是如此。五铢钱自汉武帝元狩五年（公元前 118 年）起，在汉朝三百多年没有什么变动；而唐自武德四年（公元 621 年）起用开元通宝钱，两三百年间也没有什么变动。吕祖谦说："自汉至隋，惟五铢之法不可易；自唐至五代，惟开通之法不可易。"（这里使用了"开通元宝"的读法）足见五铢钱、开元钱的深刻影响。

到了宋代，货币文化达到一个新的高度。宋代铸币书法布局优美，每个皇帝统治时期几乎都有新的铸币，甚至每隔几年就会出一种新钱。

从货币经济价值上看，这种多变的铸币看似并不利于交易的稳定，实则不然。不同种类的宋钱，变的是上面的年号，而钱的大小、轻重几乎不怎么变化，年号可以看作钱币的年份版次，不同版本的钱币并不阻碍其流通。

宋代的货币文化深刻影响着周边地区。越南在北宋时期开始铸造与中国钱相似的货币，朝鲜的铸币也自北宋始。在高丽、日本、交趾三国，宋钱都是主要流通货币。从唐朝至明末，流入日本的中国铜钱在日本作为主币使用。彭信威先生将镰仓幕府时期的日本称为"宋钱区"。

唐宋钱币在明清时期依然得到一定的流通。明代铸币规模较小，在明代流通的铜钱中，明钱只占一小部分，大部分是唐宋钱，就连私铸，往往也是铸唐宋钱。顾炎武在《天下郡国利病书》中说，在福建漳浦县，嘉靖三年、四年用元丰钱，七年、八年用元祐钱，九年、十年用天圣钱，万历三年又用熙宁钱。《日知录》中也提到"予幼时见市钱多南宋年号，后至北方，见多汴宋年号……间有一二唐钱"。这些宋钱质精且多，被称为"好钱"，甚至有不少是从地底下掘出来的，其流通导致本朝发行的新钱"废不用"。（《五杂俎》）看上去，明人对各式各样的宋钱充满了偏爱，什么都用，就是不太爱用自己本朝发行的钱币，这也是一种颇为奇特的现象。

货币与政权的命运

新朝历经战乱而建立，往往经济凋敝、百废待兴，市场上铸币芜杂，轻重不一，导致交易中诈伪横行。因此，便有了规范货币使用的需求。前朝的货币命运如何，一定程度上也取决于新铸币的质量好坏，新铸币能否真正替代旧钱。历代也有过以官方发行的新铸币兑换民间缺斤少两的"恶钱"与民间流通的古钱币的情况，这在一定程度上使得新旧钱币实现了平滑的过渡，而旧钱依然会在市场上流通。

除了铜铸币，中国历史上一度通行过纸币。元朝极力推行纸币"宝钞"，限制金属货币的流通，但是在维持纸币币值稳定方面，是做得非常失败的。元末通货膨胀，物价高涨，人民生活困难，而元朝政府也无力处理趋于崩溃的经济体系，反而进一步滥发钞票，雪上加霜。列宁的名言"毁灭一个社会的最有效的方法是，毁灭其货币"足证这段历史。在无法遏制的纸钞持续走低与国内日趋紧张的局势之中，元朝走向灭亡。元代的宝钞也随着政权的灭亡而消泯了。

明朝初年也仿照元朝的做法，用钞不用钱。直至纸币价格不受控制，才最终以银钱支付。明正统以后，宝钞已不再通行，"钞"用以表示货币的概念却已经深入人心，明末仍以"钞"表示货币，如"银钞"或"钞银"，这实际上指的是银、钱，而不再专指纸币。

清军刚入关时，允许明钱流通："初户部以新铸钱足用，前代惟崇祯钱仍暂行"。（《清史稿·食货志》）我们今天看到的崇祯通宝，其中有的背面印有满文"宝泉"，或印有汉文"清忠"，两个对立政权的象征出现在同一种货币之上，或许与此有关。

随着清人建立起全国范围内的稳定统治，前朝的货币便随着朝廷的禁令成为历史。《清史稿·食货志》中说："余准废铜输官，偿以直，并禁私铸及小钱、伪钱，更申旧钱禁。嗣以输官久不尽，通令天下，限三月期毕输，逾限行使，罪之。"这就是说，清朝在政权稳定之后，要求将铜钱回收到官府，并且严禁私铸，严禁用旧钱。

然而，长久以来市面上通行的古钱很多，一朝禁止势必导致经济动荡。康熙二十四年（公元 1685 年），学士徐乾学上疏，认为只要便于百姓生活，古钱、今钱可以共同使用，而且这是自古便有的事情——"自汉五铢以来，未尝废古而专用今"。而且，在钱法混乱、经济动荡的时候，能够"资古钱以澄汰"，所以古钱得以易代流通。康熙帝认同他的说法，"尽宽旧钱废钱之禁"。乾隆二十二年（公元1757年），两广总督李侍尧请禁旧钱、伪钱，清廷则重点查收吴三桂留下的"利用""洪化""昭武"等伪钱，仍允许旧钱的流通。（《清史稿·食货志》）

虽然清廷严申钱币之禁，但其重点打击对象，其实是民间私铸和一些抗清势力铸造的伪钱。当然，这并不是说清廷支持古钱的流通，实际上，清代有组织地回收旧钱并折价兑换为本朝铸币。随着历史的发展，中国与世界的联系愈发密切，货币种类日益繁多，铸币方面既包括传统的白银、铜钱等，也有外国流入的洋钱。晚清引入了新的铸币技术，铸造新货币"铜元"，但铜元只通行于部分省份。

纵观中国古代"一般等价物"的命运，作为主流的金属货币，生命力大多很顽强，甚至超过它所属的政权。以铜钱为代表的金属货币，自身具有特殊性，使其能够不随政权更迭而迅速消失，存在较长时间。特别是汉五铢、开元钱等具有划时代意义的金属铸币，流通有数百年之久。当钱法混乱、诈伪丛生，正常的经济活动难以展开之时，政府也会试图回收市面上的"恶钱"，铸造新钱，以建立稳定的货币秩序。当然，新钱也难以迅速将市面上的旧钱"斩尽杀绝"。而与之相比，尤其依赖政府信用、保持稳定币值的纸币，则与政权的兴衰紧紧绑定在一起。

政权更迭，属于旧王朝的政治统治已经终结，而经济上的惯性却依然存在，货币也是其中的见证。

十 如何将古代王朝拉入死亡循环：募兵制以来的"军饷困境"

古语有云："军无财，士不来；军无赏，士不往。香饵之下，必有悬鱼；重赏之下，必有死夫。夫兴师不有财帛，何以结人之心哉！"古代军人也是人，要他们上战场玩命，肯定要有所回报才行。

可是一个国家要养活的军队人数动辄成千上万，为了负担这样一支大军，所消耗的军饷是惊人的。古人很清楚，动员军队需要极高的成本。既然要别人卖命，物质奖励到底都是些什么呢？

军饷是什么时候出现的？

在很多影视作品中，发放军饷似乎是一个固定的流程：国家按月发放，到日子派人抬几个大箩筐进军营，长官一个个地分钱。实际上，这种情况大部分是演绎，中国古代出现真正意义上的向正规军发放军饷的时期，最早是唐朝。

春秋战国时期，各诸侯国普遍实行兵农一体的政策。普通人平时种地，到了战前由国家召集，经过一定训练后就上战场打仗。这时的军队基本是义务兵，根本没什么军饷概念。对军人的鼓励，一般是按军功犒赏，比如秦国著名的"军功爵制"。秦汉时期，随着中国军事体系建设的完善，职业军人的固定工资制度才开始出现。《汉仪注》记载："民年二十三为正，一岁为卫士，一岁为材官、骑士。"也就是说，此时的人当兵都是义务性质，成年男子要去当两年兵，但只有军官有固定的军饷，广大士兵能填饱肚子就烧高香了。根据出土的居延汉简记载，汉朝不同级别的边防军官每月能拿到六百钱到一万六千钱不等的俸禄。比如"右塞尉"所得的俸禄是"七月尽九月积三月奉用钱六千"，三个月的工资大概是六千钱，平均每月两千钱。

士兵就比较穷酸了。汉代并无士兵领军饷的记载，却记录了士兵的粮食由国家发放。《汉书·匈奴传》记载："计一人三百日食，用粮十八斛。"所以，这个时期并无真正意义上的军饷可言。到三国时期也是如此，比如曹魏实施士家制度，士兵们基本没啥自由，且世代当兵，根本谈不上军饷。这一制度又被晋所承袭，一直持续到唐代才有所改观。如果你是一名南北朝以前的士卒，你可能根本没有军饷的概念，能活到服役期结束、身体完好无损地回家，已经是谢天谢地了。

真正意义上的军饷出现，跟"募兵制"的出现息息相关。唐玄宗朝后期，由于均田制崩坏，府兵制日益衰落，募兵制逐渐成为主流。既然要募兵，就少不了花钱。从这时开始，广大士兵终于有了固定的军饷可拿。值得一提的是，招募来的士兵在不同部队的待遇差别极大。比如边军的士兵每月给粟一石，年十二石，春、冬衣赐每年十二匹。隶属中央的神策军，其月粮与边军同为一石，年十二石。但神策军的廪赐（即俸禄和赏赐）是边军的三倍，粮赐每年三十六石，春、冬衣赐二十一匹。而且神策军受赏赐的机会颇多，譬如唐穆宗即位，"赐左、右神策军士钱人五十缗"，一缗是一千文铜钱，也就是一次性赏赐了五万文钱。

一个大头兵到底能拿多少？

各个历史时期，朝廷的经济实力不一样，且物价波动也很大，再加上发放军饷的情况复杂，所以并不是每次都能将规定的钱粮发放到士兵手中。但是没人敢轻易得罪这些手里有"家伙"的军人。所以从唐代起，士兵们虽然开始领属于自己的军饷，但是究竟能领到什么东西，情况可就"丰富多彩"起来。

以唐代为例，一石粮食换算成钱的话，各个时期可换算的数额都不一样。比如公元700年，一斗粟是八文钱；公元785年，一斗粟则是一百五十文钱，价格相差之大令人咋舌。所以，士兵们在领到了作为军饷的粮食或其他物品后，总要精打细算一下如何能做到利益最大化。除了粮食，能当作军饷的东西还有布匹、丝绸、金银玉器、盐巴、美酒等，大多数情况下是有什么发什么。虽然古代的普通士兵大多不精于换算，但有精明的随军商贩帮他们算。如果你是一个唐代的神策军士兵，那么在"工资日"，你大概会有如下感想：

"哎呀，这个月的军饷又是一堆破烂，什么十个酒杯、一个茶壶、几匹绢……还不如上个月发的那一大堆盐巴呢，盐巴还能多换点儿钱。嗯，怎么处理这些军饷呢？还是跟陪戎副尉说一下，让大伙找营外那个叫黄四郎的小贩过来估算一个价，然后都卖给他吧。现在天冷了，应该能多卖几个钱。等下次出征，我一定要好好表现，争取多挣军功，光宗耀祖……"

到了宋代，随着募兵制的发展，中国的军饷制度也得到进一步完善。宋朝军事体系跟唐朝的有很大不同，宋朝采用的是崇文抑武政策。所以，宋代军人的社会地位不高，且在募兵制的体系下，士兵的军饷大大降低了。按照《宋史》记载，上等禁军月俸一贯；中等禁军是五百文到七百文；下等禁军是三百文到四百文不等。按士兵不同的身体条件和职位，有五个等级的军饷发放标准，发放的金额从三百文到一千文不等。除了现金，还包括二石的月粮以及二匹绢、半匹布之类的被服。所以理论上讲，宋朝每名禁军士兵每年的工资大约为五十贯钱。同时，厢军约为三十贯钱。

宋朝军人的待遇似乎和唐朝的差不多，但宋朝有个巨大的问题，那就是宋军招募的往往是地痞无赖或流民灾民，即所谓的"而天下犷悍失职之徒，皆为良民之卫矣"。这想法挺好，但实行起来问题重重。这样招上来的部队，往往只为字面上的"吃粮"二字而战。军队战斗力的高低，只跟他们拿到手里的军饷多少息息相关。此时的宋军，包括后世许多靠募兵制成立的雇佣军队，军饷的高低和是否足额按时发放，成为影响其战斗力的关键一环。再加上武人地位低，从军不如读书有前途，进一步加重了宋军中只为军饷卖命以及军队疏于训练的风气。

宋代还出现了一个十分恶劣的现象——经常差遣士兵做苦工。宋朝军队庞大，无法用高额军饷来供养百万宋军，再加上管理不善等因素，导致许多军人名为军人，实则主业是经商。结果，宋军许多士兵打仗打得一塌糊涂，倒是学会了挑夫、瓦匠和商贩的本事，甚至很多时候宋军的军饷会从被差遣士兵的工资里折算。宋神宗时期的"铁面御史"赵抃在《论陕西官员占留禁军有妨教阅状》中提道："禁旅虽多，训练盖寡。其间至有匠氏、乐工、组绣、书画、机巧，百端名目，多是主帅并以次官员占留手下，或五七百人，或千余人。"

宋高宗时，镇江府都统制刘宝还"创盖房廊，以至起亭榭、造砖瓦、运花木、广种植……淮南伐山烧炭"。更糟糕的是，宋朝的货币一直在贬值，军饷又经常被拖欠。曾有一道奏折这样为士兵叫苦，说宋军士兵不但要干零活糊口，而且连老婆孩子都要出去卖身求食。再加上宋军内部贪污腐败严重。据记载，宋真宗时，"军士所得，斛才八九斗"；宋仁宗时，"惟上军所给斗升仅足，中、下军率十得八九而已"；到宋神宗时，开封府"诸仓吏卒给军食，欺盗劫取十常三四"。乃至南宋初年危急存亡之时，"所支米麦，一月之间仅得五分之四，所请食钱，一百以上仅得三分之一"。微薄的待遇导致宋军战斗力更加低下，跟唐朝时期士气高涨的军队比起来，不可同日而语。

军饷怎么发，里面的学问很大

如果你是一名宋军士卒，发工资时经历的场面可能是这样的：

"喂喂喂，让一让、让一让，我那份军饷呢？虽然我按入伍时的身高、体重只能拿到七百文，但是我现在长高了，也学会了射箭，怎么也得加一百文吧？唉，真羡慕那些禁军，他们能拿一千文。啥？怎么没有我的份？什么？这个月的军饷又按照我去修城墙的工资折算了？那……明明我能拿七百文，可包工的承信郎只给了我五百文啊，怎么就折没了？啥？剩下的二百文用布匹折算？可这堆布匹的年纪都比我大了吧，上面全是洞，你叫我怎么出手啊！我老婆孩子都快饿死了……"

事实上，真实的情况可能比这还要糟糕。募兵制自出现以来，就存在一个巨大的漏洞——吃空饷。军队是一个封闭式体系，外人不容易了解军队内部到底是怎么回事，这就给了部分贪赃枉法之徒虚报人数以贪污军饷的机会。公元1127年，十万金兵南下直奔宋朝都城开封，开封人一开始还以为大宋城中有二十万精锐禁军，区区十万金兵能奈我何？结果开封城中的禁军数量只有三万多，还是吃不饱饭的羸弱之辈，其他的"十七万禁军"全部是空额。这些平日吃空饷吃得满嘴流油的大宋将领，关键时刻彻底"掉链子"。就连南下进攻的金军也觉得奇怪："闻南朝有兵八十万，今在何处？今何不迎战？"

宋朝的"崇文抑武"政策给王朝埋下了灭亡的祸根，而明朝又走向了另一个极端。由于宋军空耗了大量的钱粮，却又战斗力低下，明初便采用了卫所制与屯田制的方式来养兵。这种制度的好处是可以大大减轻国家的负担——军队平时种地，战时作战，自己能养活自己。按当时的记载，军士们"三分守城，七分屯种"，可以做到自给自足，明军在明成祖时期一度扩充到二百八十万左右的规模。此时，发给军人的军饷分为两种，即"月粮"和"行粮"。"月粮"是明朝廷每月发给军士以供其全家人消费的食粮。明洪武时期规定士兵的月粮为"令京外卫马军月支米二石，步军总旗一石五斗，小旗一石二斗，军一石。城守者如数给，屯田者半之"。"行粮"是政府在军士们执行军事任务时发给他们的食粮，只供士兵本人消费，又称为"口粮"。行粮的数额主要由军事行动地点的远近和所需时间的长短决定，并无定额，有每日支一升至一升五合，或每月支三斗、五斗不等。通俗点说就是，月粮是固定工资，行粮是行动支出（办事补贴）。不过，从这也可以看出来，明军士兵还是依靠固定的粮食收入来维持生计的，所谓的军饷就是自己种出来的粮食，拿钱就别想了。这种军饷发放方式必然会导致大量军人逃亡，并且终身制的服役也让很多人惧怕当兵。最后，明军的战斗力在经历明初的辉煌后，不可遏制地急速下滑。所以，明朝不得不再次祭出募兵制，才得以保证军队的战斗力。

大明最后真的发不出军饷了

"土木堡之变"后，明军损失惨重，让本就摇摇欲坠的卫所制更加难当重任。朱祁钰即位后，开始派人大规模募兵以充实京师防务，此后一发不可收。嘉靖十三年（公元 1534 年），明朝正式确立了募兵制，"募兵，宜为实边久计"。在募兵初期，明朝给所招军士的军饷并不高。比如明英宗时期，军士的军饷仅为"银一两、布二匹"，除此之外还在一定程度上免除税粮和差役。且事毕之后，"军还为军，民还为民"。到弘治年间以后，情况发生了变化。随着募兵数量逐渐扩大，应募军人的待遇也不断提高，此时军士的军饷为"人给银五两"。到正德年间，军士的军饷则为"银三两""月给米一石"。到隆庆年间，每名士兵每年要消耗的军饷已需十多两银子。募兵制带来的负面影响开始出现。为了养活军队，朝廷财政的压力倍增，逐渐不堪重负。

到万历年间，招募一名军人的开销，如果算上月粮、安家银、行粮等，每年的耗费已经达到了惊人的二十五两白银之巨。到了明末，招募一名士兵的开支更是夸张到了三四十两的程度。军费的暴涨所引发的明末财政崩溃，以及长期欠饷导致军人不满的恶果已经严重威胁到了明王朝的统治，最典型的表现就是发生在万历二十三年（公元 1595 年）十月的"蓟州兵变"。

这场因为当地防海兵要求补发所欠军饷而引发的兵变，成为明朝后期一次影响极为恶劣的标志性事件。据《两朝平攘录》记载，兵变之后，"人心迄愤惋，故招募鲜有应者"。长期发不出足够军饷的部队，和能得到足够军饷的部队，在募兵制的环境下所表现出来的战斗力完全不一样。此时，明军多数都是"人仅骨立，衣甲全无""此辈经年戍守，身无挂体之裳，日鲜一餐之饱"。再加上募兵制所带来的老毛病，即贪污腐败严重，明军的战斗力更加低下。如果此时给明军士兵发饷，那么场面应该是这样的：

"快快快，听说上面发饷了，哪位兄弟快拉我一把，我已经三天没吃饭了，赶紧去营官那里看看。什么？这个月又没有粮？为啥啊？这都半年多了，听说总旗大人的马又换新的了，咱们这些'丘八'怎么连一粒米都看不到啊！等下，上头来信儿了，要咱们去校场集合，说那里有粮饷发放，还怕咱们扛不动，不要咱们带武器、盔甲。而且怕别人抢咱们的粮饷，还派了很多刀斧手和火铳手在周围看着。太好了！大家赶紧去吧……"

值得一提的是，明军的对手——八旗军脱胎于部族兵制，男丁均有服兵役的义务。早期的八旗军不仅没有军饷，还要自带干粮、马匹、盔甲、器械出征。但是八旗军在获胜后能够相对公平地分配战利品，且作战有功之人能获得封赏。八旗军计口授田，有自己的后方提供粮食支持。还有一点，八旗军按时给投降的明军发饷，一般是月饷白银四两，炮兵、骑兵等技术兵种则是六两起。对阵亡人员的抚恤金更高，马军给七十两，步军给五十两。结果就是，本来羸弱不堪的明军投靠八旗军后，吃饱喝足的他们立刻战斗力爆棚，回身就把大明王朝的其他正规军打得落花流水。吸取了明王朝灭亡教训的清朝，大部分时候都能保证军饷按时发放，尤其是极少拖欠八旗兵丁的军饷，地方的湘、淮军则常有拖欠。不过，直到晚清，清朝还挤出了银子办新军。

所以，自从军饷制度出现以后，能不能对部队及时、足额地发放军饷，成为军队战斗力乃至效忠对象的重要指标。历史上由于环境所限，军饷的发放种类也是千差万别，甚至还有军队拒绝领取贬值的钱财，要求发放实物的情况。比如，明代不少地区的明军拒绝了所发的银两，要求发放粮食和盐巴，因为这些东西在饥荒之年更能保值。这个现象一直到民国时期还存在，比如滇系军阀喜欢用烟土充当军饷，此举颇受士兵欢迎。可见在旧社会，如何把自己的军队养好真是一门大学问。

十一　汉朝外戚风光无两，怎么到了宋、明竟没什么存在感？

外戚，是指皇帝的母族和妻族，一般情况下，就是皇帝的岳父、舅舅和舅子这些人。

提起中国历史上的外戚，很多人立马能想到两汉那些叱咤风云、驾驭皇权的国丈和国舅，他们中的正面代表，文能运筹帷幄、安邦定国，武能封狼居胥、勒石燕然，威风一时无两；反面教材中篡汉的王莽、毒死皇帝的梁冀，也都是气焰冲天，有着改天换地的胆量。

然而，此处有一个突兀现象：两汉时期好像是外戚政治生涯的巅峰，在之后的朝代，外戚则是一个台阶一个台阶地往下走，失去了独领风骚的大权，变得不那么惹眼。到了宋、明时期，我们甚至都说不出几个外戚的大名。

外戚是怎么把路越走越窄的？在这条下坡路中，他们又经历了什么过程？

两汉外戚：皇帝、后妃都在用

外戚势力的兴起，源于"大女主"。在封建帝制女弱男强的大局势下，女性在方方面面都是被压制的，即使帝王的后妃中有巾帼豪杰怀抱凌云志，敢于走上台前掌控乾坤，等待她的也一定是那句"牝鸡司晨"，以及整个官僚系统的反对。所以，女性的人脉和资源都寥寥可数。如果想要办事，她们最先也最敢信任的就是自家的父兄。比如，汉朝之前最典型的外戚是秦国宣太后之弟——穰侯魏冉。西汉初期，吕后为了守住夫妻俩辛苦创下的基业，更是一手推动外戚的势力"刷新纪录"。再之后的窦氏外戚、王氏外戚、傅氏外戚能登上历史舞台，也都是因为他们家族出了能接近权力中心的女性。

这是最主要的因素，然而，也不仅是如此。

西汉这个中国历史上第一个从底层爬起来的帝国好像特别亲民、接地气，皇帝娶的老婆可以来自穷到卖孩子的人家，甚至是二婚女子；在用人方面，也是不拘一格。皇帝认为，外戚就是"家人"，后妃用得，自己也用得呀。刘邦就不用说了，在争地盘的时候，什么宗族势力、亲朋故旧，只要还能喘气带队的，统统都来者不拒。吕氏家族在建国之初，就给刘邦打下了不少基本盘。接下来，汉文帝与舅舅薄昭（早期）、汉景帝与窦氏家族的窦婴、汉武帝与舅舅田蚡、舅子卫青、外甥霍去病等的组合，大部分都合作出了"1+1＞2"的效果。

另外，还有制度的保障。每当新皇即位，总要加封皇后、太后的娘家人——死了的提高阴间待遇，活着的也能获得实际好处。比如，汉文帝生母薄太后和皇后窦氏的父母都死得早，都被追封了侯和侯夫人的荣誉身份。薄太后的亲弟弟薄昭也被封为轵侯。至于窦皇后，她与哥哥、弟弟早年失散，弟弟窦广国幼时因为家里穷被人拐卖了，汉文帝便下旨在全国范围内发布寻亲启事，等窦皇后的亲兄弟和窦氏宗族认亲成功，就给他们安排了各种优良待遇。汉景帝一即位，又马上给两位舅舅加封为侯——窦长君为南皮侯（追封），窦少君为章武侯。

之后，这逐渐成了一种规矩，新帝即位，总要追（加）封外公、加封舅舅和舅子。刘邦"非有功不侯"的祖训，轻易就被外戚打破了。

汉武帝除了给舅舅田蚡和田胜封侯，还特别重用田蚡，曾让他担任丞相，可以说是既给侯爵，又给实权。

再后来，新的外戚势力来了——皇后卫子夫的兄弟和外甥，以及李夫人的兄弟。汉武帝还给他们兵权，西汉武职系统里的大将军和骠骑将军都被分发了出去。这样重点培养，外戚的势力能不起来吗？

到了西汉后期，太后王政君掌权时，王氏外戚仿佛掏了"侯窝"——一门封十侯，直追汉初的吕氏家族。最后，更发生了王莽篡汉之事。

虽然王莽上台并非完全因为他的外戚头衔，还因为西汉后期一系列的儒风活动，但是毕竟有了这层身份，他才能跻身朝廷中枢机构，最终中断刘氏基业。于是，到汉光武帝用"强力胶"把汉朝重新"黏"上后，东汉集团很难不再对外戚升起戒备之心。

汉光武帝对待自己的三个外戚家族——樊家（舅舅家）、阴家和郭家，虽然按汉朝旧制又是赐钱又是封侯，给足表面风光和尊敬，但实际上，他也不敢对他们委以重任。正是因为知道权力中心的危险，所以，汉光武帝的舅舅樊宏曾叮嘱儿子们："天道恶满而好谦，前世贵戚皆明戒也。保身全己，岂不乐哉！"意思是，当外戚受封太多是很危险的，不如低调地过日子，这样才可能长命。樊宏死前还要求把自己的寿张侯改为普通的亭侯。阴、郭两家对权力也有点避恐不及的意思，阴识、阴兴兄弟对皇家的封赏经常是一推再推。汉光武帝的另一位大舅子郭况，也很识趣地表示只愿当个富贵侯爷。

到汉明帝迈着六亲不认的步伐走来，什么功臣、宗亲、外戚，统统被他打击个遍。汉明帝的皇后马氏曾总结："先帝防慎舅氏，不令在枢机之位。"可见，东汉初年，大家对外戚势力是很提防的。马皇后也有意压制自己家的亲戚，每次跟皇帝商量工作，"未尝以家私干"。等汉章帝即位，要给几个舅舅封侯爵，马太后死活不同意。汉章帝折腾了好大一圈，过了好几年，才给三个舅舅封上侯。而汉章帝之所以执着于此，还是因为"汉兴，舅氏之封侯，犹皇子之为王也"。

封外戚，是汉朝约定成俗的传统。因为这个传统，随着东汉皇帝寿数的奇异规律——短命，东汉王朝很快迎来了一个"非主流"的政治模式："后妃加外戚"对抗"皇帝加宦官"。

从汉章帝开始，掌权的后妃如春天的韭菜，一茬又一茬地冒出头。在三十三岁的汉章帝早死后，先是他的皇后窦氏掌权，接着又有和熹皇后邓氏、安思皇后阎氏、顺烈皇后梁氏、灵思皇后何氏等带着家族轮番上场，外戚几乎陪跑了整个东汉。

不过，皇帝用外戚，只是皇权对臣下的使用和支配，而后妃重用娘家，那就是共享资源了。东汉自窦氏开始，这些外戚家族好像被打了膨胀剂，他们的字典里就没有"低调""谦逊"这些词，所以，此时的外戚在人们心中留下了只手遮天的印象。

外戚的衰退，是皇权伸张的"果"

严格来说，后妃主政不能算皇权旁落，作为家长，她们是小皇帝的监护人，只是顺便再帮他监护一下国家而已。所以，外戚掌权也只能算皇权进入了家族"内卷"。等到小皇帝长大亲政，他迟早要将皇权这块蛋糕再抢回来。因此，皇帝强势时，外戚基本不能有太大的作为。

西晋时，因为出了位著名的"大愚若智障"的晋惠帝，他的皇后贾南风把握时机，上手打理夫妻的"共同财产"，让贾氏一门达到权势巅峰。本来，按历史经验，贾南风也算是合格的管理人，但问题是，每一个王朝都说要记住历史的教训，而他们往往又只能记住前一代的教训。晋朝铭记的教训，就是曹魏贬斥宗王，导致王朝被司马氏所篡时曹氏家族都没啥反抗力量，于是，晋朝大封宗亲，每个亲人都是管理一大片土地的王侯。现在，发现后妃要冒头时，西晋的宗亲势力不答应了。他们先是联合起来摁下贾后，然后直接引发了司马"撕"司马的"八王之乱"，导致西晋灭亡。

虽然后妃和外戚经常能引发一些动荡，但是外戚作为本身就存在的特权集团，还没有被人专门针对过。所以，到东晋这个权臣轮流上场的时代，外戚如庾亮等人，还充当了维护司马氏皇权的正面代表。毕竟，权臣大多是完完全全的外姓臣子，而外戚至少还是皇家亲戚，作为依附皇权的既得利益者，他们也不能容许权力被其他人一点点移走。此后的历朝历代，外戚虽然低迷，但是从未消失。

唐朝是外戚的转型期。早期，唐太宗重视外戚，对自家的舅舅和表兄弟，皇后的舅舅和兄弟等，都予以重用。不过，严格来说，这些人只是拥有外戚的身份，在大唐创立之初，作为早已与李家捆绑在一起的姻亲，他们基本都参与了唐朝的建立，也属于功臣势力。所以，对待这类外戚，只需要按朝廷成熟而严密的官僚体系给他们升迁即可。至于亲戚情谊，大家经常一起聚餐聊天就可以表达了。也因此，这会儿的外戚，除非像长孙无忌这般特别有能力，既是唐太宗的舅子，又是最受其信任的哥们儿，所以如囊中之锥，肩负了托孤重任，其他的都只是朝廷正常的官员而已，享受特权，也本本分分。

可是，唐朝又出现了一位创造历史的女性——武则天。尽管武则天小时候跟武家人结了梁子，但是她上位以后，还是要依靠娘家人。一时间，武家人的风头甚至盖过李氏宗族，以致她侄子都能和她亲儿子叫板。虽然武则天最后还政李氏，武氏也在唐中宗时期被李隆基和太平公主一窝端了，不过，这一波闹腾让所有人都再次回顾了一遍历史上多次上演的"后妃乱政"，特别是想到东汉时外戚已经成为毒瘤的前车之鉴，于是开始紧急"收线"，将掌权的后妃与外戚统称为"女祸"。

接下来的唐玄宗，就给"女祸"来了一段差不多收尾的工作。唐玄宗很擅长帝王权术，坐稳江山后，就收拾了与他一起挺过难关、算得上共同创业的皇后王氏以及王氏外戚，自此唐朝皇帝不再立后，算是减少"国舅们"的存在。

前文说过，外戚的势力基本是靠掌权的后妃兴起的，后妃都被压制了，更别谈裙带外戚了。

唐玄宗还发布命令："自今已后，诸王、公主、驸马、外戚家，除非至亲以外，不得出入门庭，妄说言语。"杜绝各大亲戚势力互通消息，大唐的外戚势力只能一步步往下走。即使是平定安史之乱的功臣郭子仪家，女的嫁入皇家，男的尚公主，是铁打的外戚，但看多了前车之鉴，郭家也只能紧急内部培训，要求子孙们低调低调再低调，以保太平。

到宋朝时，宋太祖赵匡胤直接下了祖训，不让外戚参与朝政。《宋史·外戚传》记载："自西汉有外戚之祸，历代鉴之，崇爵厚禄，不畀事权。"意思是，他们只给外戚钱和虚衔，不分享真正管事的权力。所以，整个宋朝，外戚的官职总体都不高。

虽然宋朝也出了一位差点仿效武则天的刘娥，但是刘娥掌管朝政多年，能做的也只是"晚稍进外家……姻戚、门人、厮役拜官者数十人"，即给老家亲戚们谋点力所能及的小福利。

《续资治通鉴长编》里还记载了一段宋仁宗对待外戚的态度："朕深不欲以国戚任军旅及朝廷之事，万一有过，治之则伤恩，释之则废法。如太后家子弟，但加以爵禄，奉祠而已。"这话说得好听一点，是我怕伤着你们，所以不给你们权力；说得难听一点，就是我要压制你们。

《宋名臣奏议集》里，北宋大臣吴执中也说，对待宗族和外戚，就是"养之以丰禄高爵而不使之招权擅事"——作为攀上皇亲的人，可以让你们当土豪，但不能再给你们安排重要工作。

所以，宋史研究者普遍认为，"宋代外戚无闻人"。毕竟，那是一个文臣出彩的时代，外戚就相对黯淡些了。

明朝建立后，明太祖朱元璋从历史中总结经验，认为败亡往往从内部发端，所以也给子孙定了一段禁止"女祸"的祖训："朕观往古，深用为戒。然制之有其道，若不惑于声色，严宫闱之禁，贵贱有体，恩不掩义，女宠之祸何自而生？不牵于私爱，惟贤是用，苟干政典，裁以至公，外戚之祸何由而作？"

在这一点上，明朝的后妃总体还算比较守规矩，其中，朱元璋的皇后马氏就起了带头作用。当初，朱元璋打算找马皇后的亲族来当官，皇后马氏拒绝，说："国家官爵，当用贤能。妾家亲属，未必有可用之才。且闻前世外戚家，多骄淫不守法度，每致覆败。陛下加恩妾族，厚其赐予，使得保守足矣。若非才而官之，恃宠致败，非妾所愿也。"她也很怕自家人没啥才能，只懂耀武扬威，最后的下场是身死族灭。

哪怕遇到非常适合后妃掌权的契机——明宣宗驾崩后，儿子朱祁镇只有八岁，权力一度处于真空状态，明朝后妃仍表示这事我干不了。当大臣们发送邀请，让明仁宗的皇后张氏来撑场面时，张太后表示："毋坏祖宗法。第悉罢一切不急务。"意思是，咱可不敢破坏祖宗规矩，皇帝还小，不着急的事就先不处理吧。她活着的时候也一直严厉禁止自己的亲戚参与朝政，"裁彭城伯张昶、左都督张升不得与议朝政。自后虽爵至公侯，位为师傅，亦优游食禄奉朝请而已。"

一般情况下，王朝有祖训，朝廷有制度，可演变到后来，破坏制度的大有人在。为什么唐玄宗以后，宋、明对外戚的压制就这么彻底呢？

有人说，因为宋、明的后妃出身都不太高。宋朝喜欢选落魄武将的后代，明朝更是直接从平民里选后妃。《廿二史劄记》里说："明史载明祖之制：凡天子亲王之后、妃、宫嫔，慎选良家女为之，进者弗受，故妃后多采之民间。"太底层的人读不了多少书，没有识文断字和主理朝政的能力。然而此说应该不能作为主要因素。前文说过，西汉皇室选皇后就从来不看身份，连曾经的歌女都能母仪天下。汉文帝的窦皇后，家里穷到差不多卖孩子了，但她进入宫廷后还是努力学习，成了一个有思想、有个性的人。她支持的黄老之道，维持了整个文景时期。

那么，还能是什么原因呢？

首先，宋、明两朝对待外戚，一个封爵但不授实官，另一个既不封爵也不给实官，外戚除了在阶层上跨越了平民，获得点便于敛财的身份，本质上也没太大特权；其次，除了西汉以及唐太宗与外戚是铁哥们的特殊例子，外戚的势力基本是由掌权的后妃带起来的。而后妃要掌权，前提是皇帝死得早，新即位的是少主。但纵观宋、明两朝，少主登基的概率较小，皇权强势时，皇朝的制度基本能得到维持，所以外戚很难打破规矩、扶摇直上。

因此，后来的外戚基本都变成了富贵闲人。于是，在关于古代的小说和影视剧里，"国舅"经常耍无赖，因为他们难以参与政治，日常太游手好闲了。而作为关系户，他们的头衔又能让低微的官员给点面子。因此，强抢民女、为祸乡里这些行为，就经常被安排在他们身上。外戚群体就这样成了"流氓大本营"。

家族盛衰

十二 在抢婚中壮大的"黄金家族"：成吉思汗收了一众仇家女子，不怕有危险吗？

"一代天骄"成吉思汗终生都在东征西讨，留下了赫赫威名。然而，成吉思汗却在声望如日中天时突然逝世，且葬身之地也没人清楚在哪儿，留给后人无限迷思。

关于成吉思汗的死因，有多种说法。蒙古民族著名的三大历史著作《蒙古秘史》《蒙古黄金史》《蒙古源流》分别给出了三种不同的说法。《蒙古秘史》说成吉思汗在公元1226年征伐西夏时坠马受伤，后来因伤重不治而亡；《蒙古黄金史》说成吉思汗攻打西夏时因患病而亡；《蒙古源流》则说成吉思汗征讨西夏时杀掉了失都儿忽汗，将他的妻子古儿别勒只·豁阿收入帐中。然而，古儿别勒只·豁阿在侍寝之时重伤成吉思汗。不久，成吉思汗就宾天了。

如果第三种说法属实，那可以说成吉思汗一直处在高危状态。据史籍记载，成吉思汗拥有后妃四十余人，在他的后宫之中，有不少类似古儿别勒只·豁阿这样的角色。那么，成吉思汗为什么要把这么多的仇家之女放在后宫呢？其实，这种做法曾是北方草原民族的一种风俗，即抢婚。成吉思汗"忠实"地传承了这一风俗，他的结婚史，就是一部抢婚史。在他的四位皇后中，有三位都是他"抢"来的，剩余的一位则是他

"抢回来"的。

在回顾成吉思汗的抢婚史前，我们追溯一下历史就能发现，成吉思汗的母亲也是被他的父亲抢过来的。成吉思汗的父亲叫孛儿只斤·也速该，是蒙古乞颜部的首领。一天，也速该率领众弟兄在斡难河（今鄂嫩河）打猎，突然，他看到了一支声势浩大、旗幡招展的队伍。原来，这是篾儿乞部的也客赤列都接亲的队伍，也客赤列都迎娶了斡勒忽讷惕部著名的美人诃额仑。也速该立刻整顿队伍追过去，成功抱得美人归。公元1162年，诃额仑给也速该生了一个儿子，这个孩子被取名为铁木真，他就是后来大名鼎鼎的成吉思汗。

有道是天道轮回。公元1180年，成吉思汗和弘吉剌部的孛儿帖完婚了。然而，小两口的婚床都还没有暖热，脱黑脱阿带领着篾儿乞部的大队人马就杀了过来。成吉思汗见势不妙就立马逃走了，娇妻则成为篾儿乞部的战利品。

为报此仇，成吉思汗筹备了九个月。最终，他在义父克烈部首领王汗和结拜兄弟札答兰部首领札木合的帮助下，打败了篾儿乞部，将孛儿帖抢了回来。不过，当时的孛儿帖已经身怀六甲，不久后她生下一个男孩儿，这个男孩儿被取名为术赤。"术赤"在蒙古语中就是"客人"的意思。纵观一生，成吉思汗一直对术赤不冷不热，但对孛儿帖一直都非常尊重，后来让她主持自己的"大斡耳朵"，也就是成吉思汗的"第一宫帐"，孛儿帖则成为成吉思汗的大皇后。这其中或许隐含着成吉思汗的一些愧疚吧。

这一战的胜利，让成吉思汗除了抢回老婆，还得到了大量的战利品，从此实力大增。此后，他在蒙古草原上左冲右突、纵横捭阖、审时度势，与各个部落或交战，或联合，威望越来越高，"抢"来的女人也越来越多。

公元1202年，成吉思汗消灭塔塔儿部后，将该部贵族也客扯连的女儿也速干收入自己的帐中。也速干年轻貌美、温柔贤惠，颇得成吉思汗的宠爱。也速干很感激成吉思汗，就把比自己还要美丽的姐姐也遂推荐给他。成吉思汗马上派人去寻找，很快找到了也遂夫妇。也遂的丈夫见状慌忙逃走，也遂则被带到了成吉思汗的帐中。成吉思汗一看，果不其然，这个也遂的确比她妹妹还要漂亮。一天，成吉思汗和也遂、也速干一起饮酒，突然听见也遂长叹一声，便起了疑心，立刻下令让附近所有的人按照部落分别站好。结果，有一个模样俊秀的年轻人孤零零地站在一边。成吉思汗一询问，得知这个人就是也遂的丈夫，立刻令人将他杀掉。从此，也遂一心一意地服侍成吉思汗。

也遂为蒙古国的发展做出了很大的贡献。公元1219年，在成吉思汗西征之前，也遂向年近花甲的他提议立储。成吉思汗接受了这个建议，立窝阔台为继承人。后来成吉思汗让也遂、也速干姐妹分别主持自己的"第三斡耳朵"和"第四斡耳朵"，姐妹俩成了成吉思汗的三皇后和四皇后。

公元1204年，成吉思汗再次打败篾儿乞诸部，其中答亦儿兀孙率部投降成吉思汗。为表明心迹，答亦儿兀孙将自己的女儿忽兰送给了成吉思汗。答亦儿兀孙在护送忽兰的路上遇到了乱兵，于是在成吉思汗部将纳牙阿部停留了三天。为了以防万一，纳牙阿亲自护送忽兰到成吉思汗的帐中。然而，成吉思汗却对此起了疑心：纳牙阿英俊果敢，忽兰貌美如花，这两个人之间会不会发生了什么故事呢？在了解到这个情况后，忽兰悲愤地说："在您审问纳牙阿之前，先审问我天地所赐、父母所生的身体吧！"成吉思汗还真派人去"审问"了忽兰的身体，发现果然没有问题。于是，成吉思汗非常高兴，此后对纳牙阿非常信任，对忽兰则非常宠幸。公元1219年，成吉思汗西征只带了忽兰一人，让其在征途之中照料自己的生活。后来，成吉思汗让忽兰主持自己的"第二斡耳朵"，忽兰成了成吉思汗的二皇后。

在成吉思汗的四大皇后之中，"抢"来的比例都这么高，其他嫔妃就更不用说了。比如古儿别速，本来是乃蛮王亦难察汗的继妻，在亦难察汗亡故之后，她又嫁给了亦难察汗的儿子塔阳汗脱黑脱阿为妻。公元1204年，在乃蛮部被成吉思汗征服之后，年轻貌美的古儿别速成为成吉思汗的王妃。

虽说成吉思汗是在"忠实"地遵循草原抢婚文化的传统，但毕竟他的后宫中充斥着仇家女子，所谓"人上一百，形形色色"，难道就没有人想要向成吉思汗复仇吗？这个还真不好说。不过，成吉思汗大体上还是安全的。

首先，草原民族生存环境凶险，长期奉行弱肉强食式的丛林法则，是比较认可抢婚风俗的。《内蒙古大辞典》指出："蒙古族有抢婚和聘婚两种婚姻制度……公元十三世纪以前，蒙古族社会多半是抢婚制……公元十三世纪以后……即普遍实行聘婚制，在部落间的战争中，抢婚或劫掠婚仍屡见不鲜。"久而久之，蒙古族就形成了一种颇为有趣的抢婚习俗：到了结婚的日子，新郎官会带着一帮兄弟来到新娘家的帐幕门前，新娘的兄弟们则守在门口，双方一言不合就"开打"，经过短时间的象征性"作战"，新郎官就会被请到帐篷中，把新娘子"抢走"。时至今日，在蒙古族的婚礼中，仍然可看到抢婚制的影子，比如"挡门"的习俗：新郎官来接新娘子时，新娘要把新郎官挡在门外面，然后新郎官"排除万难"才进得了门，将新娘接走。古时的蒙古男子，只要有足够的实力，无论有多少娇妻，也没有人说什么。一些外国使节也观察到了这一点。13世纪中期，受教皇派遣出使蒙古的传教士加宾尼在谈到蒙古婚俗时说："每一个男人，能供养多少妻子，就可以娶多少妻子。"

这种由来已久的习俗使得草原上抢婚的"合理性"深入人心，大家对此见怪不怪。被抢者虽然最初会对抢掠者有抵触情绪，但也只能承认既定事实，老老实实地和抢掠者过日子，认定这是一种规则和秩序。如成吉思汗的妻子孛儿帖曾被抢走，和对方生活了近一年的时间，等到成吉思汗把她抢回来时，她已经有了身孕，而成吉思汗仍很尊重孛儿帖。

其次，成吉思汗的许多嫔妃实际上是一种人质。在成吉思汗开疆拓土的过程中，他并不一味使用蛮力，而是智取与豪夺并用。公元1214年，成吉思汗率领大军包围了金国中都（今北京），金宣宗完颜珣衡量了己方的实力后，认为必须暂时求和。作为缓兵之计，他将宗室女岐国公主贡献出来。而成吉思汗也认为强攻中都的损失会很大，不如顺水推舟，接受金国的和亲之举，等到将来力量足够强大时再来灭金，于是接纳了岐国公主。窝阔台继位后，岐国公主也设法和他搞好关系，为的就是危急关头能为金尽一份力。当窝阔台率领大军南下灭金时，金哀宗向窝阔台请和，就曾说"以王妹公主在朝为言"。据此推测，岐国公主为了金国能够存活下去应该是想了不少办法的。

所以，对这种人质型妃子来说，其任务是讨好成吉思汗，全力在两国之间设立转圜之地，无论如何也不敢有任何不臣之举。在这种状况下，这些妃子是和她们的父兄绑在一起的，一损俱损，一荣俱荣。如果她们敢有任何危险的举动，不论是否成功，恐怕她们的父兄都将立刻遭到报复。想到这样的后果，这些妃子即便是心中怀有怨恨，也不敢表露一星半点，而是要尽力把成吉思汗服侍好。

再者，成吉思汗的威望与能力，使之成为一个充满魅力的偶像。在20世纪80年代，有一首火遍全世界的神曲，名字就叫《成吉思汗》，其中一句歌词是"不知道有多少美丽的少女们都想嫁给他呀"。歌词虽然夸张，但是从侧面道出了当年人们对成吉思汗害怕又敬仰的心态。成吉思汗所建立的功业颇大，使得他在人们眼中带上了神秘光环。同时，成吉思汗一生在亚欧大陆上纵横，鲜有对手。在他八面威风、杀伐果决的外表之下，也有一颗虑事周全的心。他很清楚，自己一不留神就可能铸成大错，所以必须处处留心，尽可能把一切危险因素扼杀在萌芽状态，包括私生活方面。因此，那些皇后或妃子在侍寝之前，都要经过后宫的严格检查。

就这样，虽然成吉思汗的后宫中充斥着"抢"来的女子，但他安之若素，还将此视为自己的一大成就。只是，这算不算是"一代天骄"成吉思汗的过度自信？不然，也不会有《蒙古源流》记载的那段故事了吧。

十三 "荆二代"刘琦是如何被刘备踢出局，被曹操骂成猪的？

发生在汉献帝建安年间的赤壁之战，被视作"东汉末年分三国"的开端。经此一役，曹操无力再图南方，孙权坐保江东无虞，而"争盟淮隅"失败的刘备也总算在荆南站稳脚跟。从广义上来说，这是魏、蜀、吴三足鼎峙局面的初步成形；但从狭义上来说，这其实是曹、刘、孙三家对荆州的瓜分。

鲜少有人记得，荆州原本是刘表统治的荆州。

虽然这位汉室宗亲只想坐守一地而未有匡扶汉室之志向，可在他的治理与教化下，作为"四战之地""用武之国"的荆州却成为乱世中的一片净土，吸引无数儒生士人前往。刘表对荆州的贡献当然不可忽略。就算刘表已去世，至少在名义上，这片大地也应该有他的继承人——刘琦、刘琮的身影。

刘表与荆襄大族

刘表，字景升，山阳郡高平县（今山东省微山县）人，西汉鲁恭王刘余之后。其人少通经学，名列当世，为党人"八俊"之一，后受党锢之祸牵连，被迫逃亡。党锢解除后，刘表被大将军何进征辟为掾属（古代副职官员或官署属员的通称），与蒯越等人共事。蒯越，汉初著名谋士蒯通之后，其所在的中卢蒯氏也是襄阳本地郡望，在地方颇具影响力。所以刘表的这一经历，为他日后入主荆州提供了一定的方便。

南阳郡是"帝乡"，汉光武帝因之成霸业。在汉朝的倾斜下，荆襄地区的经济与文化水平得以迅速发展。《太平御览》卷一百五十七引盛弘之《荆州记》曰："岘山南至宜城百余里，旧说其间雕墙峻宇。汉灵帝末，其中有卿、士、刺史、二千石数十人，朱辕骈耀，华盖接阴，同会于太山庙下。荆州刺史行部见之，雅叹其盛，敕号冠盖里。"南郡宜城县到襄阳郡岘首山南部的一百多里内，世族、郡望扎堆，蔚为大观。《校补襄阳耆旧记》卷三亦载："汉末，尝有四郡守、七都尉、二卿、两侍中、一黄门侍郎、三尚书、六刺史，朱轩高盖会山下，因名冠盖山，里曰冠盖里。"

在此情形之下，刘表入荆州后，并未冒冒失失地前往江陵（按《南齐书·州郡志下》所载，王叡为荆州刺史时，移治所于江陵），而是停留在宜城，寻求蒯越、蒯良、蔡瑁等人的帮助。又有《太平御览》卷六十九引《荆州图经》曰："岘山东南一十里，江中有蔡洲，汉长水校尉蔡瑁所居。宗族强盛，共保蔡洲。"襄阳蔡氏，是荆北地区首屈一指的豪强著姓，"汉末，诸蔡最盛"，蔡瑁家的"江景房"也十分豪华，"屋宇甚好，四墙皆以青石结角"，还有数百个仆人与四五十处产业。

刘表在蔡瑁、蒯越等人的支持下，连杀五十五名贼帅，声势大涨。他日后能立足于荆州，也离不开蔡、蒯等地方大族的支持。为达成更加紧密的合作，刘表迎娶蔡瑁之姊为后妻，其次子刘琮也迎娶蔡氏之女。蔡家的联姻远不止于此，蔡瑁的姑姑（即蔡讽之姐）嫁给了太尉张温；而他的长姐又嫁给了沔南名士黄承彦，即诸葛亮的岳父。刘表任镇南将军后，以蔡瑁为军师。出力颇多的蒯氏兄弟也成为刘表的心腹，与蔡瑁等人同气连枝。

刘表治理荆州十九年，未在军事、政治上有突出表现，但在文化、教育上贡献颇多。他兴办地方官学，改定五经章句为教材，吸引了众多大儒前来讲学，使荆州一跃成为天下学子的文化圣地。不过大量士人的涌入，也带来了新的难题。从刘表的表现看，他对这些士人、儒生的加入十分欢迎，"关西、兖、豫学士归者盖有千数，表安慰赈赡，皆得资全"。只是刘表虽能善待他们，却如王粲所言，不能任用海内之士。刘表此举，是因为他担心任用外来士人，会引起流寓士人与地方土著之间的矛盾，或是他自己认为外州人并不可靠（参唐长孺《汉末学术中心的南移与荆州学派》，此文被收录于氏著《山居存稿续编》）。王粲的确说出了荆州寄寓士人的心声。因此，当刘备到来后，一些不受刘表待见的士人便蠢蠢欲动了。

刘备与嗣位之争

刘备与刘表的政治立场一致，这是他能被刘表接纳的前提之一。按《三国志·刘表传》所载，"天子都许，表虽遣使贡献，然北与袁绍相结。治中邓羲谏表，表不听，羲辞疾而退，终表之世"。刘表虽然在名义上尊奉汉献帝，但实际上支持袁绍，并愿奉其为盟主。对于邓羲的不满，他解释道："内不失贡职，外不背盟主，此天下之达义也。治中独何怪乎？"由"贡职"二字可知，刘表此举只是为了完成任务，目的是谋求名义上的中立，而非从内心尊奉汉献帝。当然，此举还能顺便安抚一下本地大族，让他们减少要与北方对抗的心理压力。

只是在刘表心里，他仍是不愿与曹操合作。建安四年（公元199年），刘表遣韩嵩北上谒曹操。韩嵩得了曹操的好处，返回荆州后为其游说，"还称朝廷、曹公之德也"，并建议刘表遣子入质。不料刘表大怒，欲杀韩嵩，后在诸僚的劝说下改将其下狱。建安六年（公元201年），曹操大破袁绍后，即南征刘表，未果；又两年，再征刘表，可谓目标明确。

刘备曾投袁绍，又参与过"衣带诏"，得了天子诏令，这种身份与名义能在一定程度上抵消曹操"奉天子以令不臣"带来的政治威慑。故刘备初来荆州，刘表乃"益其兵"，令他屯兵新野，替自己守住荆州的北大门。上一个替他"看门"的，是凉州军阀张济的侄子张绣。刘表不顾荆州内部的反对，将张绣收入麾下，为其输送粮草，使之屯于宛城，与曹操对抗。然而在官渡之战前，张绣又降于曹操，这不得不令刘表忧心忡忡。

幸运的是，刘备寄寓荆州期间，曹操集中精力与袁氏诸子作战，以图略定北方，因此他并未对南方进行大规模用兵。在这种相对安定的局势下，刘备方尚有余力结交豪杰，积累人脉。在他得到司马徽的看重后，"卧龙"诸葛亮也欣然归附。在刘备自身具有的帝系身份、讨贼名义与诸葛亮等名士的"名人效应"等多方面加持下，"荆州豪杰归先主者日益多"。

随着刘备这个不稳定因素实力的壮大，荆州的内部纷争也逐渐显露出来。有学者论及刘表时期荆州的内部纷争时，用"亲曹"与"反曹"两个阵营来概括（参林榕杰《荆州变局前后的刘表父子考论》），即以蔡瑁、蒯越、韩嵩为代表的部分大族，支持刘琮上位并力主降曹；而刘备则支持刘琦，是反对曹操的势力。

若论前者，确实存在这么一种情况。

荆州大族的"带投大哥"蔡瑁，"少为魏武（曹操）所亲"，在感情上倾向于这位旧友。而且从家族利益与政治回报上来说，他更偏向于曹操这一方。事实上，当蔡瑁率人投降曹操后，有十五人封侯，且曹操仍默许韩嵩"条品州人优劣，皆擢而用之"，默许其使用这种评议特权为朝廷举荐人才。这一现象被史家视为九品中正制的萌芽或开端。（参唐长孺《九品中正制度试释》，此文被收录于氏著《魏晋南北朝史论丛》以及张旭华的《九品中正制研究》）

东汉时期的豪族大姓，向来以家族利益为先，乱世之下首先谋求安稳。他们支持汉献帝乃至其背后的曹操，可以尽量避免荆州陷入战火之中。但是以刘表的政治立场，他们又要被动地站到天子的对立面，继续以割据政权的一部分存在，将来还要与曹操为敌。这种潜在的心理压力，让荆州大族不得不通过干预嗣子之争，来实现其政治目的。刘表的次子刘琮，与襄阳蔡氏结亲，为人又没主见，自然成了荆州大族好的合作对象；反观刘表的长子刘琦，最初因颇肖其父而备受宠爱，后在蔡夫人、蔡瑁、张允等人的中伤下，逐渐失去刘表的信任。

刘表此举，固然有他冷漠的一面，但他也清楚，刘琦得不到蔡、蒯等既得利益者的支持，就算被他推举上位，也很难服众。事实上，刘表非但无法左右荆襄大族的意志，就连他的统治基础也源自后者的支持。

《三国志·诸葛亮传》裴松之注引《魏略》记载："（诸葛亮）曰：'今皆不及，而将军之众不过数千人，以此待敌，得无非计乎！'备曰：'我亦愁之，当若之何？'亮曰：'今荆州非少人也，而著籍者寡，平居发调，则人心不悦；可语镇南，令国中凡有游户，皆使自实，因录以益众可也。'"

人口是第一生产力，在生产力尚不发达的古代更是如此。豪族在壮大的过程中，必然要与国家争夺人口与土地，东汉倾颓，由此始。正如诸葛亮所说，在荆州，豪强大族隐匿户口的现象十分普遍，这些隐户不用承担官府的赋税与劳役，却成为地方豪强的私兵、部曲与佃客。此消彼长之下，官府对地方大族的掌控力度远远不够，以致东汉后期以来，豪强抗法的例子数不胜数。

刘表治荆州，表面上被誉为"宽政"，实则是他没有底气，也没有必要与荆州大族撕破脸皮，故有学者认为刘表政权具有寄生性和依附性（参王永平《汉末士人之流动与刘表政权之兴衰》，此文被收录于氏著《中古士人迁移与文化交流》）。所以，即便刘表兴办学校，招揽了大批外州人士，他也没有对这些人予以重用。这些受到冷落的寄寓士人与另外一批不得志的本地豪强，就逐渐站在了蔡、蒯等大族的对立面。

刘备的到来激化了这种矛盾。因为以他的名义，完全有希望将这些反对势力汇合在一起。对于刘备大肆"招兵买马"的行为，刘表"疑其心，阴御之"，显然是受到了蔡瑁等人的影响。《三国志》裴松之注引《九州春秋》提到，蔡瑁、蒯越曾设"鸿门宴"欲对刘备下手，后者假装上厕所，骑的卢马亡命而奔。可见刘备与蔡、蒯等人的矛盾已经摆在明面上，刘表倘若支持刘备，只会将双方的矛盾激化。

如上所述，刘表与刘备的政治立场是一致的。在抗曹这件事上，刘表得不到地方大族的支持，宁愿招揽名声不佳的凉州军阀张绣。所以刘备到来之后，刘表会先支持他，增兵给地助其发展。又因为刘表不想激化荆州内部矛盾，所以他才疏远刘备。但在病危之际，刘表选择托国的对象仍是刘备。也只有刘备，有可能对抗得了曹操，这是时人的共识。远在江东的鲁肃，也是这么认为的。他们承认刘备在荆州的影响力。

名义与荆州之争

刘表去世后，鲁肃向孙权谏言。在阐述完地理、经济、文化、人口等优势后，他话锋一转，又谈到荆州当下的局势："今表新亡，二子素不辑睦，军中诸将，各有彼此。"刘琦与刘琮二子不合，已是尽人皆知之事。因为蔡瑁、蒯越等人"亲曹"的政治立场，荆州一部分支持嫡长子继承的士人、得不到重用的寄寓士人，以及被排斥在统治中心的另一批荆州大族，便自发成为刘琦的支持者。这是荆州必将形成的分裂局面。

荆襄文化发达，衍生出的豪强大族不知凡几，蔡、蒯等大族虽然势力强大，但也无法统并整个荆州境内的豪强大族。总有一些人会支持刘琦，将来还会反抗曹操，而这些人最好的办法就是聚拢在刘备竖起的大旗之下。"琮左右及荆州人多归先主"即是一条明证。

所以鲁肃又说："加刘备天下枭雄，与操有隙，寄寓于表，表恶其能而不能用也。若备与彼协心，上下齐同，则宜抚安，与结盟好；如有离违，宜别图之，以济大事。"刘备是汉室后裔，且身负"讨贼""托国"与刘表托孤之义，再加上诸葛亮与庞、马、向、习等地方名门为之背书，俨然已成为影响荆州未来局势的风云人物。就连孙权想要谋求荆州，也要考虑刘备这么一号人物的存在。

可计划赶不上变化。建安十三年（公元208年），曹操南征荆州，蔡瑁、蒯越、韩嵩、刘先等人力主投降。有意思的是，得知曹操南下的消息后，接管荆州的刘琮并未及时通知刘备。刘备察觉不对，派人去问刘琮，他才派使者宋忠告知刘备此事。后者闻曹操将至，大惊失色道："卿诸人作事如此，不早相语，今祸至方告我，不亦太剧乎！"从刘备的反应看，他惊骇的重点不是曹军南下，而是他还没来得及发挥自己的影响力，刘琮居然就已作出决策投降（参饶胜文《大汉帝国在巴蜀：蜀汉天命的振扬与沉坠》）。欲搅动荆州风云的鲁肃也没想到刘琮降得如此之快，等他过江，星夜兼程赶到南郡，荆州已改姓曹。被他寄予厚望的刘备也仓皇逃走，甚至有避难交州苍梧的打算。可来都来了，总不能白来，鲁肃在当阳与刘备见了一面。他们一个想要搂草打兔子，一个不甘心就这么离去，双方便一拍即合。

刘备在鲁肃这里吃了定心丸，即派诸葛亮"自结于孙权"。诸葛亮见到孙权后，首先强调的就是"刘豫州王室之胄"，即证明刘备以这个身份为核心，能让他在荆州享有一呼百应的特权。刘备在荆州的经营以及反对"亲曹"的大族与寄寓士人，也都将成为他与孙权结盟的政治资本。

关于如何应对曹操，江东也有过一番激烈的讨论。孙氏在官面上的政治地位不高，孙权只是会稽太守、讨虏将军。为了抵消这种因身份劣势而带来的"非合法性"，这场讨论最终以周瑜的"为汉家除残去秽"与孙权的"老贼欲废汉自立"为定论，将曹操斥为篡逆之徒。从根本上说，这同样是以"兴汉"为反抗名义，而诸葛亮所说的刘备的帝系身份，就是双方结盟的名义根本（参赵宣淳《刘备帝系凭籍与其集团形成关系之研究》）。正如孙权所说，"非刘豫州莫可敌操者"。清代史学家赵翼评论道："是且欲以备为拒操之主，而己为从矣！"（王树民《廿二史劄记校证》）可见，刘备的身份与名义是孙刘双方结盟的关键性因素。

反观对荆州具有合法继承权的刘琦，不仅被史家一笔带过，还成了刘备集团的一项"资产"。如诸葛亮在谈到刘备具有的优势时，曾说："今战士还者及关羽水军精甲万人，刘琦合江夏战士亦不下万人。"建安十三年，孙权大破江夏太守黄祖，枭其首，终报父仇。黄祖在荆北阻碍孙氏数年之久，江夏郡也是对抗江东的重镇之一。故黄祖战死后，备受排挤的刘琦便主动请缨前往江夏镇守，由此得到了一万精兵。这一部分军队对刘备而言至关重要。毋庸置疑的是，刘琦必然也参与了这场战争，但无论是演义还是正史，在对这场大战的记载中都不见刘琦的身影。演义自然是为了突出"主角团"的风采，没有写其他人可以理解，可正史为何也没有写？

孙刘联盟与曹操的对抗，本质上是争夺荆州，但双方对外的名义却是两种不同的"拥汉"。曹操"奉天子以令不臣"；孙权、刘备以后者的帝胄、讨贼名义对抗。汉帝的名义高于刘表，若此事局限于一州之地、刘表二子的内部争夺，刘备打出"托孤"这张牌自然更好用。但随着曹操、孙权的加入，事态上升，这场荆州争夺战就成了曹操与反曹势力的战斗。从这种角度而言，即便刘琦拥有的一万军队在其中发挥了关键作用，他也不是这场战争的主角。

赤壁之战后，曹操败走，除江陵外，其本就薄弱的统治基础瞬间被瓦解。《三国志·先主传》记载："先主表琦为荆州刺史，又南征四郡。武陵太守金旋、长沙太守韩玄、桂阳太守赵范、零陵太守刘度皆降。"不难看出，刘备此时是以刘琦的名义征讨荆南四郡。这是刘琦在历史上最后一次出现。仅仅过了一年，他就"恰到好处"地因病去世。刘备则在众人的推举下，自领了荆州刺史。等到他前往京口拜谒孙权，后者再次表奏，即证明刘备对荆州的统治得到了联盟内部的承认。

至此，再也无人记得刘琦。就连曹操日后想起此事，也不屑地道："刘景升儿子若豚犬耳！"但沦为任人宰割的猪狗，又岂是刘琮、刘琦之本意？

十四　颍川荀氏，理想主义士族的结局又如何？

论汉末三国时代的顶级谋士，必有荀彧一席之地。曹操外出征战时，荀彧坐镇后方，替他处理内政、解决补给问题，并选拔大批人才入仕，如汉高帝刘邦之萧何、张良。同时，曹操统一北方的战略规划，也曾得到荀彧的不断修正。但随着魏氏强盛，忠于汉室的荀彧不可避免地成为曹魏代汉的一大阻碍。

建安十七年（公元212年），董昭等人劝曹操进魏公、加九锡，荀彧明确表示反对，曹操"由是心不能平"。不久，荀彧"以忧薨，时年五十"。在这句话之后，史家陈寿别有深意地写道："明年，太祖遂为魏公矣。"又据《三国志》裴松之注引《魏氏春秋》载，"太祖馈彧食，发之乃空器也，于是饮药而卒。"可见荀彧之死，实为自绝。

在汉室与曹操之间，理想主义者荀彧最终选择了前者；可为了家族兴盛，他只能以自杀来表明个人态度。荀彧虽死，其家族却辉煌显赫了上百年。或许，与整个颍川荀氏的发展相比，荀彧的个人理想实在是微不足道。

东汉后期：声名渐起

颍川荀氏在东汉前中期的发展史无明载，可知其仕途不显；不过，作为荀子后人，荀氏应该不缺少文化修养。让颍川荀氏闻名于当世的荀淑，少时就以博学而闻名。据《三国志·荀彧传》记载，荀淑是荀子十一世孙，也是荀彧的祖父，他"少有高行，博学而不好章句，多为俗儒所非，而州里称其知人"。

东汉时代的选官，重视经学、品德与名声。荀淑"不好章句"，难以明经入仕；但他的博学与见识，却让他闻名州里。对一般人而言，经学这条路走不通，还能举孝廉。与荀彧相比，荀淑的仕途起点更高，他因为德才兼备、明断是非，得以举贤良方正入仕。值得注意的是，举荐荀淑的房植、杜乔，是汉顺帝、桓帝年间首屈一指的大名士。

房植，少时以经学知名，官至司空，名重朝堂，世称"天下规矩房伯武"。杜乔，曾为司徒杨震征辟，历任太子太傅、大司农、光禄勋等要职，与"天下名贤"的李固并称为"李杜"（东汉也有大小"李杜"，小"李杜"是李膺、杜密）。此二人，不仅是对抗外戚梁冀的中流砥柱，也是党人集团的早期领袖。荀淑受他们二人照拂，自然与党人非常亲近。后荀淑对策时，"讥讽贵幸"，与权宦针锋相对，遭到大将军梁冀的排挤，没想到因祸得福，被党人引以为同道。

荀淑能显名于世，除了他自身德才兼备外，也与党人对他的推崇有很大的关系。东汉后期，名士清议之风愈演愈烈，时太学生口耳相传："天下模楷李元礼，不畏强御陈仲举，天下俊秀王叔茂。"李膺（字元礼）与王畅（字叔茂）位列"八俊"，陈蕃（字仲举）是"三君"之一，他们三人都是党人的核心骨干与领导者，掌握着社会舆论。这种影响力甚至已超越地域限制，能辐射到全国各地。荀淑不畏强权，以自身德行被李膺、王畅等人推为师长，号为"神君"，身为"榜样的榜样"，其名气与社会影响力可想而知。

颍川荀氏的成名还与几个二代子弟有关。荀淑兄长有二子，荀昱（翌）和荀昙，都是一时俊秀。荀昱"正身疾恶，志除阉宦"，亦为"八俊"之一，他后来与陈蕃、窦武等人谋诛宦官，事败，与李膺等人俱死，留得清名传世。荀淑有八子，分别是荀俭、荀绲、荀靖、荀焘、荀汪、荀爽、荀肃、荀专，时人谓之"八龙"。起初，荀氏故里名为"西豪"，颍阴令苑康（党人"八及"之一）以"高阳氏有才子八人，今荀氏亦有八子"为由，将荀氏故里改为"高阳里"。

按《太平御览》引《异苑》，颍川荀氏与同郡陈氏交好，大名士陈寔携子侄拜访荀淑父子时，竟引发天地异象，使德星现世，甚至惊动了皇帝。负责天文的太史上奏说："五百里内有贤人聚。"这个充满奇幻的故事未必可信，却从侧面反映出颍川荀氏和陈氏在当时士人心中的地位。

不过，荀氏"八龙"未必个个都是龙。诚如余嘉锡先生所言："观诸书所述，八龙之中，慈明名最著，叔慈次之，余六龙碌碌无所短长。足见纯盗虚声，原非实录。"荀氏八子并非所有人都有突出的才能，却仍有"八龙"之称，颍川荀氏在当时的名望可见一斑。好在，八子中的荀爽是个能挑大梁的。

时有谚语云："荀氏八龙，慈明无双。"慈明，即荀爽字。他少时好学，十二岁时精通《春秋》《论语》，得到诸多名士、硕儒的高度称赞。少年成名后，荀爽仍潜心做学问，后成为东汉著名的古文经学大师，对汉代象数易学具有开创性贡献，现仍存荀氏《易注》。汉灵帝末年，黄巾起，党禁解，五府一起辟举他，荀爽以名著四海，被大将军何进辟为从事中郎，但还没有上任，何进就死了，这事就没有下文了。到董卓秉政时，荀爽有心匡扶社稷，于是入仕，在不到百日内一路高升至司空。后来他与王允、何颙密谋诛杀董卓，没有成功，不久就病死了。至此，荀氏在汉末乱局中的首次尝试暂时告一段落。

在这之后，目睹汉室倾颓的颍川荀氏，也决定与其他家族一样，选定军阀进行"投资"。这个选择并不难理解。荀氏在东汉入仕较晚，达不到弘农杨氏四世三公、累世太尉的高度，也没有像他们一样以"清白"传家。所以对颍川荀氏而言，家族的发展才是第一要务。东汉后期，荀彧的父亲荀绲曾为荀彧迎娶中常侍唐衡之女，以示对宦官集团的妥协；及至汉末，荀彧为曹操效力，并建议他"奉天子以令不臣"，这既是对匡扶汉室的一种努力，也是基于振兴家族的政治使命。

汉末三国：大起小落

"讨董之战"后，关东诸侯纷纷割据一方，天下渐乱。荀彧深知颍川为中原腹地，必陷入战火，故与兄弟荀谌率宗族投奔出身汝南袁氏的袁绍。汝南郡与颍川郡毗邻，早在党锢之祸前，两地就有过许多交集，时有"汝颍多奇士"之称。因此，汝南人袁绍自然是诸多颍川大族投靠的首要选择。

尽管袁绍以上宾之礼对待荀氏兄弟，但是荀彧认为袁绍不能成大事。乱世之下，"非但君择臣，臣亦择君"。再加上"鸡蛋不能都放一个篮子里"的道理，荀彧最终选择与荀谌辞别，率领一部分族人投靠了尚且弱小的曹操。就这样，颍川荀氏暂时一分为二，分别为袁绍和曹操效力。荀谌助袁绍谋取冀州，成了他的重要谋主。荀彧雪中送炭，曹操亦大喜，称他为"吾之子房"。不久后，荀彧之兄荀衍、荀俭之子荀悦以及荀昙（荀淑任）之孙荀攸皆相继归曹。

让颍川荀氏得以快速发展的关键人物，正是荀彧、荀攸叔侄二人。尤其是荀彧对汝颍士人的举荐，更是让诸多颍川大族得以在曹魏政权中占据高位。《三国志·荀彧传》注引《彧别传》记载："（彧）前后所举者，命世大才，邦邑则荀攸、钟繇、陈群，海内则司马宣王，及引致当世知名郗虑、华歆、王朗、荀悦、杜袭、辛毗、赵俨之俦，终为卿相，以十数人。"

除郭嘉、戏志才外，荀攸、锺繇、陈群、杜袭、辛毗、赵俨也都是颍川人。司马懿虽不是颍川人，但他的爷爷司马儁曾经担任过颍川郡太守，与当地大族锺、荀、陈、韩皆有密切往来。诚然，荀彧所举之人无不是英才，但大批颍川士人的入仕，已足以证明颍川各大世家在乱世中的精诚合作。其实早在东汉后期，他们就放弃了"内卷"，选择守望相助，互相提携。通过建立婚媾、师生等关系，颍川大族编织出了一张巨大的家族网络。

许县在颍川境内，自汉献帝定都于此后，颍川就当之无愧地成为河南地区的政治、经济与文化中心。时荀彧"进汉侍中，守尚书令"，以朝廷的名义选拔人才，既避免了以私人身份操控选举的嫌疑，又让颍川士人得以纷纷入仕，构建起以荀彧、荀攸、锺繇、陈群等人为核心的汝颍政治集团。在此过程中，颍川荀氏占据了主导地位。

只可惜，荀彧逐渐察觉到曹操的不臣之心，这让忠于汉室的他无法视而不见。从"托古改制（复古九州制）"到"进爵国公"，荀彧多次反对曹操的僭越之举。进爵国公于礼不合，加九锡更是如"王莽故事"，而复古九州制，不仅能打击汉室仅存的最后一丝声望，还能扩大曹操的封地（古九州中的冀州疆域辽阔）。

荀彧去世后，曹操即进魏公（公元213年），在打下汉中后（公元215年），理论上占据了"古九州"（扬、荆、梁三州未全据），进而拥有"托古改制"的资格（曹操改十四州为九州，前提当然是要占据九州）。借"托古改制"之举，汉室余威被进一步削弱，曹操也得以顺利称王（公元216年），以魏王名义把持朝政。彼时，距离荀彧之死不过短短三年时间。

由此可见，荀彧身为颍川士族的核心人物，他的反对给曹魏僭越带来了很大的麻烦，这正是他不得不自杀的主要原因。如前所述，颍川荀氏善于应变，自党锢之祸时就因与宦官联姻而得以保全家族；袁曹争霸，荀彧、荀谌兄弟二人也各为其主。但随着颍川集团的壮大，荀彧无法从中脱身，一旦他与曹操正面对抗，势必会让家族和其他颍川士人遭受打击乃至禁锢。于是，在荀悦、荀彧等人依旧忠于汉室的同时，荀攸却转而支持曹操的代汉之路。他不仅劝曹操进公爵，还在魏国初建时担任尚书令。

不过，荀彧以自杀证明了他对汉室的忠诚，虽赢得身后名、保全了家族，但也让颍川荀氏的仕途之路受到了不小的影响。最为明显的是，荀彧未能以元勋身份进入太祖庙配享，足见他已被革除了创业功臣的身份。正因如此，尽管荀彧之子荀诜、荀顗在魏明帝时"以父荫"拜中郎，却是八品的闲散官职，明显比不上其他名族子弟。

魏晋时代，先人名位决定其子嗣的仕途起步。历史学者张旭华认为：五品、六品、七品分别对应高级、中级和低级士族子弟。在此情形之下，荀诜、荀顗起家官品仅有八品，足见荀彧晚年的"异议"对颍川荀氏的仕进产生了不小的消极影响。好在，颍川荀氏虽然暂时不振，但是颍川钟氏、陈氏与河内司马氏却显赫一时。

荀彧的长子荀恽是曹操的女婿，虽为魏文帝所恶，但他的两个儿子荀甝、荀霬仍"以外甥故犹宠待"。荀氏子弟困难时，钟氏、陈氏、司马氏对他们多有扶持。荀攸去世后，其子尚年幼，钟繇"经纪其门户"。荀勖（荀爽曾孙）父早亡，无以为继，后依舅家钟氏得以步入仕途。就连荀顗的郎官之职，也可能是姐夫陈群为他争取来的。总之，在颍川荀氏青黄不接之际，他的姻亲家族与人脉网络及时伸出援手对其庇护，从而保证了颍川荀氏的家门不衰，并等到了司马氏一族的崛起。

姓名	朝代	婚媾状况	联姻家族	材料出处
荀恽	曹魏	妻曹操女	皇族	《魏志·荀攸传》
荀寓	曹魏	妻司马懿女	皇族	《魏志·荀勖传》及注
荀氏	曹魏	适河东毌丘俭子甸	河东闻喜毌丘氏	《晋书·刑法志》《晋书·何曾传》
荀粲	曹魏	妻曹洪女	皇族	《魏志·荀勖传》及注
荀顗	西晋	妹婿颖川陈群	颖川陈氏	《魏书·陈泰传》及注《晋书·荀顗传》
荀勖	西晋	从外祖颖川钟繇 婿沛国武统 婿吴敬王司马晏	颖川钟氏 沛国武氏 皇族	《晋书·荀勖传》《晋书·晋愍帝纪》
荀岳	西晋	妻东莱刘毅女	沛县刘氏	《汉魏南北朝墓志集释》
荀隐	西晋	妻琅琊王玮女	琅琊王氏	《汉魏南北朝墓志集释》
荀柔	西晋	适乐陵石庶祖	乐陵石氏	《汉魏南北朝墓志集释》
荀和	西晋	适颖川陈敬祖	颖川陈氏	《汉魏南北朝墓志集释》
荀恭	西晋	适弘农杨士产	弘农杨氏	《汉魏南北朝墓志集释》
荀恺	西晋	司马懿外孙	皇族	《魏志·荀勖传》《魏志·胡质传》《魏志·钟会传》及注
荀藩	西晋	晋愍帝舅	皇族	《晋书·荀藩传》
荀氏	西晋	太原王沈妻	太原王氏	《晋书·王沈传》
荀崧	西晋	外祖陈郡袁侃	陈郡袁氏	《魏志·荀勖传》及注《晋书·荀崧传》
荀组	西晋	妻华衍次女	平原华氏	《晋书·荀组传》《华芳墓志》
荀邃	东晋	与刁协为姻亲	渤海刁氏	《晋书·荀邃传》
荀羡	东晋	尚晋浔阳公主	皇族	《晋书·荀羡传》《魏志·荀彧传》及注
荀伯子	东晋	妻陈郡谢晦妹	陈郡谢氏	《宋书·荀伯子传》

魏晋时期荀氏婚媾表（引自张艳鸽，赵国华《魏晋时期颍川荀氏婚媾考述》）

魏晋更替：辉煌显赫

家族人才辈出，是保证其长盛不衰的关键性因素。颍川荀氏在东汉后期有"神君"荀淑名重当世，若把他算作初代，那么延续荀氏大名的荀昱与荀爽，就是最有出息的二代子弟；及至汉末，荀彧、荀攸作为第三、四代子弟的领军人物，让家族一度兴盛；后因汉魏更替，颍川荀氏青黄不接；到魏明帝曹叡、齐王曹芳时，第四代子弟中的荀顗与第五代子弟中的荀勖先后倒向司马氏，并成为西晋王朝的开国元勋。至此，颍川荀氏达到了前所未有的鼎盛与辉煌。

颍川荀氏的政治选择，常被简单概括为"非曹即马"，即荀氏在遭到曹氏打压后，一部分人选择与司马氏合作，如荀勖与荀顗这两个关键人物在正始时代分仕曹、马，当后者胜出后，荀顗也带领家族走上巅峰。这种"二元对立"的观点，强调所谓的"政治派系"，将人物活动局限在政治集团之内，未免有些片面。因为曹氏与司马氏两大集团内的成员，其实是高度重合的，颍川荀氏也不例外。

不妨做个比喻：

假若颍川荀氏有一百元资产，他们在选择投资时，并非按照人们的固有认知进行，即将一百元分为两个五十元分别投给曹氏和司马氏，而是手握一百元资产，先分别在曹氏和司马氏身上投入二十元，并允诺会继续追加剩下的八十元。但大家都知道，只有胜利者才能得到他们剩下的资产。是以，颍川荀氏从来都不是"非黑即白"，他们要的是稳赚不赔的"两头通吃"。那么，荀氏凭什么能这么做呢？

显而易见，曹氏与司马氏一族的斗争愈发白热化，这才让荀氏以及其他大族有更多的底气来选择。曹丕去世前，给魏明帝曹叡留下四个辅政大臣：曹真、曹休、陈群、司马懿。其中两个曹氏宗亲，两个士族代言人。为政之道，在于制衡。可曹叡似乎没有太理解曹丕的良苦用心。

或许，曹叡也明白制衡的重要性，但他没有子嗣，又想要快速扩张皇权，导致他在处理一些问题时，多次偏向曹氏宗亲。如曹休与贾逵相争时，社会舆论皆向后者，但魏明帝明显偏帮于曹休，这就激化了两大派系的矛盾。

曹芳继位后，二元对立的格局日渐明朗。受命辅政的曹爽与司马懿，前者因为大司马曹真之子的身份，成为曹氏宗亲的核心；而后者则是因历仕三朝，并如曹操当年那样，通过一系列军功而建立起威望，顺理成章地成为世家大族的代言人。颍川荀氏的起复，正是在此情形下进行的。

荀顗，荀彧第六子，"性至孝，总角知名，博学洽闻，理思周密"。尽管如此，荀顗起步也只是八品郎官。直到司马懿辅政后，念及荀彧当年的举荐之恩，看见荀顗后很惊奇，说："荀令君之子也。"有司马懿的照拂，荀顗擢拜散骑侍郎，而后逐步高升。与之相比，荀氏有更多的子弟与曹爽关系密切，如荀衍之子荀绍，曾为大将军曹爽长史，正始年间出任太仆；荀绍之子荀融，在正始年间任大将军曹爽的参军；还有荀爽曾孙荀勗，"仕魏，辟大将军曹爽掾"。

另外，荀粲（荀彧幼子）曾迎娶大将军曹洪之女为妻。而且他和荀融还曾与何晏、夏侯玄、王弼相交莫逆，是这个贵戚圈中的常客。在曹爽执政后，这个圈子中的大多人物多为荀顗所举，显达一时，可知荀氏与曹氏的关系并非一般。如此，就不难理解荀攸为何能"候补"进入太庙配享了。

曹魏一朝共有五次配祀，分别在青龙元年（公元 233 年）、正始四年（公元 243 年）、正始五年（公元 244 年）、嘉平三年（公元 251 年）与景元三年（公元 262 年）。其中，以正始四年配祀入选的功臣最多，诸夏侯曹、元勋辅臣、外姓武将、地方都督皆有，唯独不见荀彧、荀攸。魏明帝在青龙元年的配飨功臣诏书中称："大魏元功之臣，功勋优著、终始休明者，其皆依礼祀之。"按照这个原则，荀彧、荀攸绝对有此资格。但正如裴松之所说："魏氏配飨不及荀彧，盖以其末年异议，又位非魏臣故也。"荀彧反对曹魏僭越，失去配飨资格不难理解，可支持曹操进魏公的元勋荀攸又为何没有入选呢？

荀氏子弟在魏明帝后期到齐王曹芳时的仕进，是循序渐进的。荀氏因荀彧忠于汉室而为曹氏所恶，家族子弟仕途不振。至魏明帝后期，曹氏与司马氏的矛盾愈发激烈，双方都需要更多的力量来支持自己。所以曹爽执政后，因姻亲、门生故吏照拂而尚未被排除在贵戚圈子之外的荀融、荀勖，荀氏也得以重新起复。荀绍位列太仆，去世后被赐予美谥"成"，并得以刊石勒铭，就足见曹爽对荀氏的拉拢。但这种拉拢与赏识，是有限度的，所以荀攸也暂时未被列入第二批配祀功臣名单。

然而一年多后，曹氏就兴师动众地进行了第三次配祀活动，且只有荀攸一人入选。荀攸不仅被单独"开了小灶"，还被追谥为"敬"。昔荀彧忠于汉室，谥曰"敬"，此为汉谥；今荀攸得魏谥之"敬"，同样的谥号，即表明曹氏官方认定了荀攸对魏国的贡献。这便意味着，颍川荀氏在曹魏创业之初的功绩不再隐晦难明，而是被实实在在地摆在了台面上。上文已述，先人名位是后辈子弟起官的重要因素，曹氏为荀攸的正名，足以让荀氏子弟未来的仕途一路通畅。只是，曹爽为何要这么做呢？

除了政治环境日趋严峻、荀氏子弟为曹氏效力外，曹爽征讨蜀地的失败，亦是此次行动的直接原因。《三国志·曹爽传》记载："关中及氐、羌转输不能供，牛马骡驴多死，民夷号泣道路。（爽）入谷行数百里，贼因山为固，兵不得进。"曹爽征蜀，失败而回，致使曹氏威信大受打击。在此情形之下，曹爽需要及时拉拢荀氏，利用其在世家集团中的独特地位来稳固根基。荀氏为入仕汲汲营营，曹氏欲安抚世家大族，双方一拍即合，自此成了"盟友"。

可计划赶不上变化。没过多久，司马懿就悍然发动高平陵之变，诛杀曹爽，夷其三族。昔日依附于大将军曹爽的羽翼，也树倒猢狲散，再难成气候。不过，虽然曹氏已倒，但是颍川荀氏却得以高速发展。

被司马懿赏识的荀顗，因征讨毌丘俭等人有功，进爵为万岁亭侯，封邑四百户，后升任尚书。司马昭征讨诸葛诞时，荀顗坐镇京都，如"荀彧故事"。反对司马氏代魏的陈泰去世后，荀顗代替他任仆射，兼吏部尚书，可谓大权在握。至魏元帝曹奂时，身为司马氏心腹的荀顗累官至司空，后以三公高位成为西晋代魏的开国元勋，封公爵，食邑一千八百户，历任司徒、太尉兼太子太傅，可谓名重朝野、权倾一时。

荀顗能平步青云，不难理解；但作为曹爽故吏的荀勖，竟然也能在入晋以后占据高位。《晋书·荀勖传》记载："爽诛，门生故吏无敢往者，勖独临赴，众乃从之。"曹爽遇害后，荀勖带头吊丧，维护了自身的名誉与颍川荀氏的声望。

然而，这并不能体现出荀勖的壮烈气节。

仇鹿鸣指出："对荀勖本人而言，这只是实践东汉以降，在清议这类社会舆论规范下形成的士人道德规范，是保全自己名士身份的必要之举，这只是一种道德伦理的实践，而并非政治示威。"对此，司马氏也是予以理解并隐隐支持的。君不见，司马昭指使亲信弑杀曹髦，带来了极为恶劣的政治影响。所以在接下来的代魏过程中，司马氏尽量不让士人多流血，也极少以株连方式对待官僚家族，以至于西晋年间"魏晋所杀，子皆仕宦"的现象十分常见。

要之，荀勖主动为曹爽吊丧，非但没有惹来司马氏的恶感，反而被司马氏当成一个典型，以示其"宽宏大量"。司马昭执政时，荀勖屡献策谋，受到重用，与裴秀、羊祜共掌机密；入晋后，官拜中书监兼侍中，后累迁至光禄大夫、仪同三司、守尚书令，死后追赠司徒，与荀顗一起成了颍川荀氏在西晋初年的代表人物。随之而来的，是大批荀氏子弟得以在朝堂上占据高位，他们进入仕途的起点也比荀彧二子高出不少。

姓名	起家官	资料来源
荀顗	以父勋除中郎	《晋书·荀顗传》
荀勖	辟曹爽掾	《晋书·荀勖传》
荀彪	嗣为散骑常侍	《三国志·荀彧传》
荀藩	黄门侍郎	《晋书·荀勖传》
荀闿	为太傅主簿、中书郎	《晋书·荀勖传》
荀组	初为司徒左西属	《晋书·荀勖传》
荀奕	少拜太子舍人、驸马都尉	《晋书·荀勖传》

荀氏子弟起官表（引自王莉娜《汉晋时期颍川荀氏的历史变迁》）

衣冠南渡：四散飘零

魏晋之际，颍川荀氏鲜少以博学、明识、闻达、才干等优良品行入仕；取而代之的，是家世门第与婚媾关系。入仕环境的变化，让许多荀氏族人忘记了守正清白，选择与权宦势力同流合污。官位很高的荀勖，就是个典型的例子。

荀勖为官多年，爱惜羽毛，贪恋权势，逐渐变成了排除异己、曲意逢迎的奸人。他和荀恺（荀彧曾孙）为把持朝政，与贾充合谋，支持白痴太子司马衷继位。齐王司马攸对荀勖的谄媚之举颇有微词，旋即遭到谗言，被迫离开中央前往封地，后忧死。至于其他忠直之士，也遭到荀勖迫害。羊祜"疾恶邪佞"，却被谗言伤身；张华有"台辅之望"，则被排挤出朝堂。大权在握后，荀勖、荀恺多次以权谋私。阮咸音乐才能突出，被荀勖贬出中央；荀恺欲与武茂交友，被拒后恼羞成怒，将其诬为逆党而害之。两人如此小人行径，与荀爽、荀彧实在是判若云泥。

荀氏门风不正，导致其只能依附于皇族司马氏。为此，荀氏与司马氏数次通婚，以维持其门楣不坠。西晋灭亡后，衣冠南渡，司马氏与门阀士族共治天下，长期依附于皇族的颍川荀氏一度继续兴盛。荀勖有十子，其中较为出名的有荀辑、荀藩和荀组。荀辑是次子，因长兄早亡，袭爵济北侯，官至卫尉。荀藩在西晋末年累官至司空，其二子荀邃、荀闿亦得重用。荀组因"移檄天下共劝进"也得到晋元帝司马睿重用，在东晋初年历任司徒、太尉等职。此外，荀崧（荀彧玄孙）也官拜尚书左仆射，累官至开府仪同三司、录尚书事，兼秘书监。

按照这个发展趋势，颍川荀氏就算不能继续兴盛，起码也能维系门楣不坠。但不承想，在东晋建国不到十五年的时间内，颍川荀氏的重要人物——荀组、荀邃、荀闿、荀崧，相继离世；而其他年轻子弟，不足以接过重任。加之因为长期依附司马氏，缺少政治根基与经济基础，颍川荀氏便逐渐沦为低等士族。

荀氏子弟尽管也曾在南北朝至隋唐时期为官，但是早已四散凋零，各自为家，既无法在朝堂上相助，也远不如荀氏先辈那样辉煌。这个在魏晋之际辉煌一时的显赫家族，就这样沦为俗流，不再有起复资本。

十五　萧氏后族的由来：为什么辽国太后大多姓萧？

在杨家将的故事中，辽国有位杀伐决断、残忍诡诈的"女魔头"——萧太后。但事实上，辽国几乎所有的太后和后妃都为萧姓，唯一非萧姓的皇后乃是第三代皇帝辽世宗耶律阮的第一位皇后甄氏，她是辽国从当时中原王朝五代之一的后晋那边抢来的原后唐宫人。换句话说，正因为甄皇后是汉人，所以她才是唯一不姓萧的辽国皇后，其余契丹族的皇后无一例外均为萧姓。而且，甄皇后由于是汉人，所以遭到了契丹贵族的强烈反对，辽世宗只得册立了另外一位契丹族萧姓皇后，辽国由此出现了两位皇后并立的局面。

萧氏被称为后族。萧氏男性族人在有辽一代，也涌现出了诸多高官名将，尤其是宰相一职，基本是由萧家人担任。契丹皇族所在的耶律氏，与萧氏一道，成为我们在史书中仅见的两大辽代契丹姓氏，两姓世代通婚。正所谓"萧姓于辽最贵，世与宰相选。统辽一代任国事者，惟耶律与萧二族而已"。

那么，耶律氏与萧氏剪不断、理还乱的关系究竟是如何形成的呢？为什么在辽代契丹人中只能见到耶律和萧这两姓？

在说明这一问题之前，我们先介绍一下辽国两位极其著名的萧太后的传奇生平。

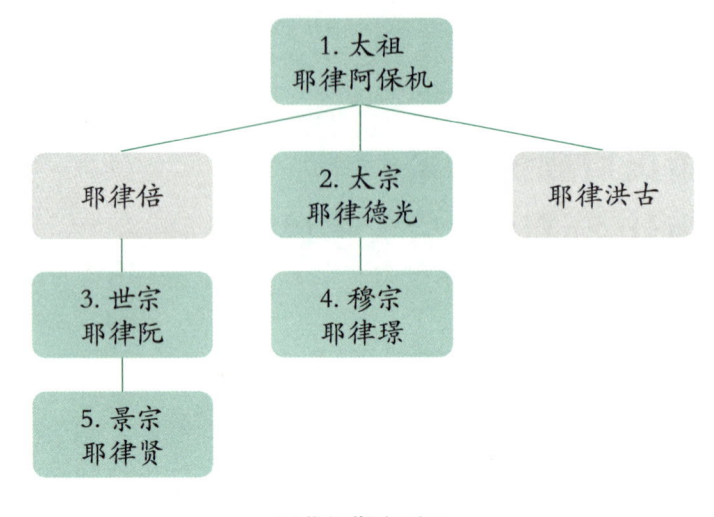

辽代初期帝系图

两位萧太后的传奇故事

辽国有两位著名的萧太后，她们都以强悍著称。

其中一位是辽太祖耶律阿保机的淳钦皇后述律平（述律氏后改为萧氏，但史书中仍记为述律太后），她为耶律阿保机建国发挥了极大的作用，而且在辽太祖死后也长期主持政局。

述律后不满意身为太子的长子耶律倍的汉化倾向，有意推次子耶律德光继位。在天显元年（公元926年）耶律阿保机驾崩之后，述律后称制（即以皇帝名义发布诏令），宣布自摄军国事。为了剪除耶律倍的羽翼，述律后杀掉数百位大臣为先帝殉葬。面对反对派提出的述律后更应该"陪伴先帝"的质疑，述律后推说幼子还需要她辅佐，并毅然砍断自己的右腕为先帝殉葬，这一血腥残忍的做法顿时惊煞众人。为了废长立幼，她召集各酋长大臣说："二子吾皆爱之，莫知所立，汝曹择可立者执其訾。"众人惧怕述律后，又心知其意，就纷纷站在次子耶律德光的马前。耶律德光遂顺利登基，是为辽太宗。耶律倍被母亲和弟弟排挤，只得南走中原，最后与后唐末帝一道国破身死。

会同十年（公元947年），辽国太宗皇帝南征死于北返途中。述律后想要继续拥立自己的第三子，也是她最爱的儿子耶律洪古。随辽太宗南征的大臣们心知述律后的厉害，生怕自己像二十多年前的那批大臣一样去"陪伴先帝"，于是在军中拥立耶律倍长子——永康王耶律阮，是为辽世宗。述律后得知后勃然大怒，派小儿子耶律洪古去攻打辽世宗。然而耶律洪古是个被溺爱坏了的"废柴"，结果自然大败而归。述律后干脆亲提大军，准备与自己的亲孙子决战。后来在重臣耶律屋质的撮合下，述律后方才罢休，承认辽世宗的帝位。但是没过多久，述律后又捺不住寂寞，与耶律洪古密谋造反，结果事迹不幸败露，她被辽世宗软禁，最终凄惨死去。

一代女杰，就因贪恋权力而落得个被亲孙子囚禁至死的下场。

虽然述律后废黜了耶律倍，辽世宗被刺杀后皇位又转入辽太宗一脉，但是在辽世宗之子——辽景宗耶律贤被拥立之后，辽国的皇位兜兜转转，还是固定在了辽太祖长子耶律倍一系。

另一位著名的萧太后是辽景宗的皇后萧绰。在她摄政期间，辽国进入鼎盛时期。保宁元年（公元969年），萧绰被选为贵妃，随后被册立为皇后。辽景宗是个病秧子，故而参决政事成为萧皇后的日常。

乾亨四年（公元982年），辽景宗去世，十二岁的幼主辽圣宗即位，当时只有三十岁的萧太后由此开始了长达二十七年的执政生涯，被上尊号为承天皇太后。年轻的萧太后做的第一件事是依靠耶律休哥、耶律斜轸和韩德让（韩氏为幽云地区汉人大族）稳定政局，严厉约束领兵贵族不得擅自出府，解除了他们的军权，由此迅速稳定了局势。萧太后与耶律斜轸、韩德让关系密切，耶律斜轸是她的侄女婿，而韩德让相传是她的情人，两人共卧帐中，如同夫妻。考虑到萧太后守寡时只有三十岁，以及契丹民族礼法观念较汉族为淡，这应该是有可能的。

萧太后所做的第二件事就是反击北宋。萧太后的一生几乎与宋辽战争相始终。辽景宗乾亨元年（公元979年），宋太宗赵光义率领大军不宣而战，突袭辽国，意欲夺回石敬瑭割让的幽云十六州，开启了宋辽二十余年战争的序幕。此时的萧皇后已经襄助辽景宗参决政事。此战宋军大败，宋太宗腿中两箭，以致无法骑马，不得不乘驴车仓皇逃窜。统和四年（公元986年），意欲复仇的宋太宗听说辽国主幼国疑，太后摄政，还有绯闻男友，必然大乱纲常，便乘机兵分三路大举北伐。在萧太后的运筹帷幄下，辽军于东线岐沟关大破宋军，随后宋军中路、西路被迫撤退。宋朝名将杨老令公杨业在掩护云、应、朔、寰四州百姓撤离时，因得不到主帅潘美的支援，被俘身死。宋军此次北伐再次惨败。统和二十二年（公元1004年），萧太后为彻底解决宋辽战事，与辽圣宗亲率二十万大军大举深入北宋腹地，抵达黄河北岸的澶州，逼近开封。宋真宗在寇准的鼓励下被迫御驾亲征，与辽国签订《澶渊之盟》，约定宋每年送给辽岁币银十万两、绢二十万匹。此后的一百一十年，宋、辽之间不再交战。萧太后的政治生命和自然寿命也在五年后宣告结束。

关于为何辽后族都姓萧这一问题，千年以来历代史家始终聚讼不已。所以，别说现代人，就连元朝末年修《辽史》的史学家在面对辽代契丹人萧姓由来的问题时，都已经觉得很难理解，更别说取舍出统一而公认的说法了。后世学者也纷纷各执立场，众说纷纭，使得这一问题更加疑窦丛生。

但总体说来，关于萧姓的由来大致有以下几种看法。

❖ ### 太祖耶律阿保机比附萧何赐萧姓说

这种说法主要来自《辽史》。《辽史》卷七十一《后妃传》中记载："太祖慕汉高皇帝，故耶律兼称刘氏；以乙室、拔里比萧相国，遂为萧氏。"也就是说，辽太祖耶律阿保机十分仰慕汉朝的开国皇帝汉高祖刘邦，所以将辽国皇室之姓耶律氏的汉译定为刘氏，同时又将乙室、拔里两家比附为汉朝相国萧何，赐其姓为萧。乙室与拔里是当时与耶律氏世代通婚的两大家族，其族人被赐为萧氏，自然也就意味着萧氏成为后族的姓氏。《辽史》的作者不仅自己持这一观点，还抬出了两位强力外援，说"耶律俨、陈大任《辽史·后妃传》，大同小异"。耶律俨和陈大任是辽金时期的史学家，他们所著的《辽史》成为元代所修《辽史》的蓝本，所以元朝史官的意思是：不止我一个人这么说，距辽不远的时代已有这种记载。

除了《辽史·后妃传》，还有北宋时期庞元英所著的《文昌杂录》记载，北宋官员张诚出使辽国时非常好奇辽国的耶律氏和萧氏是怎么来的，辽国人回答："昔天皇王（应指耶律阿保机自封的尊号"天皇帝"）问大臣云：'自古帝王英武为谁邪？'其大臣对曰：'莫如汉高祖。'又问：'将相勋臣孰为优？'对以萧何。天皇王遂姓耶律氏，译云刘也。其后亦锡姓萧氏。"在张诚的回忆之中，耶律阿保机的确是刘邦、萧何君臣的超级粉丝，为之倾倒，那么他以刘、萧二姓为皇族、后族的姓氏也就不足为怪了。《辽史》卷一百一十六《国语解》中亦记载："《本纪》首书太祖姓耶律氏，继书皇后萧氏，则有国之初，已分（耶律、萧）二姓矣。"《契丹国志》卷二十三《族姓原始》中也说，契丹族本无姓氏，后族萧姓为耶律阿保机时所赐。

从以上分析不难看出，上述史料均指向了一点，那就是在契丹王朝立国之初，后族就已经出现萧姓，其来源主要是皇帝赐姓，而赐姓的原因只有《辽史·后妃传》与《文昌杂录》两部史料予以记载，即耶律阿保机仰慕刘邦、萧何，因此将后族赐姓为萧。

现代考古也出土了很多能够证明这一说法的文物。有学者指出，辽国外戚萧氏基本以兰陵为郡望。何为郡望呢？所谓"郡望"，大概是魏晋南北朝时期形成的概念。众所周知，魏晋南北朝时期盛行士族政治，名门望族拥有极大的权势，世代垄断高官厚禄。而"郡望"就成为区分高门士族与小门寒族的重要概念，"郡望"即某个地域（即"郡"）的某个家族（即"望"），这成为士族门阀的身份标识。而前文所说的兰陵，即南朝时期建立了齐和梁两个王朝的萧氏的郡望，这一支萧氏自称祖上可直接追溯到西汉初年的相国萧何。也就是说，辽代的外戚萧氏将自己的祖先追溯至南朝，并以此为据，与一千多年前的萧何强行攀上了亲戚。如《萧德恭墓志》记载，萧德恭"系赞侠（应为"侯"）之族"，所谓赞侯，即西汉开国后高祖刘邦给萧何的封爵；无独有偶，《萧阊墓志》中追溯萧氏先祖，也提到了萧何的事迹，"高祖论功，复善赞侯之略"。不仅如此，耶律氏也将其郡望定为漆水，以比附周、汉两朝的后裔，所以将耶律氏的汉译定为刘姓。虽然契丹人无法说明，郡望在今天江苏境内的萧姓人怎么会莫名其妙地跑到契丹，成为辽国的后族，但是他们将萧氏比附萧何这一点显示，辽国人自觉将其融入了汉族的政治文化传统与身份认同之中，以此来争夺政权正统性。至于这能否有力说明此萧为彼萧，对他们来说已经不重要了。

但这里还有个小问题，耶律阿保机的妻子——强悍的"断腕太后"述律平，作为辽太祖的皇后，她是否被赐姓为萧了呢？如果被赐姓，为何史书中还称其为述律氏？其实，这个问题也没有公认的答案。前文说到，辽太祖耶律阿保机赐乙室、拔里二族为萧姓，于是有一种说法认为述律平出身于拔里氏，因此也一并被赐姓为萧；另一种说法则认为述律平不属于上面两氏，她可能在耶律阿保机时代也一并被赐姓为萧，但是史书并未明确记载。当然还有一种可能：辽太祖时期并非所有与耶律氏通婚者都被赐为萧姓，述律氏是辽太宗时期才被赐为萧姓的，所以述律一族的后人在史书中均以萧姓自称。

辽太宗时因谐音其妻弟改姓萧氏说

史书中除了辽太祖赐后族为萧姓的记载，还有辽太宗赐姓的记载。辽太宗耶律德光是辽太祖次子，在辽太祖驾崩后由述律太后扶立登基，辽国就是在他的手上于会同元年（公元938年）通过当上比他大十岁的后晋开国皇帝石敬瑭的干爹，而几乎不费吹灰之力就夺得了在今天北京、河北北部、山西北部的幽云十六州，从此确立了辽国对中原王朝的地缘战略优势。他又于会同九年（公元946年）灭掉后晋，进入开封，次年回师途中病逝于杀胡林。为避免尸体在夏天腐烂，其身体器官被掏空，成为一具干尸，因此他被戏称为"唯一一位死后被做成菜的皇帝"。辽国萧姓的起源，也与这位爱当爹的"干尸"皇帝有着莫大的关联。

根据《旧五代史》《新五代史》《资治通鉴》《文昌杂录》《契丹国志》等文献记载，辽太宗灭掉后晋准备回师时，以汴州（今开封）为宣武军，立其妻兄阿钵为宣武军节度使。为了便于管理汉地，投降辽国的后晋枢密使李崧给阿钵起了一个汉名"萧翰"，"自是契丹后族皆称萧氏"。而《辽史》卷六十七《外戚表》又提供了另一种说法，认为萧翰的小名为"小汉"，辽太宗回师时心血来潮，以谐音赐其汉名萧翰，以便让中原人习惯和接受他。这位萧翰，既是辽太宗皇后之兄，也是述律太后的侄子。不论事实究竟如何，可以想见，萧翰被赐名之后，其家族一定均改称萧姓，或许述律氏改为萧姓正是此时。也由于这一家族的崇高地位，或许此举带动了其余与耶律皇族通婚者逐渐改姓为萧。据史书记载，辽太宗时期，述律后父族与她母亲前夫的家族都被列为国舅，那么可以推断，或许述律氏家族改姓为萧也正在此时。

隋炀帝萧皇后一族后人说

在明初成书的《元史》又为辽代萧氏起源提供了一个十分离奇的说法，即辽国后族为隋炀帝萧皇后的族人之后。

《元史》卷一百五十《石抹也先传》记载："石抹也先者，辽人也。其先，尝从萧后举族入突厥，及后还而族留。至辽为述律氏，号称后族。辽亡，改述律氏为石抹氏。"学者史风春近年便力挺这一说法。前文已说到，辽代的萧氏多自称为汉相国萧何及南北朝时兰陵萧氏之后，而隋炀帝的这位萧皇后，恰恰正是兰陵萧氏的后裔，如果此说属实，那么辽国萧氏的这一比附就不再空穴来风。但是，这种说法是否太过于大胆了呢？隋炀帝的萧皇后一族，又怎么会莫名其妙地跑到契丹？

此事还得从南北朝后期说起。

南朝梁代皇族即为兰陵萧氏，其开国皇帝是特别喜欢出家当和尚的梁武帝，他统治江南四十余年，结果被东魏的降将侯景背叛，最终被活活饿死。其后代自相残杀。梁武帝之孙萧詧与梁元帝萧绎为争夺地盘互相攻击，萧詧请当时立都长安的西魏政权发兵攻取梁元帝所在的江陵（今湖北荆州），后西魏军破江陵，杀梁元帝，立萧詧为帝，以江陵为中心，方圆仅一州之地，建立了西魏的傀儡政权——后梁（又称西梁）。随后西魏变为北周、隋朝，后梁也就相继成为北周和隋的藩属。隋文帝杨坚欲一统天下，在平陈之前于开皇七年（公元587年）废除后梁政权，但是萧氏在隋朝依然富贵，且从此萧氏在隋唐政权中世代显宦。为了联结南方大族，隋文帝在开皇二年（公元582年）特意为其子晋王杨广娶了后梁的公主，也就是后来隋炀帝的萧皇后。

那么萧皇后的族人怎么会跑到契丹去呢？

众所周知，隋大业十四年（公元618年），隋炀帝在江都（今扬州）为禁军将领宇文化及所杀，宇文化及率军挟持萧皇后与隋朝皇室进军关中，结果在河北为起义军李密、窦建德所败，萧皇后又为窦建德所俘。当时东突厥的处罗可汗因其妻——隋朝的义成公主之故，派使者迎接萧皇后与隋宗室入突厥。当时的东突厥实力强盛，窦建德不敢不答应。萧皇后等人遂入突厥。之后，处罗可汗又拥立隋炀帝之孙杨政道为隋王，与新生的李唐政权对抗。贞观四年（公元630年），唐太宗灭东突厥，迎萧皇后回长安，对他这位表婶倍加优待。萧皇后至贞观二十一年（公元647年）病逝。根据《元史·石抹也先传》的说法，"后还而族留"，萧皇后回到中原后，其萧氏族人留在了漠北。这一说法也获得了出土材料《沿海上副万户石抹公神道碑》的支持。

8世纪中期，突厥为回鹘所灭，契丹也依附于回鹘，直至9世纪回鹘西迁、契丹兴起。因此学者史风春猜测，萧氏很有可能在这之后从原突厥故地进入了契丹，后来逐渐演变为述律氏。也就是说，辽代以述律氏为首的后族原本就姓萧，是回鹘化的汉人，辽太祖耶律阿保机赐其萧姓只不过是恢复其旧姓而已。不过对此大胆的说法质疑者亦有之。都兴智考察了史书上对萧皇后几个亲兄弟子侄的记载后认为，他们都没有随萧皇后北上突厥，因此北上突厥的队伍中并无萧氏族人，这些记载的真实性不攻自破。但是，萧皇后的亲兄弟子侄未随之进入突厥，并不代表没有任何一个远支族人随之北上，所以述律氏源自萧皇后族人之说也未必能够完全否定。可即便如此，我们从前文也可以看出，萧姓后族的来源并不单一，这一说法只能说明述律氏的缘起，却依然无法说明其余萧姓家族的由来。

萧姓为契丹姓氏音译说

另有一派学者认为，辽国萧姓与汉族萧姓没有任何联系，完全是契丹姓氏"审密"或"述律"的音译。中国台湾学者王民信认为，"述律"二字快读便如同"萧"音。不过大部分持音译说的学者还是认为，"萧"是"审密"的音译，这一观点的代表性学者是我国老一辈史学家蔡美彪（曾与范文澜一道主编十卷本《中国通史》）和日本学者爱宕松男。

蔡美彪和爱宕松男均认为，耶律氏和萧氏来源于契丹民族的起源神话——"白马青牛"图腾传说。据《辽史》卷三十七《地理志一》记载，相传有神人骑白马，天女坐青牛，沿河相向而行，两人相遇于木叶山，结为夫妻，生八子，逐渐繁衍为契丹八部。综合两位学者的观点，契丹社会自唐初起就有两大部落联姻的传统，一部落图腾信仰为白马，另一部落图腾信仰为青牛，其部落组成固然分分合合，但是为了民族的繁衍与符合白马青牛图腾的传说，他们总是能够人为分化出两大部落集团以互相联姻。

至辽国建立之前，契丹民族形成了以乙室、迭剌（即耶律氏所领导的部落）部为主的遥辇氏八部集团和以拔里、乙室已组成的审密二部集团，二者世代通婚。拔里、乙室已也正是《辽史》中所说被耶律阿保机赐姓为萧的两大家族。而萧姓正是审密的汉语音译。唐初审密氏被称为孙姓（孙姓名人即有武则天时期起兵讨伐武周的契丹两大首领之一孙万荣），金、元以后改写为石抹，故有"孙—审密—萧—石抹"的发展过程。而耶律氏在金、元以后改译为移剌，经历了"耶律—刘—移剌"的演变过程（爱宕松男认为，契丹语"马"逐步发展为"耶律"，契丹语"牛"逐步发展为"审密"，但有学者认为这是无稽之谈）。

所以蔡美彪说："辽朝建国后确立的耶律氏与萧氏，并非古老的氏族或胞族的称谓与部落名称，而是在氏族部落制解体后，互通婚姻的两大集团分别采取的共姓。耶律氏是原属遥辇氏八部成员的共姓，萧氏则是二审密成员的共姓。"为了区别两大集团，契丹人便采用确立两大姓氏的方式。后梁开平元年（公元907年），耶律氏推翻遥辇氏之后，自然将"耶律"作为该八部联盟的共姓。而后由此至辽景宗时期（公元969—公元982年）的漫长岁月里，审密部落也逐步采用"萧"这一汉语音译姓氏，并不断将"萧"这一姓氏赋予与耶律氏部落通婚的家族。也就是说，耶律、萧两大姓氏并立，既是契丹民族自然发展的结果，也是契丹民族人为区分婚姻集团的手段。

萧姓来源说法总结

综合前两种说法,辽代的后族改姓为萧,是契丹人汲取汉族政治文化以附会其统治的手段,或者改取汉姓以稳固对中原统治的方法。这是一个逐步变动的过程,是一波一波被赐姓或改姓的。首先是因为辽太祖耶律阿保机倾慕西汉的萧何,故而将与耶律氏世代联姻的乙室已、拔里两族赐姓为萧;随后至辽太宗时期,赐姓为萧的范围进一步扩大到其皇后一族。辽太宗之所以要赐其后族为萧姓,很可能也与他爸爸迷恋萧何有关,故而这一赐姓之举与辽太祖时期赐姓之事应该是一脉相承的。虽然史书中对于萧氏进一步扩大之事并无记载,但是我们可以合理推断,在辽太宗及其之后,萧氏扩大为所有与皇族通婚的家族的共姓。

第三种说法认为契丹的萧姓其实来源于南朝萧姓皇族,并确实可以与汉代的萧何扯上关系。但是这一支萧氏只能说明述律氏的来源,辽国拥有如此庞大的萧姓集团肯定与人为改姓有着密不可分的关系。

最后一种观点虽然力主从契丹社会部落发展的主体性出发,避免附会汉族文化传统的方式,但是也被不少学者批评为仅仅依靠音韵生造联系。但是这一观点所揭示的契丹存在着悠久的部落间互相联姻的传统,耶律和萧两姓作为两大部落集团的区分标志,则具有很强的解释力度。

总体来看,这些说法并非完全互斥。契丹民族拥有悠久的部落联姻传统,这为耶律与萧两姓并立提供了历史基础;述律氏与南朝萧氏皇族可能有联系,这既是萧姓出现的偶然因素,也可能是耶律阿保机将后族比附萧何后人的现实依据;至于耶律阿保机倾慕刘邦与萧何,辽太宗皇帝为统治汉地赐妻弟萧姓,则成为萧姓后族大规模出现这部历史话剧的最终章。这也反映了契丹民族强大之后,汲取中原政治文化、塑造正统性的强烈渴望。在这一历史背景之下,他们吸收汉族历史名人姓氏以为己用,也并非不可理解的史家附会。

十六　琅琊王氏风云起，颜氏家族赴国难："琅琊"的传统基因有多强大？

几年前一部红遍大江南北的古装剧《琅琊榜》，让很多观众知道了欧阳修笔下的"琅琊"这个地方。不过，此琅琊（安徽滁州琅琊区）非彼琅琊（山东临沂市），山东的"琅琊"那可是地如其名，不但风景优美，还盛产道德如"琅"（似珠的玉石）般洁白、才华如"琊"（似玉的骨头）般珍贵之人。

东夷之邦琅琊国

一谈到中华文明的源头，我们会不假思索地想到炎黄部落。炎帝和黄帝部落主要活动在今陕西渭河流域和山西、河北的黄河流域。而今天的山东地区，在当时活跃着东夷部落。长江流域则生活着苗蛮部落。东夷部落、苗蛮部落与炎黄部落同为新石器时代的部落文明，免不了要产生交集。

东"夷"指来自东方的部落，不是后来中原王朝对少数民族的贬称。东夷部落的势力从山东地区扩展到河南东部、江苏北部、安徽东北部、河北南部及辽东半岛等广大地区。苗蛮部落生活的范围也很广大，从河南南部到湖南地区都有分布。而早前脱离炎帝部落的蚩尤部落，在北进中原后的涿鹿之战中被炎黄部落打败。随后，炎黄部落继续东进，将东夷部落融合进来，逐渐形成华夏族的初始形态。

东夷人的部落也是按姓氏划分的，主要为风、姜、嬴、姚姓部落。姜子牙的齐国和伯禽的鲁国就被分封在山东地区，进而形成了孔孟之道产生的土壤。

最早以"琅琊"命名的行政地区，并不在今天的临沂地区，而是在今天青岛市黄岛区（原胶南县）境内的琅琊镇，越王勾践以这里的"琅琊山"之名设立琅琊县，之后又因这里拥有争霸中原的地理位置和优良的港口条件，从会稽迁都到这里。

战国后期，越国被楚国攻破，之后越地成为秦朝郡县。琅琊城被秦始皇设置为琅琊郡下属的琅琊县，接受秦朝两代皇帝的多次巡游。西汉初年，闽越国、瓯越国等小国复国，但琅琊郡的建置一直延续到西汉末年，治所从琅琊县迁到了东武（今山东诸城）。

东汉光武帝刘秀鉴于琅琊古城被地震损坏，以莒县（今山东莒县城阳镇）为都城建立新的琅琊国，封自己的儿子刘京为琅琊王。汉章帝时期，刘京在政治旋涡中为保全自己的琅琊国，将国都莒县连同其他几个富庶之县让出，交换了东海郡的开阳县（今临沂市区）、临沂县（今沂南县），并以开阳县为新国都。这是临沂正式成为"琅琊"的开端。

琅琊国在东汉末年被废除，在西晋时期重设，最后到宋武帝时被彻底废除。"琅琊"之名一直沿用到隋唐，随后被沂州、临沂等名称取代。这也反映了临沂地区两千年来政治区划的变动频繁。

回顾历史，琅琊国继承了春秋百家的思想文化精华，历代琅琊王也秉承孝廉国策教化人心，将封国治理得有声有色。后来搅动天下的几个世家大族正是从东汉琅琊国发迹的。

琅琊诸葛氏的始祖诸葛丰，在西汉元帝时担任司隶校尉和光禄大夫。其后裔诸葛珪担任泰山郡丞，诸葛玄担任豫章太守。东汉到三国时期是诸葛氏成为世家大族的发展期。

诸葛珪这一支"虎头蛇尾"，其长子诸葛瑾是东吴重臣，长孙诸葛恪成为权臣后，因政治斗争失败而导致家族被诛灭；次子是大名鼎鼎的蜀汉丞相诸葛亮，但诸葛亮的儿子诸葛瞻等后代却在蜀汉灭国之际全部罹难；幼子诸葛均跟随诸葛亮在蜀汉做官，其后代虽有史料记载姓名，但情况如何不得而知。

诸葛诞这一支则要幸运得多。诸葛诞也是诸葛丰的后人，与诸葛亮是同宗，算是堂兄弟。虽然诸葛诞本人因掀起淮南三叛被司马昭所杀，但其子孙得以保全，诸葛氏得以在晋代发展为可以与琅琊王氏相媲美的大族。

琅琊颜氏可以追溯到孔子的弟子颜回和更早时期的颜友，但颜回并不是琅琊人，是他的二十四世孙颜盛将家族搬迁到琅琊国，才有了琅琊颜氏。颜盛在三国时期担任过青、徐二州的刺史，奠定了颜氏发展的基础。其曾孙颜含随晋元帝衣冠南渡，带着颜氏一门做了南朝二百年的官。梁陈之际，颜之仪和颜之推两兄弟回到北朝，颜之推一支在唐代声名显赫，为国家立下大功。

至于琅琊王氏，是琅琊名人最多、地位最高、最具权势和影响力的士族。它的始祖是西汉时期的王吉，其后代王遵被东汉光武帝刘秀任命为太中大夫。王氏传到东汉末年，出现了两位载入史册的大孝子——王祥和王览。王祥为继母卧冰求鲤，王览为兄争饮毒酒。也正是在这样的家风传承下，王氏在魏晋时期渐居高位，成为显赫一时的世家大族。

除了这些世家大族，临沂也出了许多历史文化名人，如儒学大家曾子，秦国大将蒙恬，"算圣"刘洪，甲午战争时期的民族英雄左宝贵等。他们的存在，使得琅琊真正担得起"人杰地灵"的评价。

王与马，共天下

司马家能篡魏建晋，不是因为司马家的势力大，而是以司马家为代表的士族在当时的能量超越了皇家的权势。因此，司马炎在建立晋朝时，就是处于皇家与士族分享权力的状态。两晋时期，琅琊王氏是势力最大的士族，长期把持着晋朝廷的国家大权，与司马氏的皇家势力形成了一种权力平衡的态势，因而时人有云"王与马（司马），共天下"。

但是王家同曹魏时的司马家一样，只是当时世家大族的代表和缩影，并不能等同于全部士族，因而"王与马，共天下"在今天看来，指的是世家大族和皇室共同治理天下的政治格局。史学界有一个更贴切的词语——门阀政治。

东晋时期，势力强大的门阀除了琅琊王氏，还有陈郡谢氏、高平郗氏、谯国桓氏和颍川庾氏。

鉴于曹魏被西晋篡夺的先例，晋武帝司马炎在全国各地分封了几十个同姓王，以防止其他士族仿效自家故事。琅琊国也因此重新被设立，首任琅琊王为司马懿第九子司马伦。

然而，司马炎的尺度没有把握好，权力膨胀的各位"司马王"在司马炎死后掀起了"八王之乱"，导致中原空虚。汉化的匈奴人刘渊趁机起兵反叛，其建立的汉赵政权最终攻破洛阳和长安，先后俘虏晋怀帝和晋愍帝，灭亡了西晋政权。

琅琊王司马睿同王览的孙子、时任东海王司马越参军的王导交情深厚，王导成为司马睿的首席智囊，多次给他出谋划策。在北方八王之乱时，司马睿听从王导的建议，过长江到建康城（今南京市），相当于另立了一个小朝廷。而王导的堂兄王敦被任命为扬州刺史。助推王导和王敦政治地位的是他们的族兄——西晋尚书令王衍，在晋武帝年间被奉为当时士族的代表。

大批北方士族南渡江东，而司马睿这个旁支宗室的影响力远远不如赵王司马伦和东海王司马越。是王导和王敦兄弟，以自己琅琊士族的号召力，吸引大批南渡士族和江东士族汇聚在司马睿的小朝廷身边，帮助司马睿以晋王身份建立了东晋政权，并助司马睿在次年正式称帝。

当时的东晋政权内忧外患，北有前赵、后赵这两个强大的少数民族政权，西部是掌控川蜀地区的成汉政权，自己应验了当年东吴末帝孙皓的话，成了东吴版的晋朝，内部还有众多士族矛盾和农民起义威胁。

王氏家族此时算是一心一意辅佐东晋朝廷治理内政，北御强敌。

司马睿很感激王导的贡献，将其视为自己的"萧何"，登基时一定要让王导坐在自己的御床上，与自己共同接受百官朝贺。此后，王导先后受封骠骑大将军、司空、录尚书事等中枢要职，掌管东晋朝政。王敦成为大将军和荆州刺史，平定了南方一些叛乱而掌握东晋军权，以防备北方的后赵政权。王氏兄弟掌握政军大权，王氏家族与司马皇族和其他世家联姻，朝野上下一大半官员都是王家的"关系户"，"王与马，共天下"的局面正式形成。

司马睿在担任琅琊王时，对士族的态度很友好，琅琊士族的诸葛氏和颜氏也很拥护他，为东晋的建立和维持出了大力。诸葛恢协助司马睿建立东晋朝廷，深受器重，在担任中书令时政绩卓著，还曾受托孤之重。其兄诸葛颐曾担任琅琊王司马昱的国相。

诸葛恢曾和王导讨论族姓的高低。

王导说："人家都说王葛，不说葛王。"

诸葛恢说："不说马驴，而说驴马，难道驴比马强吗？"

虽然诸葛氏的势力不及王氏，但是诸葛恢能够和王导戏论这样的话，说明此时诸葛氏也是相当有实力的士族。而颜氏家族的颜含是同王导一起跟随司马睿过江的辅臣，先后担任过吴郡太守和侍中等要职，其主张与王导不谋而合。颜氏在建康的颜家巷，诉说着颜家为东晋和南朝服务百年的故事。

然而好景不长，司马睿感到王氏家族在朝廷的势力太大，开始重用自己的亲信刘隗等人，让他们出镇北部的合肥、淮阴等边镇，防范王敦的势力。而王敦也越来越嚣张跋扈，对皇帝不信任自己、疏远王导的行为感到愤怒。双方的矛盾逐渐激化。

王敦一度想直接进兵国都，但当时有北伐名将祖逖在，这才不敢轻举妄动。公元321年，祖逖去世，东晋没有了能制约王敦的大将。公元322年，王敦以"诛杀奸臣刘隗""清君侧"的名义起兵反叛。刘隗向司马睿进言，请求族诛王氏族人，但司马睿没有听从。司马睿本想亲征，却因士族大多站在王敦一边，拿王敦毫无办法。最终王敦攻入建康，杀掉了司马睿的一干亲信。刘隗则北逃至后赵石勒处。司马睿只能看着王敦担任丞相架空自己，最后将自己气死了。

王导出于家族利益的考虑，默认了王敦掌控朝政的行为，但当王敦表露出篡位的野心时，他坚决反对，并努力与王敦划清界限。王导深知如果自己继续和王敦合作，一旦失败，王家将万劫不复，所以自己必须坚决站在皇帝身边。晋明帝司马绍即位后，王导和一些王氏官员开始与王敦作对，与朝中重臣温峤等人一起辅佐皇帝平定王敦之乱。

这里有一个著名的典故。王导在王敦杀进建康之前，为了防止王氏族人被诛，每天带着二十多个子侄到台阁前向司马睿请罪。王导的好友、时任护军将军的周顗正要进宫，王导请求他在司马睿面前替王家求情。周顗上奏司马睿，阐明王导的忠诚，求得了司马睿对王导的谅解，可是在王导面前，他却故意说自己要诛杀叛贼，让王导对他产生了误解和怨恨。待到王敦掌控朝政时，王导默许了王敦杀掉周顗的行为。待到王导看到周顗向司马睿求情的奏章，他才明白自己闹了一个无可挽回的乌龙，哭泣自悔道："我不杀伯仁（周顗字伯仁），伯仁却因我而死。"

王家虽然闹出了王敦之乱，但对东晋朝廷还是功大于过。王导尽力劝诫皇帝削减魏晋时期兴起的奢靡浮华之风，坚持做大晋忠臣和各大士族之间的润滑剂。

反观随后掌权的，以庾亮为代表的外戚庾氏家族就明显不足了，北伐中原接连失地。直到桓温崛起，桓家成了新的掌控东晋大权的士族。

东晋后期，以谢安和谢玄为代表的谢氏家族，因打赢淝水之战和北伐战功，成为东晋和南朝时与王家并列显赫的士族。刘禹锡的"旧时王谢堂前燕，飞入寻常百姓家"，就是对王、谢两大家族地位的一种文学渲染。

书法卓绝气节甚

琅琊士族除了出政治家，还出了三位著名的书法家，即王羲之、王献之和颜真卿。

王羲之是王旷的儿子，王导和王廙的侄辈。王廙的书画水平时称"江左第一"，晋明帝司马绍都是他的学生。而王羲之的书法就是由这两位长辈启蒙的。但王羲之不满足于仅向家里长辈学习，还取百家之精华，参照学习锺繇、张芝、卫铄等书法大家的作品，进而谋求超越。他天资优秀又勤勉刻苦，临池练书法，就着池水洗砚，时间长了，将池水也染黑了，终得"书圣"之名。

王羲之的"封神之战"是兰亭集会。公元353年，会稽郡山阴之兰亭（今浙江绍兴西南部）举办了一场修禊集会。后来名动天下的谢安、谢万等名士都参与了此次集会（"群贤毕至，少长咸集"），而王羲之带着王献之等几个儿子参会。在会上，四十多位名士作了三十七首诗文，均合并到了本次诗文总结的《兰亭集》当中。而王羲之一出手就把全场给镇住了，他"微醉之中，振笔直遂"，挥毫泼墨，写下了一篇《兰亭集序》。这篇序不仅体现了当时行书的巅峰水平，还表露了积极入世的情怀和深刻的人生哲理。

这部"天下第一行书"的榜样力量是非常强大的。同为琅琊士族出身的颜真卿作为唐代书法家的杰出代表，以《兰亭集序》为模范写出了"天下第二行书"——《祭侄文稿》。

宋代文学家苏轼曾长期学习《兰亭集序》的写法，创作出了"天下第三行书"——《黄州寒食诗帖》。

天下第二和第三都是学习第一而成的。唐宋时期的其他著名文学家和书法家，如柳公权、黄庭坚、米芾等人都很仰慕王羲之，其中米芾更是对王羲之钦佩不已，收藏了十几本《兰亭集序》的摹本。

俗话说青出于蓝而胜于蓝，在王羲之的标杆作用下，他的几个儿子也纷纷开启书法生涯，如王凝之擅长草隶书，王操之擅长正行书，王涣之擅长行草书，都各有所长。但真正能够达到与其父齐名境界的，只有一个"小圣"——王献之。

王献之小时候练字聚精会神。有一次，王羲之想要考察儿子写字的专注度，于是悄悄走到他背后，想一把抽掉他手中写字的笔。没想到王献之握笔非常紧，笔没被抽掉。王羲之非常欣慰地说："此儿后当复有大名。"王献之十几岁时，觉得自己的书法大有长进，再练几年就可以出师了，于是向父母"表功"，结果遭遇父亲泼冷水：等你写字的笔把门前那十八口大缸里的水都染黑了再说吧！

经过更加勤奋地练习和钻研，王献之从专师其父到兼采张芝等书法家之长，最终形成了自己的风格，特别是草书和楷书，水平已经不亚于其父。他的楷书代表作《洛神赋十三行》仿写曹植的《洛神赋》，同《兰亭集序》一样为柳公权等书法家所推崇和模仿，但是原本失传，只留下贾似道等后人刻在石刻上的摹本。除了书法外，他的画作也很有名，如他曾在东晋权臣桓温的扇子上题写时，将误沾的墨迹顺手改画为"黑马母牛"之作，为时人引为美谈。

王家父子的书法成就，不仅是他们个人的天分和努力所致，更是琅琊传统文化传承和发扬的结果。王羲之凭借门荫担任过会稽太守、江州刺史和右军将军（因此有"王右军"之名），为王敦和王导赏识。王献之被谢安看重，担任过吴兴太守和中书令。父子二人都担任过相当地位的官职，也曾有过恢复山河的志向，但是东晋纷乱的政局让他们心灰意冷，他们最终选择回归到诗文和书画技艺之中。

琅琊颜氏一族传承到唐代，已达到鼎盛时期。颜之推总结颜氏千百年来的家风文化后，撰写了《颜氏家训》，给后辈立下了忠君报国、诚实守信、言行遵礼、学以致用等训诫。在这份古代最具有代表性的家训的影响下，颜氏族人恪守训诫，遵循正道，以至人才辈出，其中颜杲卿、颜真卿等人在唐玄宗朝成为掌握一方实权的行政长官。

颜氏家族也是书画技艺高超且代代传承的家族。颜家多有类似"二王"这种父子相连的书法家，如颜腾之与其子颜炳之在南朝以擅长书法闻名，而颜家书法的集大成者就是颜真卿。颜真卿的笔法遒劲有力，笔触间凛然有盛唐气象，尤以楷书见称，"天下第二行书"自不必说，《颜勤礼碑》等碑文在书法界评价也很高。而且他与"二王"不同，留下了许多真迹存于今。

"渔阳鼙鼓动地来，惊破霓裳羽衣曲。"天宝十四载（公元755年），在盛唐的莺歌燕舞中，东北方向的安禄山和史思明叛军如平地惊雷，"安史之乱"爆发。当时颜真卿和堂兄颜杲卿分别在安禄山所管辖的平原郡和常山郡担任太守，原本和安禄山的关系还不错，但在得知安禄山反叛后，他们第一时间策划并实施平叛方略。颜杲卿设计斩杀土门县（今陕西富平）的叛将，并传檄河北各郡县共同平叛。颜真卿在平原郡也斩杀了叛将以响应行动。二人都组织自己治下的唐军和义军试图拦截叛军。

安史叛军的兵锋炽盛，连下河北数州县。到了常山郡，颜杲卿率全城军民奋力抵抗，却因求援不成，最终城池陷落。安禄山责怪他为何不跟随自己造反，颜杲卿义正词严地怒斥对方，称自家世代为唐朝忠臣，永远信守忠义。安禄山一气之下让人割下颜杲卿的舌头并处以凌迟，颜杲卿骂不绝口而死。他的儿子颜季明、颜诞、侄子颜诩以及袁履谦都被残忍杀害。颜杲卿因一家的忠义之举被唐肃宗追赠为太子太保，以"忠节"二字作为谥号，表彰他的功绩。

颜真卿在悲愤中写下了《祭侄文稿》，纪念颜杲卿父子镇守常山、不屈赴死的英雄事迹。颜真卿在悲痛之余，继续和河北叛军周旋，并在唐肃宗于灵武即位后，放弃了剩余郡县，转移到唐肃宗的新朝廷，辅助唐肃宗继续平叛。

待到唐军收复长安和洛阳两京后，颜真卿因刚直的性格被朝中权臣厌恶和打击，转任南方各州刺史和荆南节度使等职务，被调离了抗击安史叛军的第一线。

安史之乱虽被平定，但它造成的藩镇割据的局面已经形成，各地节度使时不时掀起反叛。颜真卿在唐德宗年间已经担任尚书级别的"京官"，但是因得罪权相而屡遭排挤。建中四年（公元783年），淮西节度使李希烈反叛并攻陷汝州，宰相卢杞趁机向皇帝进言，让颜真卿前往劝降李希烈。

颜真卿明知此行凶多吉少，仍旧选择前行。

李希烈先是让手下摆出一副要杀人的样子，威胁颜真卿跟随自己反叛。可是颜真卿什么大场面没见过，丝毫不惧。李希烈忌惮颜真卿四朝元老的声望，只能先安顿好他，然后日夜派人以高官厚禄劝降他。可是颜真卿以堂兄颜杲卿为榜样，拒不屈从。李希烈遂将颜真卿关进牢房。颜真卿深知自己基本没有脱险的希望了，便留下遗言和遗物。之后，李希烈僭越称帝，招致朝廷大举讨伐。眼看要兵败，李希烈终于没了耐心，让人缢杀了颜真卿。颜真卿终究还是跟随堂兄，为国家大义壮烈赴死。

颜真卿、颜杲卿用实际行动遵循着《颜氏家训》。他们不仅为颜氏一族树立了典范，更为后世的中华儿女所铭记。

沂蒙精神照古今

"琅琊"不仅在古代是风水宝地，在近现代也依旧闪耀着独特的光芒。抗日战争时期，以临沂地区为主体的沂蒙山区是当时中国共产党的四大根据地之一，是中共山东第一区（大鲁南区）党委所辖区域的主体部分，是山东红色革命的核心地区。八路军在此让日军付出了惨重代价。"中国抗日第一村"渊子崖村村民和沂蒙红嫂抗击日寇侵略的事迹至今仍在沂蒙地区传唱。

解放战争时期，沂蒙山区四百二十万人中有一百二十万人参战支前，其中二十万人参军入伍，十万军民血洒疆场，可谓是英烈之乡。沂蒙六姐妹在山东莱芜战役和后来的淮海战役中，充分调动全村人民制作和提供支前物资。陈毅元帅在回忆沂蒙山区转战的岁月时感叹："我就是躺在棺材里也忘不了沂蒙山人。他们用小米供养了革命，用小车把革命推过了长江！"

社会主义建设时期，临沂厉家寨乡党支部书记厉月坤，为了改变当地水旱频发的恶劣条件，带领全乡干部群众发起了治山治水的攻坚战，凿岭平沟、填河改道，硬是将一千一百八十块小地整成了"三合一"标准梯田，得到毛泽东"愚公移山，改造中国"的高度评价。另一个建设模范是临沂九间棚村，村民们在村支书刘嘉坤的带领下，架电修路、整地栽树、修葺水利，大大改善了全村的生产和生活条件。进入21世纪后，九间棚村又掀起了工业办厂的创业潮，将金银花产业打造成特色品牌，带动全村工农业产值不断翻番，提前奔入了小康。

正是因为有如此优秀的人民，临沂才能在经济上不断保持迅猛发展的势头。2019年，临沂市的GDP达到四千六百亿元，在拥有济南、青岛、烟台等城市的山东省还能排在全省第五。值得一提的是，原本属于临沂管辖的日照地区独立建市后，临沂不再是一个沿海城市，所以你再和临沂人提起古代琅琊，他们可能就会露出尴尬而不失礼貌的微笑了。

不过，无论是古代，还是现代；无论是古之琅琊，还是今之临沂，这片土地为中华民族留下的优秀传统文化和精神品质，穿越时空传承至今。

愿灿烂的沂蒙精神之光，能够继续照耀"琅琊"的未来。

十七 赵国李牧的后裔们，打了多少恶仗，写了多少好书？

赵郡李氏，中国魏晋至隋唐时期的著名大族，出自赵将武安君李牧，是广武君李左车的后代。因族人多在赵郡一带活动，所以就被冠以赵郡李氏，跟诸如陇西李氏等其他家族区分开来。赵郡李氏在魏晋南北朝时期，与陇西李氏、博陵崔氏、清河崔氏、范阳卢氏、荥阳郑氏和太原王氏一起，被称为"五姓七望"，或"五姓七家"。

赵郡李氏因文臣武将名人辈出，在当时拥有极高的声望。唐末五代后，随着士族阶层的衰落，赵郡李氏也慢慢淡出了政坛。赵郡李氏在从崛起到衰落的漫长历史中，打了多少恶仗，又留下多少好书呢？

战国时代的军功家族

赵郡是古代地名，地处今石家庄市南部和邢台市北部一带，商朝时期为方国，战国时期属中山国，后来又为赵国属地，秦时又隶属恒山郡。西汉时期，刘邦封儿子刘如意为赵王，封地就在赵县一带。东汉建安十七年（公元212年），改赵国置赵郡（治邯郸）。此后虽然历经数代，但是赵郡基本未有太大改变。一直到隋大业三年（公元607年），赵郡正式辖平棘、高邑、赞皇、元氏、廮陶、栾城、大陆、柏乡、房子、藁城、鼓城十一个县。唐贞观元年（公元 627 年），又改名为赵州，治所为平棘，属河北道，管辖平棘、栾城、元氏、廮陶、赞皇、柏乡、临城、昭庆八个县。从此，赵郡八县就成为历史上著名的地理符号。

后人在提起赵郡李氏时，往往称他们崛起于赵郡八县。至于赵郡李氏的先祖来自哪里，据《新唐书·宗室世系表》记载，李氏先祖李昙为李耳之后。李昙有四子，分别是李崇、李辨、李昭和李玑。长子李崇迁居陇西，成为陇西李氏始祖，幼子李玑迁居赵郡，成为赵郡李氏始祖。从此天下李姓分为赵郡李氏和陇西李氏两大支。赵郡李氏发迹于战国时期，战国四大名将之一的李牧即为赵郡李氏的先祖之一。李牧后人李左车的十七世孙李楷，为避战乱，带领全家徙居于赵郡平棘后，生有五子：李辑、李晃、李芬、李劲和李叡。后来他们被称为赵郡李氏的"三祖"，即李叡被奉为赵郡李氏东祖，李芬与李劲被奉为赵郡李氏西祖，李辑与李晃被奉为赵郡李氏南祖。后来在西晋末年时期，赵郡李氏确立六大房支。《新唐书·宰相世系表》记载："赵郡李氏定著六房：其一曰南祖，二曰东祖，三曰西祖，四曰辽东，五曰江夏，六曰汉中。"

从赵郡李氏的祖籍地赵郡一带的情况可知，这里隶属交通要冲，是四战之地。赵郡李氏祖先在此地无不浴血奋战，方能在乱世之中获得一席之地。以被赵郡李氏奉为先祖之一的李牧来说，他当年就是凭借战功威震天下。作为与白起、王翦、廉颇并称的"战国四大名将"，李牧最后官至赵国相国，受封武安君。此人征战一生，无论是北破匈奴之战，还是大破秦军的肥之战，都展现了他天才般的军事能力。李牧被冤杀后，世人皆曰："李牧死，赵国亡。"可见李牧的历史地位。

李牧之后，李氏还有一个著名的军事家叫李左车，他是李牧的孙子。楚汉相争时期，李左车辅佐赵王歇，为赵国立下赫赫战功，被封为广武君。赵亡以后，韩信曾向李左车求计。李左车提出的良策使燕国不战而降。李左车给后世留下了"智者千虑，必有一失；愚者千虑，必有一得"的名言，还著有兵书《广武君略》。值得一提的是，李左车还被京剧《淮河营》编入，留下了著名的"左手拉住了李左车，右手再把栾布拉。三人同把那鬼门关上爬，生死二字且由它"的经典唱段。

经学加持，文武双全

不过从汉到晋，赵郡李氏一直处在低谷期。随着庄园经济的发展，世家大族在此时形成。赵郡李氏也是如此，他们此时的起家人物是东汉时的李修。李修师从大儒樊鯈，汉安帝时官至太尉。大概从此时起，赵郡李氏由武入文，开始经学化和世官化，并历由三代而建成门第，逐渐成为世家大族。但此时赵郡李氏的实力还不强，跟其他大族比起来，赵郡李氏在政治上和经济上的影响力还差得很远。不过，赵郡李氏还是在东汉时期出了一个著名的人物——李膺。

李膺，字元礼，是李修之孙。他最初被举荐为孝廉，又被司徒胡广征召，举为高第，之后升任为青州刺史；后来被征召，调任为渔阳郡太守，不久又转任蜀郡太守，因母亲年老而请求辞职，被调任护乌桓校尉。这样一个文官出身的人，打仗却是一把好手。史书记载："鲜卑数犯塞，膺常蒙矢石，每破走之，虏甚惮慑。"也就是说在鲜卑的数次入侵中，李膺冒着敌人箭矢飞石的危险指挥作战，屡次击败敌军，让他们极为忌惮。后永寿二年（公元156年），鲜卑大举入侵云中地区，汉桓帝起用李膺为度辽将军。史书记载："先是……百姓屡被其害。自膺到边，皆望风惧服，先所掠男女，悉送还塞下。"可见李膺把鲜卑人打得灰头土脸，他们光是听到李膺的名字就已经吓得魂飞魄散了。不过李膺的才能并没有挽救他的命运，他最终在党锢之祸中被拷打致死。李氏一族也遭到了牵连，门生、故吏都被勒令不准做官，受到惨烈的打击。而且后来到三国时期，李膺之子李瓒虽然对曹操评价甚高，但是迟迟没有投靠他，直到临死前才让自己的儿子前去投靠曹操。这样一来，李氏的地位自然没有其他早早"从龙"的大族们高了。

　　李氏真正崛起，是在魏晋南北朝时期。这一时期天下大乱，各方豪杰群雄并起，整个中国的政治势力来了一个"大洗牌"。这也给赵郡李氏提供了一个向上爬的机会。据记载，在南北朝时期，赵郡李氏虽然不是一等高门大族，但也算是一方豪强。在北魏和北齐时期，赵郡李氏通过和皇室以及崔、卢、王等大姓联姻等方式，大大提高了自己的社会地位。《资治通鉴》在记载北魏太和年间定族姓时写道："时赵郡诸李，人物尤多，各盛家风，故世之言高华者，以五姓为首。"仅与北齐通婚的赵郡李氏就有十例。此时赵郡李氏出了很多著名的武将，和高欢一起高举义旗的李元忠就是一例。当时洛阳陷落，北魏孝庄帝又死了，李元忠就暗中组织人马，举起义旗起事。他与高欢会师后一路破敌，最终成事。有趣的是，高欢称帝后每逢喝酒，就开玩笑说都是李元忠逼迫他起兵的。李元忠死后，被追赠使持节、司徒、大将军、都督定冀殷幽四州诸军事、定州刺史，谥号敬惠。而随北魏太武帝征战的李顺，也是赵郡李氏中的一员。此人足智多谋，屡立奇功。北魏军进至统万城时，赫连昌出军迎战，李顺督领部众，打败其左路军。后李顺又随从太武帝到平凉攻击赫连定。平定三秦之后，李顺升任散骑常侍，晋升爵位为侯，加授征房将军，迁任四部尚书。

　　到了南北朝后期，赵郡李氏依然武将辈出。以李子雄为例，此人本名为李雄，少时性格豪爽，胸怀大志，曾随北周武帝宇文邕平定北齐，因战功被授任帅都督。

　　隋文帝登基以后，拜李子雄为骠骑将军。开皇九年（公元589年），李子雄随军平定陈国，因功升任大将军。后来隋炀帝的五弟汉王杨谅起兵造反，隋炀帝授任李子雄为大将军、廉州刺史，让他前去平叛。经过李子雄的奋战，叛乱被平定，李子雄升任幽州总管，不久被征召回朝担任民部尚书。不过他的结局不怎么样。隋大业九年（公元613年），李子雄率军东征高丽，结果被卷入杨玄感造反一事，后兵败被杀，家产也被没收。

跟倒霉的李子雄比起来，另一位出身赵郡李氏的将军就幸运多了，他就是初唐名将李孟尝。李孟尝的一生也颇具传奇色彩，起初他因家境衰落，曾一度落草为寇。大业末年，他与王君廓一起归附唐军，后来被秦王李世民招入府中为将。之后，李孟尝跟随李世民征讨薛举、薛仁杲；武德三年（公元620年），从军征讨刘武周，前后以功勋加上柱国，凭累功获赏赐财物一千五百段。玄武门之变时，李孟尝作为"九将"之一，协助李世民夺权成功，后被授为右监门副率，赐物五千段，黄金五百两。同年七月，除右监门中郎将，封武水县开国公。日后李孟尝作为唐将，多次击败入侵的突厥等部，拜右威卫大将军。乾封元年（公元666年）五月，李孟尝因暴病而死于长安静安坊的府第，时年七十四岁。他死后，唐高宗下诏追赠使持节、都督荆硖岳朗四州诸军事、荆州刺史，谥号为襄，陪葬于昭陵。

著书立说，家族长青

赵郡李氏之所以能在乱世中立足，凭借的不仅仅是那些能打、能拼命的武将，其在文化方面也建树颇多。比如在著书立作这一点上，赵郡李氏可谓不遗余力。

赵郡李氏子弟的博学多才天下闻名，进入仕途的人非常多。据统计，赵郡李氏总共出过四十三位宰相、两位皇后、十一位王妃和二百多名进士，留下的成语典故有八百多条。魏晋南北朝时期，赵郡李氏还是以门第高贵闻名，而不是文学素养。唐代以后，一直注重读书教育的赵郡李氏更为人所重视。唐代赵郡李氏有文集传世的著名文学家众多。与此前相比，这一时期，赵郡李氏家族的著述呈现出两大特点：一是数量多，现今见于各类文献记载者有数十种，不仅远远超过其此前各代的著述总和，而且在唐代各文化家族中也居于前列；二是种类多，涵盖经学、史学、礼学、文学、地理、艺术等领域，可以说在当时文化发展的各个部类、各个领域，赵郡李氏均有作品面世，体现出全面发展、遍地开花的繁荣局面。比如在文学上，赵郡李氏成员中，李安期有文集二十卷；李怀远有文集八卷；李绅著有《追昔游诗》三卷、《杂诗》一卷，另有《莺莺歌》，保存在《西厢记诸宫调》中等；李乂、李尚一、李尚贞兄弟著有《李氏花萼集》；李敬玄撰有《礼论》六十卷，正论三卷，文集三十卷；李峤著有诗集五卷；李华辑有《李遐叔文集》；李泌著有文集二十卷等。值得一提的是，李峤晚年成为文坛领袖，连唐玄宗也称其为"李峤真才子也"。

盛唐时期，赵郡李氏东祖出现了古文家李华。李华文名甚高，与萧颖士齐名，时称"萧李"。作为古文运动的先驱，李华的文章却以骈文居多。其古文名篇有《扬州功曹萧颖士文集序》《卜论》《李夫人传》等。在独孤及为李华文集《赵郡李公中集》所作序言中，分析了文坛浮华风气兴起的原因以及李华在文章中兴中的作用，认为文章中兴是从李华开始的。而出自赵郡李氏东祖的李翰（李华之子）是天宝年间的进士，曾撰《张巡传》。《张巡传》虽已失传，但韩愈的《张中丞传后叙》正是摹仿李翰的《张巡传》体例所作。边塞诗人李颀亦出身赵郡李氏。《新唐书·艺文志》著录李颀诗集一卷。今存《李颀集》，有《唐人小集》本一卷，《唐诗二十六家》本三卷。《全唐诗》录存其诗三卷。在李颀生活的开元、天宝年间，边塞诗的创作呈现出繁荣的局面。李颀作为边塞诗人被后世称道，其作品包括《塞下曲》《古塞下曲》《古从军行》《古意》。这些诗歌描写了边塞战争、边地环境、军人的勇武、军旅生活的艰苦、久戍不归的痛苦以及军中腐败等内容，丰富了边塞诗创作的内容。

中唐时期，出身赵郡李氏南祖的李绅成为新乐府运动的先锋。他的《乐府新题》二十首，以歌行体写成，题材广泛，讽喻性强，对新乐府运动产生了很大的影响。李绅不仅在新乐府创作方面影响了元稹、白居易，在长篇叙事诗方面也对元、白有倡导之功。其《莺莺歌》将塑造莺莺的形象和情节发展结合得非常紧密。《莺莺歌》写成的第二年，元稹才开始写《莺莺传》；第三年，白居易才写《长恨歌》。

史学著作方面，李百药著有《北齐书》，此为纪传体断代史，共五十卷，其中本纪八卷，列传四十二卷，记载上起北魏分裂前十年左右，接续北魏分裂、东魏立国、北齐取代东魏，下迄北齐亡国，前后五十余年史实，以记北齐历史为主。李绛著有《李相国论事集》。李德裕著有《会昌一品集》。

在地理、方舆方面，赵郡李氏也有诸多建树。比如李吉甫著有《元和国计簿》十卷（已佚），汇总全国方镇、府、州、县之数与户口、赋税、兵员之状况；《百司举要》一卷（已佚），阐述职官源流与职掌；《元和郡县图志》写于唐宪宗元和年间（公元806—公元820年），是唐代的地理总志，对古代政区的地理沿革有比较系统的叙述。在魏晋以来的总地志中，《元和郡县图志》不仅是保留得最古老的一部，也是编写得最好的一部。《四库全书总目》说："舆记图经，隋、唐志所著录者，率散佚无存，其传于今者，惟此书为最古，其体例亦为最善。后来虽递相损益，无能出其范围。"

可以看出来，赵郡李氏在中国文学史上的地位非常高，对后世也有巨大的影响。

自唐以后，赵郡李氏逐步衰落。其原因有很多，主要是此时维系世家大族的庄园经济开始衰落，同时科举制的兴起也给了士族体制致命一击，再加上新兴的庶族军功集团对士族的冲击也十分巨大。

唐末天下大乱，对士族们造成了毁灭性的打击，包括赵郡李氏在内的整个士族阶层因此衰落下去。同时，赵郡李氏内部也有问题。赵郡李氏在不停地分家迁徙中，势力被严重削弱。由于家族观念的淡薄，赵郡李氏慢慢变成了除姓氏外，不再有其他紧密联系的一个个李姓家族。

然而衰落归衰落，赵郡李氏日后依然在中国历史上不断闪现着自己的身影。

十八　武则天晚年被迫退位，为何还能保全自己和家族的名声？

唐高宗李治作为李世民的合格继承者，给后世留下了"仁弱"之名。究其原因，除了他的父亲和第二任皇后武则天的名声实在太响亮，很大程度还是因为他的演技太好了，得罪人的脏活都交给别人办（前期是舅舅长孙无忌，后期是皇后武则天）。每次杀人时，李治都会做出一副自己希望赦免对方的样子，而让别人负责"坚持法度"的戏份。通过这种方式，李治先除掉了包括庶兄李恪在内的能威胁皇位的皇族，后反手除掉了以长孙无忌为代表的权臣，巩固了自己的权位。[1]

但是，巩固了权位的李治夫妇同样面临着继承人问题，毕竟李治和李世民都不是以嫡长子的身份正常继位的。

唐高宗继承人问题

由于唐朝首任皇帝李渊在他的儿子李世民发动"玄武门之变"后禅位，皇太子李建成等人也都死于非命，故而唐朝的皇位传承从一开始就

---

[1] 详情可以参见《历史的棋局》第一册。

充满了血腥与阴谋。难怪许多人戏称，在"父慈子孝"的唐朝，皇位继承的法则既不是立长也不是立嫡，而是"玄武门继承法"。在平定安史之乱的唐代宗以唐肃宗嫡长子兼太子的身份成功继位之前，唐朝皇帝没有一个是由嫡长子顺利继位的。

唐前期首任太子的风险系数堪称"高危"。唐高祖李渊时期，首任太子李建成被弟弟李世民所杀。唐太宗李世民时期，首任太子李承乾弑父近乎得手，后事迹败露被废，以庶人身份病死。唐中宗李显的嫡长子李重润被亲奶奶武则天赐死。唐中宗第二次登基时，先后立了两个太子，第三子李重俊叛乱失败被杀，第四子李重茂作为韦后的傀儡，在韦后倒台后被废杀。唐睿宗李旦第一次登基时立的太子李成器，在父亲第二次登基时将太子之位让给弟弟李隆基，以太平亲王的身份得到善终。唐玄宗李隆基时，首任太子李瑛则在披甲带兵入宫后被废并赐死。

而在唐朝的这些皇帝中，唐高宗李治的继承人问题是最复杂的。他有五个儿子在自己和武则天统治时期担任过皇太子，除了他和武则天的长子李弘属于在太子之位上暴卒，李忠、李贤都在担任太子后被废杀，李显、李旦则在先后继承皇位后被生母武则天取代，而他们又相继担任武则天称帝后的太子。

唐高宗时代的继承人问题出现了前所未有的大混乱，其背后的原因到底是什么？

从三国时代开始，如何让皇位继承人顺利继位便是一大问题。由于士族高门的普遍存在，如果皇族势力太弱，皇权很容易旁落到其他家族之手，最典型的便是曹魏。由于曹丕定下限制宗室的政策，在司马家族篡位的过程中，曹魏宗室基本难有作为。吸取了曹魏的教训后，从西晋一直到唐初，大部分皇帝会把自己的子孙和近亲封为实权亲王以拱卫皇权。但这又导致了另一种情况：实权在握且有军队的强势亲王会觊觎王位，甚至发展成"八王之乱"这样的诸侯王混战。

对皇帝来说，太子实力太弱会导致其难以继位，而太子实力太强又容易想提前继位、威胁自己。因此，皇帝必须做好两者的平衡，最常用的方法是扶植一个足以和太子抗衡的强势亲王，使之与太子互相制衡。明白了这一点，我们再来看李治前三位太子未能继位的情况，便容易理解许多了。

李忠是李治的庶长子，在被无子嗣的王皇后收养之后成为太子。既然是因养母的身份而晋升为太子，随着王皇后被废，李忠自然也难逃被废的命运。李忠被废时，武则天还为保留他部分待遇而求过情，然而，后来他又被牵连进上官仪等人谋废武则天的政治斗争中，最终被赐死。他的人生从头到尾都是悲剧。

李弘是唐高宗和武则天的第一个儿子，关于他暴卒的原因有两种说法。成书较早的《唐实录》和《旧唐书》以及唐高宗在儿子死后的祷文明确说了李弘是病卒，死因是肺痨，这在古代是不治之症。而《新唐书》和《唐会要》等成书稍晚的史书，就开始指控武则天鸩杀了李弘。到司马光编撰《资治通鉴》时，司马光干脆把以上两种说法都列入书中，让读者自己判断。

"鸩杀说"通常认为，武则天毒杀亲儿的理由是，李弘上书求父亲礼葬无人收尸的庶长兄李忠，以及让被废的萧淑妃所生的女儿出嫁。这实在是过于牵强了。首先，上一代干完脏活、下一代局部平反以收揽人心，是古代帝王常用的手段。毕竟大局已定，时过境迁后，这样的宽大反而能收拢人心。其次，当时的唐高宗虽然身体不好，但仍然实权在握，他和武则天又有许多儿子，武则天并没有太多自立之念。再者，李弘在死前四五年，身体状况就很差了，几次监国都因身体的缘故让部下代劳。看得出来，李弘的身体状况比他父亲李治更差，如果让他继位，武则天想擅权也容易操作。李弘死后无嗣，皇位继承权到了性格刚烈、能力超群的李贤手中，反而导致母子矛盾爆发。所谓李弘遇鸩，恐怕更多的是中晚唐时期时人对历史的再创作。

　　李弘身体不行又没子嗣，唐高宗不得不做两手准备，开始加强他和武则天的第二子李贤的权力。李贤能力很强，性格又刚烈，注定他会和武则天、裴炎等人产生权力冲突。后人过于注重武则天和李贤之间的母子矛盾，其实李贤被废的直接原因是他实实在在地私藏了数百副甲胄。我们当然可以说李贤私藏甲胄是防备别人的迫害，但按法典《唐律疏议》来看，这是确凿的谋反罪，是必须绞死的大罪。办理此案的裴炎本身是李贤的主要政敌之一。李治和武则天没有像杀吴王李恪、长孙无忌那样安排大臣们出来唱"坚持法度"，已经算宽大处理了。但在李治死后不久，武则天最终还是显示出自己作为"权力动物"的冷酷，纵容酷吏逼死了自己的亲生儿子。

　　就这样，除了不是武则天亲生的李忠外，李弘因身体太弱而未能继位，李贤又因能力强、性格烈而最终被废，李治和武则天的第三个儿子李显成为唐高宗朝第四任太子，并最终继位。

从李显到李旦，武则天最终决定自己上

　　由于李弘早夭，李贤被废，轮到李显成为储君时，体弱多病的唐高宗已经时日无多了。此时的唐高宗没有时间和精力像当初培养李弘、李贤那样培养李显，只能做出临时安排：让重臣裴炎作为首席辅政大臣来帮助李显执政，同时把决策权交给皇后兼政治盟友武则天，希望这两位经验丰富的执政者可以在李显统治初期完成政权的平稳过渡。

　　然而，唐中宗李显第一次登位时，表现得一塌糊涂。嗣圣元年（公元684年）正月，距离李显登上皇帝宝座不到两个月的时间，他就决定提拔自己的岳父韦玄贞为侍中。韦玄贞之前的职位不过正九品下的普州参军，而侍中是正三品的宰相级高官，可谓一步登天。唐中宗还准备

把自己乳母的儿子同样越级提拔。新君上位，过于激进地安插自己的亲信，完全破坏了朝堂原有的权力格局和平衡，必然遭到台上主要实力派的一致反对。

当时朝中最主要的实力派，一位是在唐高宗后期以"二圣"身份参与决策的武则天，另一位是时任中书令的裴炎。中书令作为宰相级高官，地位还在侍中之上。唐高宗朝后期以来，出自河东裴氏的裴炎一直是武则天重要的政治盟友。除此之外，武则天从李治执政后期就常代为履行皇帝职责，也有着丰富的执政经验。可以说，以太后武则天为代表的皇家成员和以裴炎为代表的朝臣集团，在反对李显大举安插亲党的问题上，态度和利益都是一致的。裴炎拒绝了李显对岳父的任命，也算是对新皇帝的一个敲打。然而，唐中宗却丝毫沉不住气，竟然恼羞成怒地对裴炎咆哮："整个天下都是我的，我要把天下送给韦玄贞都是自己的事情，何况区区一个侍中之位？"这很明显是气话，但却说明李显是个缺乏政治智慧的君主，喜欢一味蛮干。于是，武则天和裴炎等人决定代表宗室和朝臣废掉这位立足未稳就全力抓权的君主，维护既有的政治格局。

由于武则天后来成为中国历史上唯一的正统女皇帝，后人解读历史时，总倾向于把这期间发生的事情都看作武则天的阴谋。但就废李显而言，最早和李显起正面冲突的是裴炎，在具体的废帝过程中串联朝臣、拉拢掌握了羽林飞骑这支关键武装力量的统帅程务挺，并最终和程务挺一起逼宫赶走李显的，还是裴炎。在废李显这件事情上，武则天最大的作用是提供合法性，而实际经办环节基本都在裴炎手中。

唐中宗李显被废为庐陵王，他的弟弟李旦被拥立为帝，即唐睿宗。在废帝过程中，武则天和裴炎可谓合作愉快。然而，唐高宗的遗诏曾说："军国大事有不决者，兼取天后进止。"也就是说，军国大事由皇帝和朝臣们商量决定，而天后（武则天）并不负责日常决策，但拥有仲裁权。在把一味蛮干的唐中宗赶下台后，武则天临朝称制，唐高宗临终前的布局也被打乱了。新即位的皇帝李旦一天太子都没当过，实力甚至比哥哥李显还弱。权倾朝野的裴炎与已经走上前台、同样充满权力欲望的太后武则天之间的冲突已经不可避免。

在怎么对付裴炎这一问题上，武则天可谓经验丰富。唐高宗李治正是利用以李义府为代表的大批中层官员，从长孙无忌、褚遂良等权臣手中夺取了主动权，并拉拢了军界巨头徐世勣（李勣），最终通过皇后废立一事斗倒了长孙无忌。现在，武则天几乎全盘照搬当年的操作。她先试图拉拢军界的超级巨头、曾在百济大败日本的名将刘仁轨。当时刘仁轨已经八十多岁，作了不痛不痒的表态，事实上处于中立。随后，武则天选择依靠中下层官员来斗倒他们的同僚和上司，而她的做法比李治更为毒辣：鼓励告密。

之后，徐世勣之孙徐敬业的叛乱给了武则天清除异己的机会。裴炎的外甥薛仲璋身为监察御史，是中央派到徐敬业所在的扬州的特派员，也加入了密谋叛乱集团。《新唐书·裴炎传》更是明确记载，在李旦即位后的光宅元年（公元684年）八月，"炎谋乘太后出游龙门，以兵执之，还政天子。会久雨，太后不出而止"。也就是说，裴炎已经明确准备对武则天动手，仅因为天气原因没能得手。到九月，徐敬业在扬州叛乱，裴炎的外甥薛仲璋参与其中。武则天向裴炎问计时，他的建议是让武则天归政李旦。武则天大约已经从告密者口中得到了八月的未遂密谋，所以此时直接把裴炎下狱。

裴炎入狱后，很多朝臣跳出来为他辩护，其中最让武则天恐惧的大约是参与了废李显的名将程务挺。程务挺此时为左武卫大将军，正调集兵力应对突厥方向的异动，可谓手握重兵。程务挺得知裴炎入狱，立刻为他上书请罪。武则天干脆咬牙把程务挺也关了起来。最终，裴炎和程务挺都被处死。

依靠鼓励告密的方式，武则天获得了情报上的压倒性优势，最终在平定徐敬业叛乱的过程中战胜裴炎一党，成功反杀。武则天和她的几个哥哥关系并不好，武则天把他们都放了外任，甚至流放到偏远地方。但在和裴炎斗争的过程中，以武承嗣、武三思为代表的武氏族人成为武则天最信赖的力量之一，迅速崛起。同样崛起的还有酷吏集团，因为告密制度下的情报优势是武则天得以战胜裴炎的关键之一。到这个时候，武则天才真正意义上实现了大权独揽。

接下来，唐高宗李治的庶兄越王李贞起兵，同样被武则天平定。包括李世民异母弟李元嘉、李元轨在内的大量李唐宗室因卷入这次起兵而被杀。如果这次起兵成功，得胜的越王是迎回李旦即位，还是自己上位，也是不言而喻的。到这时，武则天终于排除了所有有实力的反对者。不胜压力的李旦多次让位，最终武则天前无古人地选择自己上位，成为女皇。

也就是说，武则天虽然权力欲望很强，但是绝非一直处心积虑想当女皇。李显不成器，废黜他是当时大部分宗室和朝臣共同的决策，武则天更多的是提供合法性背书，而权相裴炎和名将程务挺则是具体执行人。在随后与裴炎等人斗争和镇压起兵的李唐宗室的过程中，武则天的权力基础不断扩大，最终大权独揽。和同样曾经临朝称制、大权独揽的西汉吕后、北魏冯太后不同，武则天最终迈出实质性的一步——给了自己皇帝的称号。

武则天对自己身后的布局与神龙政变

在确定把皇位还给李家时，武则天不用担心被人清算的可能，因为无论是李显一系还是李旦一系，他们都不可能真正和武则天切割。武则天是他们的生母，否决她执政的合法性，就是否决他们自身皇位的合法性。何况这两位兄弟第二次相继上台时，满朝文武大都是在武则天时代入仕并得到提拔的，甚至后来唐玄宗初期的名相姚崇也是武则天一手提拔的，还在武则天退位时痛哭流涕。这种情况下，从君主到朝臣普遍没有清算武则天的动机。

武则天对李元嘉、李元轨等李渊子孙和以越王李贞为代表的李世民子孙的杀戮，意味着皇族中有可能问鼎皇位的近支，除了武则天和李治的子孙外，基本被杀或被迫远离权力中央。在武则天身后的一系列皇位继承争夺中，无论胜利者是谁，都是她和李治的子孙，可谓肉烂在了锅里。对于这一点，李显、李旦及其子孙虽然嘴上不能说，但是心里多半清楚得很。

不过，武则天还是需要布局，来保证李家和武家在自己身后能共荣共存。李显第一次在皇位上的表现极为拙劣，而且他长期被安置在外地，在长安缺乏权力基础。相比之下，李旦虽然对权力颇为淡漠，但长期以武周皇朝储君的身份在长安居住，以太平公主为首的实力派很容易团结在他周围形成新的权力体系。所以，武则天从外地召回李显，改立他为继承人。由于李显在朝中缺乏自己的政治势力，武则天让他同以武三思为代表的武家势力联姻。作为一个在外地很久的储君，李显要想和李旦抗衡，就必须团结武家的势力。

相比之下，张昌之、张昌宗兄弟的实际作用时常被"武则天男宠"这一身份所掩盖。张氏兄弟在武周晚年更接近于酷吏，是武则天皇权的打手。当然，他们做得很差劲，反而倒逼以张柬之、敬晖为代表的朝臣集团和以李旦、太平公主为代表的宗室联合起来拥立李显，发动神龙政变，杀死张氏兄弟，逼迫武则天提前退休。

张柬之、敬晖等五位朝臣因为发起政变，对李显有拥立之功，获得了比裴炎更大的权力，被封为郡王，史称"五王"。在此之前，除了李渊开国时曾将依附自己的独立军阀（如罗艺）封为异姓郡王，唐朝没有再封过异姓王。权倾朝野的长孙无忌和裴炎都没有被封王，可见"五王"权势之盛。唐朝所封的下一个异姓王，则要在安史之乱后才出现。同样参加了神龙政变的李旦、太平公主等宗室，其权力也进一步增强。李旦被封为"安国相王"，获得了开府的权力。太平公主则进一步被加封为"镇国太平公主"。

后世评论家认为，唐中宗第二次即位后表现得比第一次更离谱，竟然与曾和自己争夺过继承权的武家势力代表武三思打得火热，而对拥戴他继位的"五王"极为厌恶和冷血。"五王"也很快被流放，随后病死或被处死。甚至有一些说法认为，武三思和韦皇后有奸情，而唐中宗有"绿帽情结"。

然而摈弃这些说法，我们不难发现，此时唐中宗的作为显示出其今非昔比的政治能力，每一步都颇有考量。

神龙政变最大的受益者并不是李显，因为武则天早已明确立他为继承人，政变前，八十多岁的武则天已经病重，而作为太子的李显一直在武则天的支持下努力培植自己的势力，所以就算没有这次政变，李显几年后也能顺理成章地继位，此次政变无疑打断了其进程，反而会让他有"不孝"的嫌疑。

相反，"五王"作为神龙政变的策划者，打着李显的旗号政变成功后，其权力达到了唐以来的巅峰，成为近百年来第一批异姓王。李显面对这些实力强大的权臣，采取了许多手段来抗衡：一方面，他宣称自己的帝位来自母亲的禅让，而不是政变功臣的拥戴；另一方面，他团结以武三思为代表的武氏家族力量作为抗衡"五王"的基本盘。如果"五王"的势力更加膨胀，最先倒霉的肯定是武氏家族，因此他们都愿意冲锋在前，充当李显对付"五王"的工具。"五王"之一的敬晖后来曾后悔政变时没有趁机把武家势力赶尽杀绝，可谓旁证。此外，太平公主等宗室也并不希望"五王"的势力进一步扩大，因为这意味着对武则天时代的清算，所以他们也是李显可以团结的对象。

正是在团结了武氏家族和太平公主等宗室，铲除了势力滔天的"五王"之后，唐中宗才真正控制住了朝堂局势，让李、武两家皇族在朝堂中形成了新的平衡。唐中宗此时的成长，也许是来自长期流放生涯的历练，也许是来自韦皇后的教导，但也可能是来自母亲的传授。武则天退位之后，李显每十天左右就会带文武百官来拜见已身为太上皇的武则天，武则天有着充分的机会向儿子面授机宜，也通过这种方式间接向推翻自己的"五王"报了仇。从这个角度看，武则天生前对身后事的布局获得了完美成功。

十九　为什么说中国第一大姓出自太原王氏？

作为中国最大的姓氏之一，王姓如今在中国的总人数已有一亿多人，占全国总人口的 7%~8%。而"天下王氏出太原"这句老话，则点出了王姓的来源。在士族强盛的时代，太原王氏作为顶层的士族，当时的社会地位相当高。两晋时期，太原王氏出了十一位宰相、三位皇后，十一位宰相分别是西晋的王济，东晋的王述、王恭、王爽、王恺、王愉、王绥、王蕴、王欣之、王坦之、王国宝；三位皇后分别是晋哀帝司马丕的皇后王穆之、晋简文帝司马昱的皇后王简姬以及晋孝武帝司马曜的皇后王法慧。

唐代李世民在修《氏族志》的时候，天下一流的姓氏里面，"五姓七望"里的太原王氏是最早登上一流门阀士族地位的家族。就是这样一个家族，后来其子子孙孙遍布全国，成为中国第一大姓氏。

太原王氏究竟做了什么，让自己的家族长盛不衰、子孙遍布全国的呢？

天下王氏出太原？

关于王氏的起源，各方说法不一，按照宋邓名世《古今姓氏书辩证》卷十四里记载的王氏谱系说法，王姓是周灵王太子晋的后代。其八世孙王错当了魏国的将军，子孙王翦成了秦国大将军，王翦的儿子王贲被封为武陵侯，王贲的儿子王离（就是在巨鹿之战中被项羽打败并杀死的王离）又被封为武城侯。王离有两个儿子，分别叫王元和王威。史书记载，王元为避秦乱，迁到了琅琊皋虞（今青岛皋虞村），后其子孙又搬到了琅琊国临沂县（居住在今临沂孝友村）。但是，《广韵》中又记载："（王姓）出太原、琅邪，周灵王太子晋之后。北海、陈留，齐王田和之后。东海出自姬姓。高平、京兆，魏信陵君之后。天水、东平、新蔡、新野、山阳、中山、章武、东莱、河东者，殷王子比干子孙……共二十一望。"郑樵的《通志·氏族略第四》对王氏的记载是："天子之裔也。所出不一，有姬姓之王，有妫姓之王，有子姓之王，有虏姓之王。若琅邪、太原之王，则曰，周灵王太子晋，以直谏废为庶人，其子宗恭为司徒，时人号曰王家。若京兆、河间之王，则曰，周文王第十五子毕公高之后毕万……"

这些记载说明了王氏的来历不一，也说明了王氏之间的关系复杂。一般认为，太原王氏祖先应该为周灵王太子晋。事实上，如果按史书分析，王氏的祖先可能有好几个，但最终太原王氏获得了比较普遍的祖先认同。为什么多种记载，殊途同归呢？

唐王朝创始人李渊、李世民由于本非世家大族，门第不高，通过撰修《氏族志》来提高声望。据《旧唐书·高士廉传》记载，唐太宗时期，撰写《氏族志》以"止取今日官爵高下作等级"，照官爵的高低来决定姓氏的排名。这导致很多姓氏来源是按照在朝中最高官员的族谱来定。

当时，王氏在朝的最高官员是王珪，他与房玄龄、杜如晦、魏徵几个重臣齐名，为初唐四大名相之一。《旧唐书·王珪传》记载："王珪字叔玠，太原祁人也。"既然太原王氏出了这样一个位高权重的大官，其他的王氏势必向太原王氏靠拢。再加上太原王氏定宗族处于太原，与唐王朝宗族源于同地，这层关系也有利于拉近王氏家族与唐朝皇族的距离，所以，此后包括琅琊王氏在内的全国王氏多与太原王氏挂上了关系。

与之相关的，还有一起著名事件，即武则天封禅嵩山。武则天为并州人，太原属并州。《隋故王香仁墓志之铭》记载："君讳德，字香仁，其先并州太原人也。周王至德，设明堂以配天；副主登仙，乘白鹤而轻举。珪璋世载，冠冕相承。"说明并州亦以周灵王太子晋为王氏始祖。武则天心目中当有太原王氏出于太子晋的概念。《旧唐书·礼仪志》记载："则天证圣元年，将有事于嵩山……粤三日丁亥，禅于少室山……（封）王子晋为升仙太子，别为立庙。"又有《资治通鉴》记载武则天在圣历二年（公元699年）"幸嵩山，过缑氏，谒升仙太子庙"。武则天重视太原王氏的祖先太子晋，当然有她自己的政治目的，但无意中也推动了"天下王氏出太原"说的发展。

此后，"天下王氏出太原"成为中国王氏的普遍说法。当时的《王智本墓志》《王建墓志》《王游艺墓志》《王齐丘墓志》《王杰墓志》《王同人墓志》等志文，都认同太原王氏为宗。如此一来，相当于太原王氏"收编"了全国其他王氏，社会地位获得了极大提高。后来，这些王氏家族在全国各地开枝散叶，也让太原王氏的"触手"伸向了全国各地。

太原王氏分南北

实际上，关于太原王氏的早期活动，史书上记载得不多。比如，在先秦时期对太原王氏的记录中，只有魏国大夫王错，秦国人将王翦、王贲等人比较有名。秦末战乱，太原王氏为了逃离兵灾而遁迹于山林田园，不再过问政治。等他们再次出山步入政坛，则要等到东汉之后了。东汉末年，天下大乱，太原王氏也未能幸免于难。迫于生计，太原王氏不得不开启迁徙之旅。

当时，太原郡的郡治在晋阳，这里正是太原王氏的居住地。根据史书和文物考证，太原王氏的迁徙路线为晋阳—河内野王县—洛阳。

这一时期，王氏家族中最为著名的人物是王昶。王昶，字文舒，其主要的政治活动是在东汉末年和曹魏时期。按《三国志·王昶传》的记载，魏文帝曹丕于建安二十二年（公元217年）被立为太子时，王昶为太子文学。

公元220年，曹丕登基，封王昶为散骑侍郎，为洛阳典农。因其"勤劝百姓，垦田特多"，迁兖州刺史。后来，王昶为征南将军，渡江伐吴，"掩攻吴，破之"。嘉平三年（公元251年）四月，王昶被任命为征南大将军、仪同三司，封京陵侯。经过一系列的南征北战，甘露三年（公元258年）八月，王昶又凭军功升至司空，增邑千户，共四千七百户。甘露四年（公元259年）六月，王昶卒，谥号穆侯。从王昶的一生可以看出，此时太原王氏的一支应该是在他担任洛阳典农时期迁到洛阳居住的。

迁居洛阳后，太原王氏家族进入繁荣发展的时期。不仅王昶凭借军功在曹魏政权中占据显赫地位，而且他的儿子王浑、堂侄王沈均在朝中身居高位。但好景不长，司马家族内斗引发了"八王之乱"，导致北方一些地方势力乘虚而入，再加上各种天灾人祸，北方陷入一片战乱之中。北方大族纷纷南迁。而在著名的"永嘉之乱"后，洛阳已经彻底待不下去了，于是太原王氏又一次踏上迁徙之旅。

这次迁徙，主要是王柔、王泽（王昶父亲）兄弟的后裔族人南下至建邺。但是，王柔宗支中的王沈后裔王浚，则率领部分族人去了幽州。后来，王浚被石勒所杀，他的孙子王准率族人前往乐浪（西汉在今朝鲜半岛设置的汉四郡之一）避难。北魏时期，北方的王氏后裔又在王评的带领下迁回平城，后又徙居洛阳。

南迁的一支太原王氏也吃尽了苦头。史书记载，王泽这一支房支是由王承率领南下的，而他们的南迁之路"道路梗涩，人怀危惧"。历经千辛万苦，王氏族人终于抵达建邺，王承被镇东府的司马睿引为从事中郎，让王氏族人在此地得以安置。值得一提的是，太原王氏在建邺的住地，学者一般认为是"乌衣巷"，这里安置的南渡士族有很多，王氏也只是其中一支。王柔这一支的南下，则由王峤带领。有意思的是，这一支太原王氏的南迁，受到了晋元帝司马睿的欢迎。

虽然太原王氏分成了南迁与北居两部分，但这在客观上为太原王氏向全国范围的扩展起了推动作用。北方的太原王氏几经沉浮、屡遭重创，依然顽强地生存了下来，并与其他大族积极联姻。

据史书记载，与太原王氏通婚的家族有河东卫氏、平原华氏、颍川荀氏和博陵崔氏。这些都是汉魏两晋时期著名的家族。此外，与之通婚的还有次一级的家族，如济阴卞氏、乐安孙氏、颍川枣氏和济阴文氏等。可见，北方的太原王氏虽然一度陷入低谷，但依然在士族圈子中有一席之地。遗憾的是，北方的太原王氏因屡遭打击，家族人丁一直不旺，其仕途也不算顺利，跟其他大族比起来，比较著名的家族成员只有北魏征虏将军王评、乐浪太守王苌、燕国乐浪中正王温等寥寥几人。这一方面与王浚人缘不好有一定的关系，另一方面是这一支实在是人丁不旺。他们也受到了北魏政权一定程度的重用，但没有获得与其他大族相等的实力和地位。

南迁这支就不同了。太原王氏渡江后，随着东晋政权的巩固，他们也随之崛起。至晋孝武帝时期，太原王氏无论是在政治、经济、仕宦方面，还是在家族人丁等方面都达到了鼎盛。就仕宦而言，这一时期出任中书令、侍中、将军都督、刺史太守者就有十六人之多。除了仕途顺利外，太原王氏还重视家风教育，这也让他们在江南声名鹊起。比如王濛，他的官职只是长山令、中书郎，他却在当时的社会及文人士大夫中声望甚高，是东晋一流的名士。而经历过南迁之苦后，太原王氏在建邺已经落地生根并不断发展壮大。据记载，此时的太原王氏"后房伎妾以百数，天下珍玩充满其室"。从其家族本身而言，是人丁兴旺。王柔宗支至王蕴时有子五人，其次子王恭又有子五人，庶子数人。王泽宗支至王述时，有子四人，其长子王坦之又有子四人，其孙辈王愉有子三人。不仅如此，他们甚至积极和皇室联姻——太原王氏女有三人先后成为皇后，太原王氏男有两人先后尚公主。跟北方的太原王氏比起来，南迁的族人真不是一般的快活。

太原王氏，大而不倒

福兮，祸之所伏。东晋时期的太原王氏在辉煌时代过后，面临了一场史无前例的家难。

东晋取得淝水大捷后，大好形势却被司马家的昏庸君臣搞得乌烟瘴气，最后引发了东晋内战——"主相之争"。在这场大混战中，太原王氏内部也因政见不合而大打出手，最后导致血脉几乎断绝。王柔宗支的嫡系男丁几乎被杀绝，最后只剩下王恭的一个庶子王昙亨。而王泽宗支的嫡系不是相继被杀，就是忧愤离世，最后剩下王愉父子数人苟延残喘。

东晋末年，刘裕起兵称雄，又造成了一次王氏家难，让王氏家族几乎被杀绝，仅有王缉之子王慧龙一人逃脱后北渡入后秦。经过两次家难后，作为曾经东晋名门高族的太原王氏元气大伤，一蹶不振。不过，虽然遭此劫难，但是独身入后秦后转道入北魏的王慧龙颇具传奇色彩。在没有得到其他族人帮助的情况下，他凭借自身的努力和天分，至北魏太武帝时期得到重用，率军征战南北，屡立奇功，奇迹般地再次竖起太原王氏的大旗。王慧龙最后官至荥阳太守，授龙骧将军，赐长社侯。其子宝兴袭爵，闭门不仕；其孙王琼，北魏太和年间始为典寺令，后例降为伯。在北魏孝文帝定姓族时，根基不深的太原王氏一跃成为"四姓"之一，与崔、卢、郑三姓高门齐名。太原王氏能做到这一点，在当时并不容易。

太原王氏之所以能让人刮目相看，凭借的不只是军功以及太原王氏的金字招牌，还有他们深厚的家学渊源。王慧龙"撰帝王制度十八篇，号曰《国典》"。王慧龙的后代也很争气：北魏孝文帝时，"给事黄门侍郎王遵业、尚书郎卢观典领《仪注》"；王延业为太学博士、著作佐郎，监典校书。太原王氏尽管经历了河阴之变的巨灾，但是没有受到太大的伤害，族人依旧在朝中大量出任官职。就这样，在经过了暂时的苦难后，太原王氏再次崛起，并根植于北朝。这也为太原王氏后来的又一次大爆发奠定了根基。

隋唐时期，太原王氏再次活跃起来。太原王氏以其特有的好学家风，在科举制兴起的唐代混得如鱼得水，大批王氏族人因学问渊博，通过科举入仕。到唐德宗之后，其势力更是强盛，王播、王铎等人都出任过宰相一职。同时，太原王氏还利用自身的豪门优势，努力与李氏皇族通婚。比如唐高祖李渊的亲妹妹同安公主嫁给了太原王氏的王裕；唐太宗李世民的女儿南平公主嫁给了太原王氏的王敬直；李治娶太原王氏一女为妃，此女即后来的王皇后；李治的孙子李隆基在失意之时娶了太原王氏女为妻……可以说，此时无论是在朝中还是在后宫，王氏族人的势力都如日中天。这也成就了天下王氏都向太原王氏靠拢的局面，"天下王氏出太原"正式为天下人所默认。历经沉浮的太原王氏，终于在此时扬眉吐气。

太原王氏发迹于东汉末年，在两晋时期一度辉煌，在南北朝时期几经沉浮，最后在唐代权倾天下。上千年的时间里，无数大族消失于历史长河中，但太原王氏几起几落，始终坚韧不拔，不得不说是一个奇迹。即便在太原王氏落魄之际，世人也多对其格外尊重，连唐太宗李世民都觉得十分惊诧。而后来太原王氏博学多才的家风，又让他们在科举制盛行的唐代再次崛起。

　　虽然随着士族阶层的衰落，太原王氏也跟着一起成为历史，但历经千年，成为中国第一大姓氏的太原王氏留给人们的思考，从来没有散去。

二十 皇族接班博弈过后，没有参与"九子夺嫡"的五位皇子都去哪儿了？

夺嫡，一般指古代帝王之家的子嗣对皇位的争夺。

这样的事在中国两千多年的封建社会中并不稀奇，其中比较有名的，如曹丕与曹植的手足相残，李世民和李建成、李元吉的玄武门之变等。但要论时间最长、规模最大，当属康熙年间的"九子夺嫡"。

旷日持久的夺嫡之争

这场夺嫡之争最早在大阿哥和皇太子之间展开。

公元 1675 年，康熙改变清初几十年不立储君的传统，册封不满两岁的胤礽为皇太子。胤礽是康熙原配妻子赫舍里氏所生，他前面还有个哥哥叫胤禔，是惠妃所生。不过，按封建社会的长幼排序，胤礽才是嫡长子。这两个人的背后，都有强大的势力支持。武英殿大学士纳兰明珠是胤禔的支持者，胤礽的叔姥爷是内阁首辅索额图。不过，胤礽的另一优势在康熙。因赫舍里氏生胤礽时难产而死，康熙对赫舍里氏的感情又特别深，所以康熙特别疼爱这个刚出生就丧母的孩子。因此，面对长子与太子的斗争，康熙选择站在太子一边，罢黜了纳兰明珠。太子一党赢得

第一回合。

胤礽恃宠而骄，不仅行事乖张，甚至在索额图的支持下，密谋提前继位。这种对皇权的威胁是康熙不能容忍的。康熙将索额图处死，又废黜了胤礽，将其拘禁。康熙之所以废胤礽，主要是怒其不争，并非"一棍子打死"他。可已经失势的大阿哥，却跳出来落井下石，奏请康熙杀掉胤礽，并强调"今欲诛胤礽，不必出自皇父之手"。这种毫无手足之情的浑话让康熙大怒。康熙将胤禔夺爵、圈禁。大阿哥在夺嫡一事上就此"下线"。

不过，胤禔在"下线"前拉了个垫背的。他跟康熙说，有个叫张明德的术士曾预言八阿哥胤禩日后必大贵。胤禩为人踏实能干、品行端正，内外关系确实都处理得不错，在大臣中有"八贤王"的美誉，并非像电视剧《雍正王朝》里描述的那般阴险虚伪。康熙在太子被废没多久后就让胤禩署理内务府总管事即为明证。但群众基础太好在当时并非好事。如果说大阿哥的话在康熙心中埋下了对胤禩猜忌的种子，那么之后当康熙要求众臣推荐新太子人选，大家一致推荐八阿哥胤禩时，一向反感和警惕手下人拉帮结派的康熙，就认为这是胤禩在背后运作，故而在废太子仅一个月后，康熙就革去胤禩的贝勒爵位，降其为闲散宗室。

第二回合，长子胤禔彻底丧失夺嫡希望，太子储位出现危机，八阿哥胤禩受到处罚。为胤禩求情的皇九子胤禟、十四子胤禵（原名胤禎）等也受到康熙的斥责，从而在之后的日子里被贴上了"八爷党"的标签。只有四阿哥胤禛算得上赢家。虽然之前胤禛与八阿哥走得比较近，两家府邸相邻，但在这次事件中，他秉承着少说话、多做事的原则，一没有像大阿哥那样落井下石，反而常常帮着胤礽说话；二没有为八阿哥求情，而是一心一意地服侍因废太子一事而被气病的康熙，收获康熙的好评，事后被封为亲王。

康熙痛定思痛，从废太子一事中看到了诸皇子结党倾轧。为保持朝堂稳定，仅仅半年后，他重新立胤礽为太子。不过，这位太子爷复位后，行事作风一如既往，继续在朝中暗暗培植自己的势力。而康熙自然不会再惯着他。

公元1712年，康熙下旨，废掉胤礽的太子之位，将其拘禁看守。至此，胤礽彻底"下线"。

此时已恢复贝勒身份的八阿哥可能又看到了机会，向康熙上密奏，请康熙给他恢复工作。康熙认为这份密奏是在试探他，把八阿哥又批了一顿。后来康熙有一次要去塞外巡幸，胤禩因故未去送行，而是送去两只海东青。那两只老鹰被送到康熙手上之时已奄奄一息，康熙认为这是在讽喻他年老多病，被气得差点犯了心脏病，发出了"自此朕与胤禩，父子之恩绝矣"的绝情谕旨。

事实上，以康熙的聪明才智，他不会看不出这其中的蹊跷之处。胤禩就是再猖狂，断不至于、也不敢如此直白地向他宣战。但康熙对胤禩成见已深，不管胤禩是否有争储之意，他在朝中的良好口碑就是他不受康熙待见的原罪。换句话说，胤禩在朝中的威望越高，康熙对他的警觉度就越高，他被立为储君的可能性也就越低。

第三回合，八阿哥完败，连带着与他交好的九阿哥胤禟、十阿哥胤䄉也跟着"下线"。最后只剩下四阿哥胤禛和十四阿哥胤禵两个一母同胞的亲兄弟之间的终极对决。

关于此二者之争，历史上存有这样的说法：康熙原本是传位给胤禵的，胤禛联合隆科多改了康熙的遗嘱。比如根据中国社会科学院杨珍教授的研究，在二废太子之后，康熙虽然不再公开设立储君，但暗地里选择十四阿哥实行自己的秘密建储计划。为避免再出现之前那种皇子争储的局面，康熙对此一直秘而不宣。结果，康熙帝于公元1722年冬在畅春园突然去世，未及交代后事。负责拱卫京师、戍守畅春园的步军统领隆科多率先得到这一消息，他经过反复权衡，将康熙去世的消息率先告知胤禛，并以武力相支持。这一历史悬案至今仍有人在讨论，不过无论实际情况如何，结果是胤禛继承大统，得到消息从甘州（今甘肃省张掖市）回京奔丧的胤禵则变成了阶下囚。

第四回合，四阿哥胤禛成为这场旷日持久的夺嫡之争的最终胜利者。胤禛的胜利，主要在于其韬光养晦，善于隐藏。他在朝廷其实也有自己的小集团，内有隆科多，外有年羹尧，但他隐藏得很好，未为外人所知。事实证明，面对强势且多疑的康熙，等待合适时机再给予关键一击，才是夺嫡之路上的最佳选择。

相对来说，三阿哥胤祉和十三阿哥胤祥在夺嫡之争中则是"小透明"。胤祉虽然最有学识，骑射也精湛，但口才不行，不善与人交往。他与太子的关系很好，在二废太子之后，他就退出了夺嫡之争。至于胤祥，在一废太子时，康熙曾对他有过不好的评价，而且在十四阿哥以上的诸皇子中，他是唯一一个康熙生前未予封爵之人。这说明在夺嫡方面，他要么自己曾参与过，要么替四阿哥胤禛投石问路过。综合他与胤禛的关系以及之后雍正帝对他的重用来看，后者的可能性要更大一些。

康熙一生共有三十五个儿子，序齿的有二十四个。除了上文提及的参与夺嫡之争的九位皇子外，还有十五位皇子。以十四阿哥为分界线，前面有五位，后面有十位。如果说后十位皇子因年龄、资历等因素无法参与夺嫡的话，那么前面五位有实力参与但选择置身事外的皇子最终结局如何呢？

富贵不一，总体善终

五阿哥胤祺，生母是宜妃，与九阿哥胤禟是一母同胞的亲兄弟。与胤禟不同，胤祺自幼由仁宪皇太后博尔济吉特氏抚育长大。这里顺便提一句，因为当时天花肆虐，清朝宫廷实行皇子抱养制度，即皇子一出生或幼年时就被交给他人抚养，而非生母。清朝宫廷认为此举可以提高皇子的存活率，像康熙年幼时被送出宫外抚养，雍正出生后就由孝懿仁皇后佟佳氏抚养等就是如此。

由于仁宪皇太后是蒙古族人，本身汉文化素养比较差，加上她对汉文化没有太多好感，所以胤祺九岁时还不认识汉字，只通晓满蒙文字。与他的哥哥弟弟相比，胤祺就输在了起跑线。好在仁宪皇太后心性和善，为人敦厚，胤祺在她的抚养下长大，身上也保留了满蒙男子的憨厚和直爽。性格因素加上汉文化基础薄弱，让胤祺在夺嫡之争中自觉地置身事外。康熙对这位皇子十分喜爱，称其"心性最为良善，为人敦厚"，封他为恒亲王。这样的待遇在康熙诸多皇子中并不多见。

雍正帝即位后，胤祺第二个上表祝贺，表示拥护。雍正虽然对其生母宜妃和同母弟胤禟非常不满，但并没有因此牵连他，反而让他处理一些隆重但无实权的事务，比如祭祀皇陵、主持拜祭等，给予其较高的政治荣誉。

公元1732年，胤祺因病去世，终年五十四岁。雍正亲自给他撰写祭文，称他"秉性温和"，赐谥号为"温"。与雍正的昔日政敌——三阿哥、八阿哥、十四阿哥等相比，五阿哥胤祺得以善终，结局算不错的。

皇六子胤祚，与雍正同为德妃所生，六岁时夭亡。

与其他皇子相比，七阿哥胤祐有两点不足：其一，其母成妃出身低微，背后无家族势力支持；其二，天生残疾，腿脚不便。因此，康熙对这个儿子也没有太上心。不过，胤祐的成长颇为励志。他积极追求进步，成年后主动请缨与康熙一起亲征噶尔丹，统领皇家精锐部队镶黄旗大营。或许正因为上文提及的两点不足，胤祐从一开始就没往储位方面想，而是把自己准确地定位在"臣子"上，安分守己，老实做事。基于这样的心态，他在夺嫡之争中没有站队，跟每一个阿哥的关系都不错。

雍正即位后，对这个勤勉听话的弟弟也很信任，让他继续掌管军务,并晋封他为淳亲王。

公元1730年,胤祐去世,享年五十一岁。雍正评价其"敬谨小心,安分守己",并赐谥号"度"。

皇十一子胤禌,十一岁时夭亡,无封号、无后嗣。

皇十二子胤祹比较特殊,其生母为定嫔(雍正时奉为定妃),由宫廷侍女苏麻喇姑抚养长大。苏麻喇姑本是孝庄文皇后的随身侍女,早年与康熙帝接触较多,教过康熙满语,还照顾过康熙的饮食起居。这样的特殊地位,使得她在皇宫内有自己的单独居所,还有服侍她的杂役、太监和宫女。康熙为慰藉其晚年孤寂之苦,将皇十二子胤祹交予其抚养。苏麻喇姑也将全部心血倾注在胤祹身上。在苏麻喇姑的精心培养下,胤祹养成了不骄不躁、独善其身的性格,对任何事情都能淡然处之。

成年后,胤祹继续保持这种淡泊的性格,为人低调,只听从康熙的指派做一些祭祀、赐葬、祭陵等方面的差事。雍正即位后,他被封为履郡王,后来遭雍正猜疑,被降为贝子,再降为镇国公。但胤祹对此宠辱不惊,没有表露出任何不满。而雍正此举,或许也是出于权谋方面的考验,几年后就恢复了胤祹履郡王的封号。乾隆即位后,晋封其为和硕履亲王。胤祹虽然为人淡泊,但做事方面还是颇有水平。从康熙到乾隆,当时宫廷内的重要祭祀、丧葬活动,他都是主要负责人,而且都办理得井井有条。在康熙所有皇子中,胤祹活的时间最长。乾隆二十八年(公元1763年),胤祹去世,享年七十九岁,乾隆赐其谥号"懿"。这可能与他一生恬淡闲适、淡泊名利的性格有关。

再说一下其他几位皇子的命运。

皇十五子胤禑三十九岁病故,一生未获重用,也未被打击,做过最大的事是给康熙帝守陵。

皇十六子胤禄,与胤禑同母不同命。他很早就与四阿哥胤禛交好,最终押对了宝。雍正即位后,将其过继给没有子嗣的庄亲王博果铎,继承了庄亲王爵位。与其哥哥不同，胤禄为人精明能干，得到雍正、乾隆两朝皇帝的信任，长期担任议政王大臣。公元1767年，七十三岁的胤禄去世，算得上富贵终生。

皇十七子胤礼、二十子胤祎、二十一子胤禧、二十二子胤祜、二十三子胤祁、二十四子胤祕（皇十八子、十九子夭亡）因彼时年幼，均与夺嫡一事无关，长大后虽所受恩宠有别，但都得以善终，不像八阿哥、九阿哥那样，不仅被褫夺爵位、削除宗籍，甚至连名字都分别被改成阿其那（汉语意"猪狗不如"）和"塞思黑"（汉语意"讨厌鬼"）。

纵观整个夺嫡之争中的众皇子的表现及其最终结局，大体可以看出两种不同的人生选择：一种是欲戴王冠必承其重；另一种则是在权力面前保持清醒。从这个意义上来说，他们只有选择的不同，没有对与错的区分。

二十一　曾国藩、左宗棠的后人为何成了维新派？他们的结局如何？

公元 1898 年 9 月 28 日，北京菜市口人山人海，城内百姓聚在这里围观一次行刑。这些人如鲁迅先生笔下的芸芸众生，或是紧张不已，或是麻木不仁，有些甚至是等着拿"药"的病患……但在中国历史上，这一天要在这里遇害的六个人却成了不可磨灭的群像，他们分别是谭嗣同、杨锐、刘光第、林旭、杨深秀、康广仁，史称"戊戌六君子"。

除了他们六人，其他参与"百日维新"的官员也纷纷受到惩处：徐致靖被处以无期监禁；张荫桓被发配新疆……在被株连的人中，有几个名字赫然在列：曾广钧，曾广河，左孝同……曾广钧是曾国藩的长孙，曾广河是曾国藩侄孙，左孝同则是左宗棠季子。

为什么晚清中兴名臣的后代纷纷参加了戊戌变法？他们在这场短暂又激烈的社会变革中发挥了什么作用？

洋务运动"二代"，天然支持维新变法

提起戊戌变法，人们的普遍印象是慈禧太后为了自己的私利，发动政变，将为国家社稷努力拼命的维新派一网打尽，最后囚禁光绪帝，并

杀掉"戊戌六君子"以绝后患。这种印象作为通史理解基本正确，但历史的复杂性体现在政治活动中的权力关系。慈禧太后虽然镇压了戊戌变法，但也逐步恢复了戊戌变法中的很多新政。

戊戌维新派的变法动机，不是突然头脑发热。晚清的有识之士经历了长时间的酝酿，在洋务运动的实践过程中遇到了很多制度性困境，因此需要进行更深层次的变革。同时，戊戌变法与慈禧太后支持的洋务运动息息相关。在洋务运动中，晚清中兴名臣起到了重要的作用。洋务派的中坚力量多是慈禧的人，而他们也是支持戊戌变法的。因此，许多晚清名臣，如曾国藩、左宗棠等人的后代参加戊戌变法便是必然。他们的命运随着这场轰轰烈烈的变法跌宕起伏，后人重新翻阅这段历史时，也不禁感叹历史的复杂性。

对于当时的清廷来说，要不要变法已经不是问题，主要问题是变的深度和广度。尽管已经经历了两次鸦片战争的失败，但是大清在表面上依旧被视为世界强国之一。甲午战争前，清廷统治的中国有数亿人口，还有百万大军。随着洋务运动的开展，国家的元气开始恢复，清人自称为"同治中兴"。当时无论中外，都基本认同清朝出现了"欣欣向荣"的迹象。在慈禧太后的支持下，清廷内的"洋务派"建立了大量的近代工业企业，为中国近代工业化奠定了一定的基础。洋务运动更重要的一点在于，在思想上留下了一批拥有开阔视野，能够全面批判封建礼教思想的有识之士。

在引进外来思想方面，曾国藩采纳科学家徐寿的意见，附设翻译馆和印书处于江南机器制造总局内，翻译人员主要有湘军集团中的徐寿、华蘅芳、李凤苞、赵元益、徐建寅等人和一些外国人。翻译馆的译书"诚为集西学之大观"，引发了士大夫阶层对西方科学技术的极大兴趣，人们的价值观念发生了前所未有的变化。

因为在镇压太平天国运动时体会到了洋枪洋炮的威力和洋人的工业

实力，湘军、淮军军事系统出身的人在洋务派中的比例非常高。作为洋务派代表、"晚清四大名臣"的曾国藩、李鸿章、左宗棠、张之洞，都是湘军与淮军系统出身。对这些人来说，洋务运动带来的不仅仅是国力上升，更重要的是，他们已经意识到，腐朽落后的清廷已经严重束缚了国家的发展，他们对于改革国家体制的意愿也越来越强烈。此时，还有一批人对他们的作为并不以为然，这批人是朝廷中的守旧派。在守旧派眼里，洋务运动不过是"师夷长技以制夷"的变种，要保"大清千秋万代"还得靠祖宗成法。当然他们的潜台词是，你们以为读了几本洋书就可以分权，那是万万不可的。因此，在洋务派推动洋务工作的过程中，守旧派往往各种反对，让洋务派地方大员非常痛苦。所以，在当时的清廷内部，新旧两派的冲突很激烈。作为洋务运动中积极推动一方的曾国藩、左宗棠等人，他们及其家人对守旧派的不满也日益增多。年轻人和父辈不一样，他们有热情，又因为是"二代"，有积累的资本，所以雄心勃勃的洋务派"二代"看不惯守旧派是太正常的事了。

除了思想上的格格不入外，曾国藩对清廷的态度也十分微妙。之前咸丰帝亲口许诺："克复金陵者，可封郡王。"但等曾国藩的湘军打下南京后，曾国藩仅仅被封了一等毅勇侯。虽然曾国藩本人用了一系列政治手段来表现自己不贪图过大的政治权力以安统治集团的心，但曾国藩内心对这些不公正的待遇是很不满的。比如在他所刻的《船山遗书》中，关于涉"胡虏"之处就全部被剔去，听其空白，显然就是留待后人填补。

在进宫见慈禧与慈安两位太后后，曾国藩私下给出了"两宫才地平常，见面无一要语"的评价。尤其是慈禧，在与曾国藩的交谈中，言语间都是俗套的传统封建统治者的那种试探：

（后）问："汝在江南事都办完了？"

（曾）对："办完了。"

问："勇都撤完了？"

对："都撤完了。"

问："遣撤几多勇？"

对："撤的二万人，留的尚有三万。"

问："何处人多？"

对："安徽人多。湖南人也有些，不过数千。安徽人极多。"

问："撤得安静？"

对："安静。"

问："你一路来可安静？"

对："路上很安静。先恐有游勇滋事，却倒平安无事。"

问："你出京多少年？"

对："臣出京十七年了。"

问："你带兵多少年？"

对："从前总是带兵，这两年蒙皇上恩典，在江南做官。"

…………

问："曾国荃是你胞弟？"

对："是臣胞弟。"

问："你兄弟几个？"

对："臣兄弟五个。有两个在军营死的，曾蒙皇上非常天恩。"碰头。

问："你从前在京，直隶的事自然知道。"

对："直隶的事，臣也晓得些。"

问："直隶甚是空虚，你须好好练兵。"

对："臣的才力怕办不好。"旋叩头退出。

对曾国藩来说，事关国家大事，慈禧却担心自己的位子坐不稳，这让他非常失望。他本人对上的恶感多少传递给了子孙，最典型的是其长孙曾广钧。曾广钧才华横溢，少年得志，"凡是他要学的，则无所不能"，十来岁就能诗善文，常与长者唱和，名士王闿运称其为"圣童"。跟其他同龄人不一样，曾广钧在数学上很有造诣，其女曾宝荪说他"做了很多的级数，及各种开方捷法"。

公元1889年，曾广钧入京会试，考中进士。和他爷爷曾国藩一样，他也进了翰林院。这样一个思维开阔的人，自然跟守旧派谈不到一块去。曾广钧和他的几位弟弟是维新派，支持或参与变法。他和梁启超、谭嗣同也交往甚密。梁启超的《广诗中八贤歌》中，便有称赞曾广钧之句，可见他们之间关系紧密。

除了曾广钧外，曾国藩侄孙曾广河也对维新派深感兴趣。在洋务派的家庭氛围中长大的曾广河，一生喜爱西方社会科学与自然科学书籍，广泛吸收"西学"知识并鄙视科举。这些心怀大志又在洋务运动的熏陶下成长的年轻人，早已对腐朽不堪的清廷不抱希望。在他们眼里，这个腐朽的体制必须变革，最好是完全的变革。

左宗棠的后人参与戊戌变法的原因跟曾国藩的后人差不多。左宗棠对腐朽的清廷一样怨言颇多。范文澜在《中国近代史》中提过左宗棠曾试图投奔太平天国，但他失望地发现太平天国的思想与儒家道统对立，只好作罢。后来左宗棠加入湘军，但清廷对湘军一系的猜忌和提防，让久为清廷卖命的左宗棠甚为不满。

在洋务运动中，左宗棠非常积极，自然在很多问题上被守旧派限制。估计以他的脾气没少在家里埋怨，这也在不知不觉中影响了家中后人，尤其是左宗棠最满意的四子左孝同。他曾在评价这个小儿子时说："近时习气不佳，子弟肯读书务正、留意科名者，即是门户之托。四儿似是英敏一流，将来可冀成人。"后来，左孝同被钦赐举人功名，纳资为道员，后来又参与会办北洋机器局、北洋营务处。这样的人生轨迹，让左孝同跟维新派走到一起，简直是顺理成章。

甲午惨败，有了抉择

当然，真正激发这些人彻底倒向维新派的，是甲午战争的爆发。在这场战争中，曾广钧奉旨"记名"出使大臣，被钦派湘鄂四十九营总翼长，统领五千人去辽东与日军作战，但后来因清廷求和停战而没有发挥作用。而目睹了中国在甲午战争失败后的丧权辱国之举的曾广河，深感清廷"腐败已极，非变法难自救"。除了他们兄弟外，湖南巡抚吴大澂率领湘军出征时，曾委托左孝同总办营务。跟曾氏兄弟一样，左孝同也无法忍受清廷被日本击败的现实。

甲午战争中清军"高升"号运兵船被日军"浪速"号巡洋舰击沉。绘制/《伦敦新闻画报》特派画家理查德·卡顿·伍德维勒。

在此内忧外患之际，以康有为、梁启超等人为代表的维新人士开始通过光绪帝倡导学习西方，提倡科学文化，改革政治、教育制度，发展农、工、商业等资产阶级改良运动。这些举措让晚清有识之士眼前一亮，他们纷纷加盟或支持维新变法。但在这场运动中，维新派因为政治经验不足，犯下了数个致命错误。他们只想改良社会，却无足够的武力来支持他们的变革。同时，对光绪帝的迷信，让他们对整个官僚体系的顽固派和守旧派力量做出了错误估计。更加致命的是，维新派本身的理念过于天真，在执行上有严重的脱离实际问题。在以慈禧太后为代表的旧势力的反扑下，这场戊戌变法仅仅持续了一百零三天就宣告彻底失败。除了为首的"戊戌六君子"被杀害外，其他的维新派也遭到了各种各样的打击。

曾广钧幸亏在其母郭筠的安排下，先行去了南京，才免遭慈禧整肃。曾广河的命就没那么好了。谭嗣同曾与曾广河商量是否逃跑，曾广河问了谭嗣同两个问题，坚定了谭嗣同留下来的决心。谭嗣同遇害后，曾广河发出"复生（谭嗣同字复生）之死，实我杀之也"之叹，遂服毒自尽。左孝同当时在湖南长沙主持湖南保卫局，戊戌政变后他虽被众多守旧派攻击为维新派，但最后慈禧太后还是选择信任他，没有追究他参加维新变法之事，反而对他另加重用。此后一直到公元1907年，左孝同历任光禄寺卿、宗人府府丞、河南按察使、江苏按察使等职位，总体算是平安落地。

回望历史，曾、左这样的名臣后人均参加了戊戌变法，说明大清确实气数已尽。在国家危难之际，总有一些有志之人试图挽狂澜于既倒，扶大厦之将倾。尤其是近代名臣之家的青年一代往往与外界接触颇多，少有迂腐，也愿意为变革献身。他们虽然最后失败了，但也为了理想而努力奋斗过。从这一点来说，这些人也不负"名臣之后"的声名了。

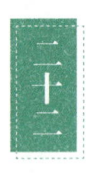

二十二　家族的坍塌：清代抄家后，被抄家的人还有钱花吗？

抄家，是中国古代的传统处罚，官方雅称"籍没"，意思是没收全部财产和家族成员，男的或被杀或充军流放，女的被没收进宫廷当丫鬟，通俗地说，叫"解散全族"。几十年的辛苦努力，甚至几代人的基业被一朝叫散，算是顶格处罚了。

什么样的人会被处以这种重刑呢？

早先，被抄家的对象都是一些犯案情节十分严重的罪犯，典型的像谋反的人等。唐初的上官仪家族，就是被睚眦必报的武则天构陷谋反，从此家族叫散，近亲男性被杀，女性被没入宫廷。到了清代，统治者在吸收传统的基础上进行改造，将抄家做成"家常便饭"。官员们一旦犯事，动辄就有被抄家的风险。

满族初期为部落形式，一个人拥有军队和财产数量的多少，代表他势力的强弱。一旦某人被打倒，他的权力和财产就可以被再分配。这种瓜分"蛋糕"的形式，让高层均能获利，自然可以长期施行。清初的褚英、阿敏、多尔衮等人获罪抄家时，他们所统帅的军队、家产（如通行货币、牲畜、奴婢等），都被下一任统治者继承。睿亲王多尔衮生前曾直接统率正白旗和镶白旗，又控制了正黄和镶黄两旗，掌握了满洲八旗中一半的军力。但在多尔衮死后两个月,顺治帝将他所有的势力一竿子撸到底,正白旗也自此被纳入皇帝亲管,成为"上三旗"之一。这种抄家,约等于打劫。

对于犯什么罪会被抄家,《大清律例》并没有白纸黑字写明。而且,抄家这种事,清朝皇帝们做起来已经得心应手,并不需要按律法实操。有人疑惑,只是抄家被没收财产,比起之前的杀头、流放,处罚好像轻了许多?可别长得不美想得美。对待重要政治犯,抄家只是行政处罚杀头、流放之外的附加必备项。也就是说,还是照前例,不仅要你死,还要解散你全家。

虽无明律,但详细阅览清朝的抄家档案,我们会发现清朝被抄家的对象可以粗略地分为四种:一,犯有或被定性为谋逆罪的;二,贪腐亏空的;三,在任期罔顾律法的;四,与文字狱相关的。

第一种,一般发生在新旧权力的过渡期,被抄家的对象已然对新皇帝构成了威胁。如顺治对多尔衮、康熙对辅政大臣鳌拜或"三藩"、雍正对年羹尧、嘉庆对和珅等,在处以革职、流放、杀头等行政处罚后,还附带了抄家之罚。作为新皇权力的阻碍,新皇在收拾他们时,必然要从政治和经济两方面清除他们的势力。那些依附这些权臣的官员,自然也都被连带清算和抄家。

第二种,是打击贪腐形成的模板。顺治帝于顺治十二年(公元1655年)下了一道圣旨给刑部:"贪官蠹国害民,最为可恨,向因法度太轻,虽经革职拟罪,犹得享用赃资,以致贪风不息。嗣后内外大小官员,凡受赃至十两以上者,除依律定罪外,不分枉法不枉法,俱籍其家产入官,著为例。"这算是形成制度了。所以,清朝有很大一部分被抄的家族,都是因为财务问题被抄的。

其中,最典型的是给皇帝打理私人财务和提供生活服务的内务府。作为皇家的"财务",内务府服务皇室成员的日常生活,这巨大的开销，不能只出不进呀！所以，但凡涉及钱财的生意和政务，如盐政、织造、海关等，皇帝都会让内务府的人前去插手承管或监督。但问题是，在这个全天下最大的肥缺机构里，谁不想从里面捞点油水，把皇家的钱存入自己的口袋？所以，它本身就是最腐败的地方：采买上做假账、收受贿赂，与官员交往、巴结或分红……长此以往，积累的就是一大笔亏空。皇帝发现后，对他们进行抄家，让钱财回归内库，一切又回到初始。

和内务府一样存在巨额亏空的，还有皇家织造、盐政、海关监督等机构。历任这些机构的相关家族最后当然也逃不过东窗事发，被判刑抄家的命运。《红楼梦》的作者曹雪芹，其家族表面上就是因此被抄的。既然是上头"找钱"，那依附这些权贵做生意的商人，自然也会被拔出萝卜带出泥，遭遇抄家清算。《内务府奏销档》里有不少人从发家到被抄家清产的记录，在纸上就让我们领略到"眼看他起朱楼，眼看他宴宾客，眼看他楼塌了"的兴衰过程。

第三种，针对的都是在职官员或宗室贵戚。其中总督、巡抚类高级行政长官特别突出，毕竟"能力越大，责任越大"的反义句，就是"权力越大，危害越大"。他们掌握几个省的军政大权，既能独当一面，也能一手遮天。因此，皇帝对他们并不放心，经常在他们所处理的公事中查找纰漏，随后进行降级、革职甚至抄家等处罚。从抄家档案看，他们被抄的罪名是多种多样的，有贪污、失职、延误军机、专擅等。

其中有两个案件甚为奇特。

一个是七省漕运总督周学健的"剃头案"。公元1748年农历三月，乾隆钟爱的孝贤皇后病逝，乾隆下旨"在京王公百官，咸缟素二十七日，百日剃头"，规定官员在丧期内不能理发。六月，乾隆又下谕旨："本朝定制，遇有国恤，百日以内，均不剃头，倘违例私犯，祖制立即处斩。"结果，周学健不知是哪根筋不对，还是确实爱护仪表，皇后丧期不到百日，他就跑去剃头了。此举遭到江苏巡抚举报。乾隆大怒，骂他"丧心悖逆",并将他革职罚去当工头。这边还没消停,江西巡抚又来凑热闹,检举揭发周学健在江西老家时有受贿行为。本来就心情沉闷的乾隆帝更加心火难遏,查验周学健贪污属实后,责令其自尽并将其抄家。

另一个案件的主人公则是乾隆年间的闽浙总督兼浙江巡抚陈辉祖。他奉命查抄上一位大员王亶望家,看到好物件时,起了贪欲,忍不住偷拿了点儿,然后塞次品充数。这可算是贼遇上贼祖宗。结果,陈辉祖并没有打点好一切,让浙江布政使盛柱在审查清单时发现了猫腻——王亶望家被送进官府的东西和登记在册的物件对不上。乾隆一看就知道问题出在哪儿,又让大学士阿桂去查陈辉祖,果然发现了他当贼的证据。本来,乾隆还大发善心,认为陈辉祖虽然有罪,但毕竟和王亶望不同,顶多算"盗臣",不能判处一样的罪,就给他判个监候。可惜陈辉祖不干净是事实,其以权谋私的事迹被多人举报后,乾隆终于给了他和王亶望一样的结局。

以上这些被抄家的人,大多是确有其罪,可以说并不算冤枉。

而最后一种事关思想觉悟和意识形态的抄家案,可谓冤假错案百出,人头滚滚,在民间造成了一定的恐怖氛围。

众所周知,清朝一度盛行文字狱。即便是拥有"明君"之称的康熙,也曾用文字制造了不少冤假错案。印刷的和卖书的都遭到株连。在《子遗录》一案中,连早已去世的方孝标也被挖出来剖棺鞭尸。雍正朝的文字狱,在《甄嬛传》等影视剧中有所体现。在处置年羹尧之后,雍正穷追不舍。早年跟年羹尧有诗文往来的,如汪景祺、钱名世等人,都遭到了严惩。在钱名世一案中,雍正曾命数百位文臣写诗文声讨钱名世的"劣迹罪行",写完了还要亲自过目批示。写得不好的,就有同情逆党的嫌疑,最终"喜提"抄家流放的处罚。如翰林院侍读吴孝登,就因为诗作被批为"谬妄",被发配宁古塔为军奴。此外,著名的还有"清风不识字,何故乱翻书"等案件。乾隆朝的文字狱就更夸张了,例子不胜枚举。

康、雍、乾祖孙三代大搞文字狱，"胡""虏""夷"都是敏感字，甚至诗中的"明、清"两字也成了敏感词。稍不留意，文字就成了置人于死地的罪证。正如这句话：字写出来之前，是你的奴隶；写出来之后，你就是字的奴隶，任人解读了。

文字狱带来的抄家案，因为关注重点不在经济收获上，所以一般只查抄书籍、诗文、往来信件等。对于财物，乾隆还会特地批示："此皆不必动。"对文书和纸稿，则是一网打尽。故宫博物院文献馆编的《清代文字狱档》中记录，每一则文字狱案中，皇帝都有"严查有无违碍应毁应缴书籍""细查有无不法字迹，片纸只字不得遗留""即墙壁窟穴中亦必详检无遗，倘致透漏风声，伊家得以藏匿，惟尔等是问"等批示。这类抄家，被整治对象并不一定在官场，社会各阶层的人都有涉及，于是一时间人人自危。这无疑是清朝统治者对臣民的镇压和对意识形态的把控。

那么，官员在被抄家时都是乖乖就范吗？所谓上有政策，下有对策。其中当然有不少与朝廷斗智斗勇的人。你要查抄，我可以"移形换影""乾坤大挪移"。如《红楼梦》便描述了贾府与另一个大家族互相藏匿财产的情形。雍正朝查抄直隶总督李维钧时，最初的抄家单上只有三千八百两财物。如此"小贪"，雍正当然不信。在基层小吏的辛苦搜罗下，李维钧原形毕露，直接被查抄出现银三十四万多两，另外还有田宅无数。乾隆朝曾任广东、广西巡抚的钱度，在被举报以后，立即派人把家产往各地转移。可你有对策，人家有"天眼"呀。谁也逃不过乾隆的双眼。之后，在贵州、江西以及钱度老家江苏武进，朝廷一共拦截和查获了五六万两银子，连埋在书房地窖里的财物都被发现了。

正常的督抚大员，除了家中样样俱全的金银玉器，土地、房产、店铺等数不胜数，所以，抄家清单上往往能列出几百上千项。奏报的文书，厚得宛如一部书。

以上可以看出，清朝的抄家并无一个特定的罪名，有资格对他人判定抄家的人，也只有皇帝一人。因为其中大多由皇帝的个人意志支配，所以即便同样是被抄，也有区别对待。有些罪犯在尚未定罪前，就被皇帝下旨抄家，抄家之后获得的大量赃款赃物，又是他们犯罪的铁证，甚至牵扯出更大的罪证，于是本人被杀，财产被抄，"妻子俱充发宁古塔"，可算罪与罚环环相扣了。有些罪犯遇到皇帝起了仁心，便有"妻子免入辛者库"的特赦。《红楼梦》里，贾府虽然被抄，但贾宝玉等人没有被没入辛者库为奴。原型曹雪芹本人也还可以喝喝酒，写写稿子。还有的抄家，大抵等于开了"天恩"。乾隆皇帝在对直隶总督杨景素发出抄家令之前，还特批了一句"著加恩将伊家产内酌量拨给三四万两俾资养赡，其余分别估变解京"，意思是，给他们家人留点儿钱用。

从特批中可以看到，被抄后的财产由皇帝全权处置。通常情况下，皇帝会先从其中挑选一部分，像现银、珠宝、古董字画等，几乎都会被收入皇家内库——内务府；偶尔也会拨一些入国库，或留一部分在地方兴办工程。不好搬运的家具，则在当地变卖，变为钱财再回到朝廷。你偷皇家的钱，皇帝再要回来，不愧是"普天之下，莫非王土"。房产、土地等，要么收归官府，要么按市场价变卖。至于其他的珠宝、家族的奴婢等，押解回京后，再由皇帝统一分配——有的赏给宗室子弟、亲贵大臣，有的则让其他官员拿钱来买。皇帝对这些财产的分拣工作十分上心，还要写上小纸片说明赏给谁，如"交养心殿""交宁寿宫""交崇文门变价"等。那些没人看上的奴婢，就会被拉到崇文门公开变卖。

有人问，被抄家的人或家族还能翻身吗？当然有可能。顺治朝，在睿亲王多尔衮的打压下，索尼曾被削爵抄家，被蹿到盛京看昭陵。但在多尔衮死后，顺治八年（公元1651年），顺治便把索尼召回，恢复其一切职权。索尼成了首席大臣。还有一些被抄家的家族，因为皇帝特批其家属不必充公，那么，他们的子孙就可以继续参加科考，光耀门楣。

个人沉浮

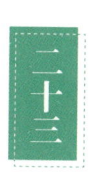

二十三 从托孤重臣到全族被诛，霍光死后为何还能保全名声？

霍光是权臣中非常有意思的一个样本。霍光本人生前权力极大，甚至废掉过一位皇帝。可在他死后，他的家族迅速被汉宣帝彻底诛灭，可谓万劫不复。但是，霍光的身后名在他家族覆灭后仍然得到保全，可见汉宣帝依然肯定他生前的忠诚和贡献。霍光与另一位权臣伊尹一样，以正面的权臣形象被载入史书，同王莽、曹操等人形成鲜明对比。那么，霍光这位权臣和他家族兴起与衰亡背后的权力逻辑分别是什么呢？

没有军功的"政治暴发户"

霍光为何能成为汉武帝的托孤重臣？我们得从霍去病说起。当时，基层县吏霍仲孺去平阳侯府中服役，并在此期间与平阳侯妾（一说侍女）卫媪之女卫少儿私通，生下一个儿子霍去病。但霍仲孺并没有与卫少儿结婚，而是在完成了平阳侯府的事务后便开始了新的人生轨迹，与其他人结婚并生下了霍光。

照例，霍光不过是一个县吏的儿子，而霍去病甚至只是这个县吏的私生子，他们的人生原本很难被史书记载。但卫少儿的妹妹卫子夫在霍去病出生后不久竟然得到了汉武帝的宠幸，更在不久后一跃成为武帝朝第二任皇后；卫少儿的弟弟卫青更是表现出了惊人的军事天赋，成为北境大敌匈奴人的克星和军界第一人——大将军，霍去病因此从县吏私生子一举变成当朝皇后与大将军的外甥，以顶级外戚的贵族身份登上历史舞台，随后证明自己是不输于卫青的顶级军事天才。

霍去病十八岁开始带兵，很快立下了一系列军功，二十岁时已经成为汉朝的骠骑将军。到这时，他决定去寻找自己那个不负责的亲爹霍仲孺。父子相见之后，他把自己的异母弟霍光带到了长安。

霍去病二十四岁就病死了，以近乎完美的形象留在了汉武帝的记忆中。在汉武帝晚年的"巫蛊之祸"中，卫家势力遭到了毁灭性打击，但霍去病的英年早逝反而让霍家躲过一劫。霍光不同于光芒四射的异母兄霍去病，他是一个职业文官，在武帝一朝不过官至奉车都尉、光禄大夫这种两千石级别的中高层，距离权力巅峰相差甚远。直到汉武帝临终时，霍光被汉武帝突击提拔为大司马大将军，与金日䃅、上官桀、桑弘羊一起成为托孤重臣，辅佐汉武帝的幼子汉昭帝。

汉昭帝时代，金日䃅早死，上官桀与皇族鄂邑盖长公主、燕王刘旦以及另一位辅政大臣桑弘羊结成政治同盟，与霍光之间爆发了巨大矛盾。尚未成年的汉昭帝意识到这个政治同盟对自己也有巨大威胁，于是坚定地站在了霍光一边，最终迫使上官桀等人不得不选择武装政变这种非正规渠道来解决政敌。然而这次仓促的政变被告发，上官桀、桑弘羊等人惨遭灭族，鄂邑盖长公主、燕王刘旦被逼自杀。在此之后，霍光与汉昭帝亲密合作，霍光实行的一系列休养生息的政策也获得了较好的成效，使得汉朝逐渐从汉武帝一朝频繁对外征战的巨大损耗中恢复了过来，与后来的汉宣帝朝一起被合称"昭宣中兴"。

汉昭帝与霍光的政治同盟颇为牢固，但汉昭帝却在二十一岁时早逝，这给霍光带来了巨大的难题。霍光在汉武帝一朝最多不过是二千石级别的官员，在汉武帝托孤时也只是四大辅政大臣之一。他既没有哥哥霍去病那样的赫赫战功，也不像曹操那样事实上打了一遍天下，连司马氏那样通过三代人一次次实打实的内战、外战而积累军功都没能做到。霍光在汉昭帝一朝后期能逐渐权倾朝野，一方面是汉武帝遗命授权给了其合法性，另一方面是因为上官桀、桑弘羊等人与皇位最主要的觊觎者燕王联盟，对汉昭帝的皇权本身构成了威胁，汉昭帝为了对抗这一威胁不得不加强与霍光的联盟，授予他更多的权力。而汉昭帝与霍光实行的内外政策得当，也为霍光积累了新的政治声望。

汉昭帝无子，他英年早逝之后，谁来继承皇位便成为新的问题。当时朝廷上大部分人都认为应该立广陵王刘胥——汉武帝最后一个还活着的儿子。但这让霍光很难接受，一方面，是因为刘胥是霍光战胜后逼死的政敌燕王刘旦同母弟，一旦他坐稳了皇位，随时有可能反攻倒算；另一方面，是因为刘胥继承皇位等于是弟死兄继，这是对汉武帝遗诏与汉昭帝继位合法性的变相否定。刘胥继位，意味着汉昭帝绝嗣。而如果能从汉武帝孙辈中过继一个孩子给汉昭帝，那霍光的外孙女上官皇后（也是他所杀政敌上官桀的孙女）就可以升格为皇太后，霍光也可以用上官太后的旗号更好地控制住权力。因此，在自己党羽的支持下，霍光最终成功力排众议，选择将汉武帝的孙子——昌邑王刘贺，过继给汉昭帝为子并让他继承皇位。

废立昌邑王削弱了霍光的政治基础

霍光匆忙迎立刘贺，既是为了避免让广陵王刘胥继位，也是为了让自己保留辅政大权。然而，刘贺却不如祖先汉文帝那样沉得住气，他带着两百多亲信浩浩荡荡地进入长安，一副要用自己亲信给中枢全面换血的架势，让霍光异常尴尬：刘贺本来就是自己力排众议所立，可现在刘贺无论是对自己还是对朝中旧臣的感受和利益都毫不在意。无奈之下，霍光只能再度出面，利用刘贺立足未稳的机会，把他直接废黜，并将他带入京的亲信几乎全部处死。刘贺在位仅仅二十七日就被废黜，后被封为海昏侯，退出了历史舞台。

霍光废刘贺的举动虽然得到了大司农田延年、车骑将军张安世等人的支持，但是在实际操作中却可谓非常勉强，大部分朝臣完全是一副看戏的态度：当初大家都要立刘胥，是你霍光一定要立刘贺，现在自然也得你去善后。而霍光一党几乎是逼着其他朝臣表态。当时的丞相杨敞是司马迁的女婿、未来大名鼎鼎的弘农杨氏祖先，《汉书·杨敞传》记载了他在废刘贺一事中的经历：

大将军光与车骑将军张安世谋欲废王更立。议既定，使大司农田延年报敞。敞惊惧，不知所言，汗出洽背，徒唯唯而已。延年起至更衣，敞夫人遽从东箱谓敞曰："此国大事，今大将军议已定，使九卿来报君侯。君侯不疾应，与大将军同心，犹与无决，先事诛矣。"延年从更衣还，敞、夫人与延年参语许诺，请奉大将军教令，遂共废昌邑王，立宣帝。

田延年作为霍光心腹，要求杨敞对废立表态。杨敞一时间不知道如何应对。杨敞的老婆是司马迁的女儿，政治眼光自然不同凡响。她劝告杨敞说，现在霍光与他的心腹已经下定决心，杨敞如果不答应，很可能会被霍光在废立前诛杀以立威，还是答应为好。于是杨敞答应合作。随后，霍光、田延年、张安世等人召集杨敞及其以下御史、将军、列侯、中二千石、大夫、博士等在未央宫开会，霍光提出废刘贺之事，群臣的表现与杨敞最初的反应相近，"惊鄂失色，莫敢发言，但唯唯而已"。此时田延年拔剑说了一大堆义正词严的话，大意是要对得起先帝、对得起汉家社稷就必须废掉刘贺，最后公开威胁"今日之议，不得旋踵。群臣后应者，臣请剑斩之"。随后"议者皆叩头，曰：'万姓之命在于将军，唯大将军令。'"

霍光这次废立其实相当勉强。后世两晋南北朝权臣废君时，都是他们的党羽主动跳出来表示应该废黜昏君，权臣则一副痛心疾首的样子，表示"我对不起先帝，没有教育好年轻的小皇帝啊，应该自杀以谢天下"，然后在党羽们的劝说下忍痛禀报太后，将小皇帝废掉。而这次，霍光需要田延年这样的高官亲自上阵拔剑威胁，才能勉强废黜刘贺。

刘贺被废后，"巫蛊之祸"中被废黜的戾太子刘据之孙刘病已被过继给了汉昭帝，入继大统成为新一代君主汉宣帝。《汉书·霍光传》列出了废立时向太后上书的大臣的名单：

"丞相臣敞、大司马大将军臣光、车骑将军臣安世、度辽将军臣明友、前将军臣增、后将军臣充国、御史大夫臣谊、宜春侯臣谭、当涂侯臣圣、随桃侯臣昌乐、杜侯臣屠耆堂、太仆臣延年、太常臣昌、大司农臣延年、宗正臣德、少府臣乐成、廷尉臣光、执金吾臣延寿、大鸿胪臣贤、左冯翊臣广明、右扶风臣德、长信少府臣嘉、典属国臣武、京辅都尉臣广汉、司隶校尉臣辟兵、诸吏文学光禄大夫臣迁、臣畸、臣吉、臣赐、臣管、臣胜、臣梁、臣长幸、臣夏侯胜、太中大夫臣德、臣卬。"

这些人中，大部分并非霍光的私党，他们选择支持霍光废立，一方面是因为昌邑王刘贺确实侵犯了自己的权力与利益，另一方面也是迫于霍光施压。

但是汉宣帝刚登基，霍光的权威就遭到了公开挑战。

被废黜的刘贺，其正妻叫严罗紨，她的父亲、刘贺的岳父严延年并未遭到清洗，汉宣帝继位后，他在朝中担任侍御史，在朝议上公开弹劾霍光"擅废立主，无人臣礼，不道"。奇怪的是，这个弹劾在朝堂引起的反应是"奏虽寝，然朝廷肃焉敬惮"。虽然弹劾不了了之，但是官员们对严延年佩服有加。霍光则没有任何能力来报复这位当众挑衅的政敌。严延年看到弹劾霍光没有回应，又上奏弹劾前不久在朝堂上仗剑威逼群臣的霍光心腹田延年手执武器冲撞了汉宣帝的侍从车。霍光终于开始反击，安排御史中丞反弹劾严延年。当时如果御史系统弹劾朝臣，必须马上通报相关部门禁止被弹劾者进宫，因为被弹劾的人理论上会对皇帝的人身安全产生威胁。但严延年弹劾田延年之后，没有履行这个手续。按法律规定，这是要处死刑的大罪。奇怪的是，严延年成功逃脱，随后很快赶上了汉宣帝登基后的第一轮程序性的大赦天下。丞相、御史府在严延年获得赦免后，都在第一时间向严延年发出了征召信函邀请他上班。严延年选择了后者。于是，这位几个月前连续弹劾霍光、田延年的刘贺岳父，犯了死罪能躲过一劫，获得大赦后从侍御史升职为御史掾，继续活跃。

从严延年的事迹便可以看出，虽然丞相府和御史系统在废昌邑王时成为霍光暂时的政治盟友，但他们并非霍光的私党，在严延年事件中更是明显站在了霍光的对立面，霍光远远达不到只手遮天的程度。在汉宣帝继位后，他们自然会在君主汉宣帝与权臣霍光之间小心翼翼地"走钢丝绳"，通过各种手段制约霍光权力的再扩大。汉昭帝的英年早逝及昌邑王的迅速废立，毫无疑问对霍光的权力基础造成了不小的削弱。不久之后，霍光的铁杆心腹田延年贪污事发，遭到了新任丞相（杨敞已经病死）的弹劾。霍光也无法帮助田延年躲过这一劫，只能表态：田延年在废立昌邑王一事上贡献巨大，但是对于他贪污的事情，我也感到很痛苦。最终田延年被迫自杀。

汉宣帝与霍光：小心翼翼的平衡之道

汉宣帝从辈分上看已经是汉武帝的曾孙，而且他的爷爷戾太子刘据虽然在"巫蛊之祸"中其情可悯，但实实在在于长安城内发起了武装叛乱，在数万人战死后自己兵败身亡。即便汉武帝晚年对父子反目之事颇为后悔，刘据这一系作为嫡长子后代的继承权也从法理上彻底消解了。

汉宣帝能继位，一方面离不开霍光与广陵王刘胥之间的芥蒂，另一方面也与昌邑王安插亲信过急从而得罪了满朝文武相关，在法统上的合理性则来源于把自己过继给汉昭帝为嗣。也就是说，汉宣帝是以汉昭帝继子、汉武帝孙子的身份继位，而不是以戾太子孙子、汉武帝曾孙的实际身份继位。因此，汉宣帝继位合法性的每一个环节都与霍光密切相关。即使在霍光病死、霍光家人已经全部被诛灭的十几年后，汉宣帝仍然对霍光非常尊崇，将他列为自己这一朝的功臣第一名，因为霍光与自己帝位的合法性关联实在太密切了。

出身不久就沦落民间的汉宣帝，在朝中可谓没有任何根基，又有昌邑王被废的例子在先，对现有的权力格局自然非常尊重。另外，霍光虽然权倾朝野，但却达不到后世权臣只手遮天的程度。在废昌邑王、立汉宣帝时上书太后的那些朝臣，虽然不会主动去挑战霍光的权力，但是除了霍光的女婿范明友等寥寥几人外，其他人不过是霍光的政治盟友，算不得他的嫡系。这从汉宣帝继位前后严延年公开弹劾霍光与田延年不但逃过死罪、反而得到升迁就可以看出一二。

汉宣帝在突然被皇位砸中之前，已经与自己在掖庭时认识的故人许广汉之女许平君结婚，且两人感情颇佳。在立皇后的问题上，汉宣帝希望立许平君为后，霍光则希望把自己的小女儿霍成君嫁给汉宣帝做皇后。朝臣们在这个问题上都选择支持汉宣帝，原因也很简单：如果霍光之女成为皇后，霍光就叠加了一层外戚的身份，权力将更上一层楼；而如果汉宣帝立自己亲近的许平君为皇后，许氏外戚能有效限制霍光的权力。最终许平君被立为皇后。

随后便发生了许皇后被毒杀的事件。当时许皇后刚生产完，女医官在霍光之妻霍显的授意之下毒死了许皇后，并将此事伪装成死于产后病症。按照官方口径，这是霍显瞒着霍光私下搞的，霍光听说后大为惊骇，但木已成舟，不得不为妻子掩盖罪行。但是前文已经分析了霍光与汉宣帝政治合法性的密切相关性，因此我们并不能排除这件事出自霍光本人的授意，汉宣帝就算觉得霍光是主谋也只能将罪责推到其家属身上的可能性。而且霍光在知道妻子毒杀皇后的情况下，还在不久之后把小女儿霍成君嫁给了汉宣帝，让霍成君终于当上皇后，这里面霍光的责任是无法推脱的。不过许皇后死亡事件的责任此刻被推到了医官头上，成了一次医疗事故。

霍光此时的位置相当尴尬。他虽然是大权在握的权臣，但更像一个职业经理人。他不是哥哥霍去病那样的军事天才，本人既没有掌握自己的武装力量，也未能像曹操、司马懿那样建立辉煌军功。因此，即便霍光在军队里安插了许多亲属，但是实际上没有任何意义。当年吕氏不仅同样在军队里安插了大量亲属，还封了几个族人当诸侯王。然而吕氏家族的覆灭证明：在需要站队的关键时刻，这种安插进去的亲属基本是指挥不动军队的。

霍光大约已经预见了自己家族有被诛灭的风险，便在临终前上书汉宣帝，希望把自己的封邑分三千户给霍去病的孙子（一说是过继给霍去病为孙的侄孙）霍山，为霍去病奉祀。霍光此举可能是在乞求汉宣帝，如果最终霍家难逃一劫，希望能够放过霍去病这一脉。汉宣帝的做法是，一边答应霍光对霍山的安排，一边把霍光的嫡子霍禹升官为右将军以安抚其心。汉宣帝深知，霍光都是快死的人了，实在没必要和他翻脸，等他死了之后还不是自己说了算。于是，霍光就在不安中病死了。

精明可怕、刻薄寡恩的汉宣帝
在诛灭霍家一案中有意扩大化

班固在《汉书》中记述了汉宣帝初立时拜谒汉高祖刘邦宗庙的事情，当时霍光陪坐在汉宣帝右边，也就是所谓的"骖乘"。汉宣帝非常害怕，如芒刺在背。后来霍光病死，车骑将军张安世成为新的骖乘，汉宣帝就非常安心自在。班固因此评论说"霍氏之祸萌于骖乘"，可谓看透了霍氏覆灭的本质。

霍光去世后，汉宣帝把他的嫡子霍禹从右将军升迁为大司马。然而离谱的是，这个大司马之位既没有印绶也没有兵权。汉宣帝还把霍家的兄弟、亲党逐渐外放。面对汉宣帝的磨刀霍霍，霍禹只能同霍山、霍云等人在一起抱头痛哭，几乎是坐以待毙。到最后，他们终于决定铤而走险、殊死一搏，开始密谋反叛。然而这恰恰是汉宣帝一直期待甚至求之不得的。

早有准备的汉宣帝举起了他的屠刀。霍云、霍山等人自杀，霍禹被腰斩，霍氏全族被杀光。如果说霍光一脉被杀尽是当时政治斗争常态的话，霍去病一脉都被彻底杀绝，使得霍去病从此彻底断了后人祭祀，就让汉宣帝的刻薄寡恩暴露无遗了。霍皇后则被废黜到冷宫，许多年后终于不堪精神折磨选择了自杀。这次屠杀是如此的彻底，以致到东汉初年时，汉章帝准备追录西汉年间功臣后裔，选择寻找萧何与霍光的后裔，却终究没能找到霍光的后裔，甚至连可以过继到霍光名下的亲属后代都没找到，只能封萧何后人萧熊一个人，给了他萧何当年的"酂侯"封爵。

不过比起后来的大屠杀，霍光、霍去病两脉被杀绝的事情就显得没那么严重了。史书记载当时"与霍氏相连坐诛灭者数千家"，能达到这个级别的，至少是长安城内中产以上的人家，此时被灭门了数千户，至少有数万人，这实在是一个骇人听闻的数字。这次大屠杀夸张到什么程度？汉宣帝在屠杀三年后的元康四年（公元前62年）下了一条"诏复家"的诏令，让吕后、汉文帝、汉景帝、汉武帝时代失去列侯地位的功臣贵族后代恢复了先祖的身份。显然，这次屠杀的无限扩大化，让汉帝国统治阶层为之一空，以至于汉宣帝不得不从前几朝被废掉贵族身份的开国功臣后裔中找人填补空缺了。

霍光没有哥哥霍去病那样耀眼的军事天才，他更像一个职业文官，靠着霍去病的政治遗产和自己的行政素质成为托孤重臣，又在对抗政敌上官桀、桑弘羊等人及其背后的燕王等宗室的斗争中捍卫了汉昭帝的皇权，一跃成为头号权臣。霍光的权力基础来源始终只有一个：汉武帝遗命的授权。他本人没有曹操、司马懿这样的军事功业，也没有王莽那样的广泛人望，因此不存在改朝换代的可能。对霍光本人来说，他只有扮演好忠臣的角色，才能够持续掌握权力。霍光在许皇后的问题上严重得罪了汉宣帝，自己晚年又不能及时为身后事做好准备，最终让自己那些又蠢又笨的晚辈付出了惨重的代价。

二十四　阿斗的野望：活着

阿斗流浪记

公元194年，刘备帮助徐州牧陶谦击败了来犯的曹操，随后驻扎在小沛。在这里，三十四岁的刘备结识了小家碧玉的甘氏，并迅速坠入爱河。由于刘备此前多次丧偶，出于迷信心理，他没有娶甘氏为妻，而是纳其为姜室。但由于两人感情深厚，甘氏实际上主持着刘家后院的工作。

俗话说嫁鸡随鸡，嫁狗随狗。甘夫人嫁给刘皇叔后的命运，可以说是历尽艰险，活着已属不易。

公元196年，夹在曹操和吕布中间的刘备，被曹操表奏为镇东将军，在面对袁术的北上入侵中首当其冲。在刘备率部抵抗袁术时，吕布乘虚偷袭下邳，甘夫人被俘虏。后来刘备收拾残兵，向吕布求和，吕布归还了小沛和刘备的老婆。

两年后，刘备又受曹操怂恿，夺取了吕布的黄金。吕布一怒之下又攻陷了小沛，甘夫人再次被俘，直到刘备联合曹操击败吕布后才被营救出来。后来刘备投靠曹操，参与董承"衣带诏"事情败露，战败出逃，甘夫人再次被落在敌营，后被关羽"过五关斩六将"才带回身边。

颠沛流离的日子持续了很久，直到公元207年刘备在荆州落脚才结束。刘备在这里如同"鱼儿有了水",终于得到了诸葛亮。也是在这一年,甘夫人在婚后的第十三年生下了一名可爱的男宝宝。据说此前甘夫人梦到自己吞下了北斗七星,因此给这个孩子取名为阿斗,以此寄托对他的美好期望。

根据《三国志》的记载,刘备的外貌是"垂手下膝,顾自见其耳"。根据《拾遗记》记载,甘夫人"玉质柔肌,态媚容冶"。如果遗传没有"正正得负",那么阿斗一定是一个胳膊长、耳朵大、皮肤白的可爱宝宝。

关于阿斗的可爱喜人,从一个侧面也可以证明:几年后,已经嫁给刘备的东吴孙夫人,准备回娘家时还不忘带上五岁的阿斗(《三国志·蜀书·赵云传》裴松之注),这恐怕不是绑架人质这个理由能解释的。

弗洛伊德曾说:"人的创伤经历,特别是童年的创伤经历会对人的一生产生重要的影响。""我想不出比获得父亲的保护更强烈的儿童需要。"

阿斗的童年肯定算不上幸福。

甘夫人在阿斗一两岁的时候就因病去世了,而且在去世前不久,还在长坂坡之战中经历了刘备的再一次抛弃。

而好不容易和后妈处出了感情的阿斗,在五岁时又经历了离别。许多年后,令人唏嘘的是,在白帝城穷途末路的刘备,还要从诸葛亮的口中来了解阿斗的表现。虽然不知道阿斗是"长于妇人之手",还是被诸葛亮带在身边,但可以确定的是,和十岁就被曹操带在身边征战的曹丕不同,阿斗不仅对蜀汉的征伐毫无体验,与父亲刘备之间也有很深的隔膜。

刘备在公元207年结束了颠沛流离的日子,开始为实现《隆中对》的战略而忙碌。这一年,阿斗也来到了世界上,开始了在父亲身边的精神流浪。离谱的是,在曹魏郎中鱼豢私撰的史书《魏略》中,阿斗的童年多出了一段被拐卖的经历。

根据《魏略》记载，刘备从小沛逃亡时遗弃了家眷，当时已经好几岁的阿斗被人带到汉中，随后被人拐卖。扶风人刘括把阿斗买下，养大成人。十六年后，刘备取得汉中，已经长大的阿斗记得自己的父亲叫玄德，通过一个姓简的将军，父子得以相认。随后阿斗成为汉中王世子刘禅。

这个充满恶趣味的"阿斗流浪记"已经被裴松之辟谣，他指出这个故事的时间线根本和实际对不上。但这段记录告诉我们，起码同时代的曹魏人鱼豢愿意相信这样的催泪故事，并正儿八经地把它写进严肃的历史作品里。阿斗童年的不容易，仿佛是三国人士的共识。

听过很多道理，但还是过不好这一生

在阿斗出生的那一年，刘备收荆州人寇封为养子，将其改名为刘封。为了一家人整整齐齐，阿斗被命名为刘禅。"封禅"的名字中，承载了上古时期政治纯真年代的记忆。

公元219年，刘备自立为汉中王，十二岁的刘禅成为王世子。过了不久，哥哥刘封就因"欺凌孟达、不救关羽"被赐死。和刘封长期共事的孟达曾说："自立阿斗为太子以来，有识之人相为寒心。"（《三国志·蜀书·刘封传》）因为刘封常年征战，其经验和才干不是刘禅比得上的。但这一安排，使得蜀汉避免了曹魏和东吴那样的继承人危机。公元223年，在刘备白帝城托孤之后，十七岁的刘禅顺顺当当地继位为蜀汉第二代君主。

在诸葛亮的眼中，刘禅的人品很不错，他评价十八岁的刘禅"天资仁敏，爱德下士"。

这一评价用在青年刘禅的身上，应该是中肯的。诸葛亮并不是阿谀或者客套之人。比如对自己的亲侄子诸葛恪，诸葛亮就曾在给东吴都督陆逊的信中直言诸葛恪性情疏阔、难堪大任。诸葛恪后来的命运也证明了诸葛亮的判断。

刘禅虽然资质平庸，但在团结人的天赋上，应该很有他父亲的风范。比如诸葛亮去世后，投机分子李邈揣摩上意，认为刘禅也许会因长期被诸葛丞相管教而觉得很压抑，便上书说诸葛亮的坏话，结果被刘禅处死。他是刘禅在位期间少有的被杀的大臣。

在曹魏发生"高平陵事变"之后，魏将夏侯霸来投降蜀汉。刘禅派人到大山里接来迷路的夏侯霸，拜其为车骑将军。

终其执政的四十一年，刘禅没有像曹叡一样大兴土木，也没有像孙皓一样滥杀无辜，的确可以算得上厚道了。

继承创业遗志又肩负托孤重任的诸葛亮，倾注全部心血的弟子不是马谡也不是姜维，而是刘禅。成都北面的学射山，曾经有阿斗学习射箭的身影；诸葛丞相一字一句手抄的《韩非子》竹简上，留下了阿斗认真学习的笔迹。

创业难，守业更难。被寄予厚望的刘禅，按部就班地茁壮成长着。

在刘禅继位后的头十一年，蜀汉平定南方叛乱、与东吴重修旧好、发展农业生产、五次北伐，都不是他干的，天塌下来有丞相顶着。刘禅在诸葛丞相的呵护下度过了缓冲期。

公元234年，诸葛亮病逝于渭水之滨的五丈原，二十八岁的刘禅不得不开始独自面对自己的使命。

在"后诸葛亮时代"，对于《出师表》中提到的贤臣，刘禅无条件地信任蒋琬和费祎；即便是总给自己添堵、妨碍自己热爱生活的董允，刘禅也仍然委以重任。对姜维的北伐，刘禅是坚定的支持者；对蜀汉英杰的事迹，刘禅是积极的传扬者。

在位的最后三年里，刘禅做了一些耐人寻味的事情：给"五虎将"、庞统等蜀汉名将名臣追赠了谥号，给诸葛丞相立了庙，仿佛是准备给蜀汉创业史盖棺定论了。

刘禅这时是否认为兴复汉室的政治理想已经破灭？早在刘禅即位之初，诸葛亮当年"跨有荆、益"、从两路进攻的战略就已经"瘸了一条腿"。支撑着蜀汉上下的，只有诸葛亮的鞠躬尽瘁和大家的一股精气神了。战略目标的不断落空、上一代人才的逐渐凋零，刘禅应该是最有感触的。

诸葛亮死后，刘禅又执政了三十年。祸国殃民的宦官黄皓，实际是在刘禅执政的最后五年中才登上历史舞台。然而刘禅的随波逐流、不务正业早有端倪。局势一天天坏下去，面对满朝恨铁不成钢的忠臣脸，刘禅选择了逃避。刘禅经常神出鬼没，可以说是"薛定谔的皇帝"。《三国志·蜀书·谯周传》中说刘禅"四时之祀，或有不临，池苑之观，或有仍出"——各种各样的正式活动中，有时候找不到人，而在各种游乐场所没准能把刘禅逮个正着。

蜀汉的年号经常改来改去。为了补充兵源，刘禅在位期间进行了十三次大赦，后期更是几乎一年一赦。但是改元不能改命，蜀汉的国力逐渐难以支撑三足鼎立的局面。公元260年，东吴五官中郎将薛珝到蜀国买马，他眼中的成都已是"野民皆菜色"，刘禅"主暗而不知其过"，弥漫着要垮台的气氛。

对益州本土人士来说，刘备集团的政治理想是强加在他们头上的负担，因此在危难时他们自然最先动摇。公元263年，当邓艾伐蜀的奇兵从深山老林里冒出来的时候，土生土长的光禄大夫谯周，站在刘禅个人的角度详细地分析了局势，认为逃又没地方逃，打也打不过，不如投降以求瓦全。谯周的分析有理有据，令人信服，刘禅当即决定照办。

谁说阿斗扶不起来？扶我起来，我要去送！

刘禅和谯周带着六十多名大臣，把自己绑起来，车上载着棺材，出门向邓艾投降，用蜀国君臣的真心换来了邓艾将军的笑容。正所谓"置之死地而后生"。邓艾在受降时说："这多亏是遇到了我，如果像东汉时期吴汉入蜀那样,各位就死定了。"

刘禅还给司马昭送去了感人肺腑的投降书:粮食在仓库里,我们在棺材上,百姓仍在耕作,窗外草长莺飞,我们送给您一个完整的蜀国。(《三国志·蜀书·后主传》:"辄敕群帅投戈释甲,官府帑藏一无所毁。百姓布野,余粮栖亩,以俟后来之惠,全元元之命。")

蜀汉先辈的事业至此灰飞烟灭,但起码人还在吧。

"将士正欲死战,奈何陛下先降?"宋末元初诗人陈世崇凝练地概括了蜀汉最后的抵抗:"孔明之子瞻、孙尚战死,张飞之孙遵、赵云次子广亦战死,北平王谌哭于昭烈庙,先杀妻子,乃自杀。魏以蜀宫人赐将士,李昭仪不辱,自杀。"不仅事业灰飞烟灭,英杰后人也都玉石俱焚。连本可以得到保全的成都也在劫难逃。还希望"社稷危而复安,日月幽而复明"的姜维,想与灭蜀的钟会发起兵变,结果三败俱伤,谋划者被阴谋反噬,邓艾、钟会、姜维皆死。成都终究没能躲过兵燹之灾。

陈寿称刘禅是"素丝",是"近朱者赤,近墨者黑"的一张白纸,可以说非常恰当。裴松之认为,刘禅的执政能力是中下等水平,他个人的存亡和国家兴亡无关("刘禅凡下之主,费祎中才之相,二人存亡,固无关于兴衰")。对刘禅来说,天下苍生有我没我都一样,但命是自己的,要好好爱护。

诸葛亮"亲贤臣,远小人"的苦心教导,终究一语成谶。知易行难,虽然听过很多道理,但还是过不好这一生。刘禅以一种苦涩的方式,实现了诸葛亮《出师表》中"还于旧都"的理想——被押送到了洛阳。

好在人没事。

演员的自我修养

其实奠定刘禅风评的"乐不思蜀"事件,包含三次紧张、刺激的

"对线"。

根据《汉晋春秋》的记载，第一次是司马昭在宴会上安排蜀地节目，蜀汉旧臣看了节目，此起彼伏地潸然泪下，只有刘禅嘻嘻哈哈。回去之后司马昭就发表了著名的议论：这个人无情至此，诸葛亮都扶不起来，何况姜维呢？

第二次是司马昭和刘禅对话。司马昭问刘禅是不是有点儿怀念在蜀国的时光了，刘禅的回答是"此间乐，不思蜀"。

第三次是原先在蜀汉担任秘书令的郤正，觉得刘禅"乐不思蜀"的回答太假了，不能令人信服，因此好心向刘禅建议，说下次司马昭再问的时候，要哭着说"我的先人都安葬在蜀地，想到这我就每天伤心和思念"。果然司马昭再问起来的时候，刘禅除了眼泪没挤出来以外，原封不动地背了一遍这些话。司马昭当然觉得奇怪，问刘禅："这话不像你能说出来的啊，倒像是郤正教你的。"刘禅听了很吃惊，脱口而出："你怎么知道的？"在场的人看他这么老实，都笑了起来，殿内外充满了快活的空气。

此后，刘禅寄人篱下，平平安安地度过了人生最后八年的时光，享年六十五岁。

有人说刘禅的应对，体现了大智若愚的明哲保身策略，展现了比较高的智商和情商。但这并不重要。眼前有三碗寄人篱下的饭，谁来告诉刘禅，哪一碗叫大巧若拙，哪一碗叫卧薪尝胆，哪一碗叫全无心肝？故国可以回首，但没必要。现在看这三次考验，有两个明显的感觉：一是司马昭显然把调戏刘禅当成日常节目，有事没事就问一问，说不放心刘禅可能谈不上，但仿佛在试探他的底线到底存不存在；二是可以看出亡国之君的"演员自我修养"有三层境界。苏联戏剧理论家斯坦尼斯拉夫斯基认为，演员的表演，应该调动以往的一切亲身经历和情感资源，用于进入角色的内心世界，而不是仅仅停留在基于角色身份或性格的表面层次。

亡国之君的三层表演境界分别是：

第一层是心怀故国，但不露声色；

第二层是黯然神伤，却坦坦荡荡；

第三层是当空心人，随心所欲不逾矩。

第一层的表演肯定感动不了把韬光养晦当成传家本领的司马昭。郤正是站在第二层，让刘禅用逆向思维，向司马昭表现出清澈见底的诚恳。而早已全无底线的刘禅是站在第三层：当年作为国君的胸中城府已经被夷为平地，在享乐层面上，眼前洛阳的舞榭歌台、美酒佳肴，和成都的又有什么分别？天真烂漫的直白话，足以让司马昭君臣相信，刘禅已经彻底成了大熊猫式的活宝。

三国的历史是一段群星璀璨、壮丽悲怆的英雄史诗，而这一切和刘禅基本无关。穿过赤壁的硝烟，越过北伐的车辙，我们可以重新发现"苟全性命于乱世"的刘禅。才能如此平庸、气节如此低下，却无人唾骂，而只是让人仰天叹息的人物，三国中再难找出第二个。

对于一个好故事来说，如果没有"拖油瓶"阿斗，白马银枪的赵云"七进七出"救谁？没有扶不起来的阿斗，诸葛亮又怎能"长使英雄泪满襟"？

后人很难不对刘禅报以"理解之同情"，毕竟正是透过这个以"活着"为最高目标的平庸心灵，人们才能看清三国英雄伟岸的身影。正是这种平庸，使得悲壮史诗得以成立。

二十五　游侠周瑜：士为知己者死

"曲有误，周郎顾。"

陈寿在《三国志》中给人做传时，很少用这样诗意的结尾，加上此传开头对周瑜外表的描述——"有姿貌"，让能读懂这个场景的男男女女，脸红心跳了一千八百多年。

唐代隐士李端想象了一个场景：

> 鸣筝金粟柱，素手玉房前。
> 欲得周郎顾，时时误拂弦。

弹琴的江南少女故意频频弹错，只为和周郎对视一眼。

自从周瑜这位赤壁之战的统帅、让孙吴三分天下有其一的元勋英年早逝后，很少有人能再以这样的方式触动后人心弦了。

周瑜当年听过的高丝细竹、鼓角争鸣，又是什么光景？

孔雀东南飞

江淮之间，有一块叫庐江郡的地方。此处西边是大别山区，北边抵着淮河，南边临着长江，东边靠着巢湖，是一片被山川湖泊包裹、让人很有安全感的地方。东汉建安年间，《孔雀东南飞》的故事就发生在这里。

周瑜与《孔雀东南飞》中的男主焦仲卿大概是同龄人，于汉灵帝熹平四年（公元175年）出生在庐江郡的治所舒城。周氏是庐江豪族，周瑜的生活和舒城一般的孩子完全不同。

庐江周氏素以胆略和眼光著称。家族发迹始于周瑜的高祖父——东汉名臣周荣。周荣作为司徒袁安的幕僚，即便面对窦氏势力"刺客满城"的威胁也无所畏惧，自称"江淮孤生"，与袁安同进退，后来官至颍川太守。袁安是汝南袁氏发迹的起点。周荣在袁安手下，与其并肩战斗，也让两家后来深深绑定在了一起。

周瑜的叔爷爷周景，和杨修的太爷爷杨秉一同位列三公，还当过河内太守，善于收买人心，是当时的士人领袖，因为拥立汉灵帝有功，惠及子孙。

周瑜的伯父周忠，在汉献帝即位后任太尉，护送汉献帝出长安，一路抵挡李傕的追杀，在贾诩的帮助下逃出生天，得以善终。

周瑜的父亲周异、堂兄周晖，和司马懿的父亲司马防一样，都做过洛阳令，是曹操的老上级。

在这样的家庭中耳濡目染的周瑜，熟知搞政治的千百种败途，以及为数不多的几条制胜之路。虽然周瑜不是出自家族内挑大梁的正支，但是后来的历史表明，周瑜是从庐江飞出的最耀眼的金孔雀。

周瑜崛起于乱世的地方，是在庐江东南方的江东。

总角之好

梦想始于两个小孩子的相遇。

汉灵帝中平元年（公元184年），周瑜九岁，听说北边的寿春来了个不一般的小孩，名叫孙策，祖籍江东吴郡，他的父亲孙坚是打击黄巾军的将领，上阵杀敌时头上系着红头巾（赤罽帻），勇敢又威风。周瑜来到寿春，如愿结识了孙策。

在寿春的日子里，周瑜与只比自己大几个月的孙策玩得特别好。白天，两个人用沙堆做战场，拿竹杖当兵器；晚上，孙策给周瑜讲孙坚在江东怎么平定"妖贼"作乱，在下邳怎么一呼百应地招募士兵讨伐黄巾军。纵横江东和中原的战争故事令周瑜着迷。

后来，两个头上梳着发髻的小学生，还是依依不舍地分别了。周瑜回到了舒城，孙策留在寿春。两地相隔二百多公里，大概相当于现在从淮南到六安的距离。尽管有诸多不便，但是周瑜和孙策一直保持着联系。

两人分别的几年里，发生了不少大事。

由于长沙山贼作乱，孙坚升官了，被表奏为长沙太守，奉命带兵南下剿匪。

汉灵帝中平六年（公元189年），十四岁的周瑜收到洛阳长辈来信，得知汉灵帝驾崩，朝中局势极其紧张：何进为对付宦官，让董卓进京，结果引狼入室。董卓废长立幼，还诛杀了太傅袁隗全家五十余口。袁隗的两个侄子袁绍、袁术，前者跑到河北，后者逃到南阳。洛阳乃至中原的其他士人也纷纷逃散。

周瑜又听逃难而来的人说，淮河以北已经不安定，各路诸侯纷纷集结兵马，准备讨伐董卓，一片大战在即的氛围。

周瑜想到了孙策。他找机会说服好兄弟，让对方抓紧带着家人南迁，躲避乱世风雨。两人一拍即合。（《江表传》："劝策徙居舒，策从之。"）

此时身为长子的孙策已经是家中少主，父亲不在，后方就靠自己拿主意。孙策带着全家老小搬到舒城，和周瑜当了邻居。周瑜把家里一座上好的大房子送给孙策一家住，每日和好兄弟切磋兵法，一起观察外面的风云变幻。

　　周瑜听孙策说，孙坚也投身讨逆洪流，依附在袁术阵营中，北上讨伐董卓，斩杀了名将华雄，兵威直逼洛阳，与洛阳仅距九十里，惊得董卓慌忙西逃长安。董卓逃走之前，一把火将洛阳宫室烧成灰烬，顺便刨开北邙山上的陵寝，掠走宝物，河洛的乌鸦得以饱餐王公贵族的尸骸。

　　周瑜还听孙策说孙坚已经是天下名将，家里的条件比以前好多了。周瑜的长辈们则没有出什么风头，堂兄周晖在去洛阳接应父亲的途中，被董卓杀掉了；其他人有的辗转返乡，有的被胁迫到了长安，活着已属不容易。

　　天下大乱，两个少年反而兴奋不已。各有家人身处乱世第一线的周瑜和孙策，对中原发生的一切都有很强的代入感：也许自己建功立业的时代就要到来了。

江淮游侠

　　属于周瑜和孙策的时代，以一个噩耗拉开了序幕。汉献帝初平三年（公元 192 年），孙坚在荆州作战，于襄阳城外死于冷箭。

　　两个十七岁的少年，此时已经以舒城为据点，结交了不少江淮豪杰。孙坚阵亡的噩耗使他们的成长又加速了。此时两人都在袁术的阵营中，用三四年的时间，暗暗为自己积蓄了不少力量。

　　两人经营的重点，不在庙堂，而在江湖。

　　物以类聚，陆逊的后人陆机在《辨亡论》中追思先烈，说周瑜"弘敏而多奇，雅达而聪哲，故同方者以类附，等契者以气集"。在周瑜结交的同类中，鲁肃就是一个代表。

　　鲁肃家在临淮，是当地有名的败家子。

　　鲁家很有钱，但是鲁肃"不治家事"，管出不管进，不光拿手头的钱粮救贫济困，结交"轻侠少年"，还变卖家里的地，每天除了读书，就是带着一帮小年轻在南山脚下射猎，"讲武习兵"。乡亲父老见了都摇头："老鲁家不行了，养出个这么张狂的孩子！"（《三国志·吴书·鲁肃传》："鲁氏世衰，乃生此狂儿！"）

周瑜在奉袁术之命出任居巢县令的时候，曾带着几百号缺吃少穿的手下四处借粮，寻到了鲁肃的头上。周瑜本来只是试试看，没想到鲁肃直接给了他一大仓米。当时鲁肃家一共有两仓米，每仓三千斛，合十二万斤，够五百人吃一年了。这样的慷慨，让周瑜很意外：在战乱中，淮北的粮食价格已经涨到几十万钱一斛了。汉末，"任侠"之风大盛。汉灵帝时有一个叫郑太的人，他感到天下将大乱，所以暗中结交豪杰，本来家里"有田四百顷"，但是因为接济朋友，自己家经常饿肚子。鲁肃也是类似的人。

周瑜和鲁肃意气相投，按公子哥之间的交友礼节，"定侨、札之分"。这是以春秋时的郑国公子子产（公孙侨）和吴国公子季札自比。子产后来是郑国的实权人物；季札就是著名的延陵季子，道德高尚，音乐素养深厚，一度和孔子并称"南季北孔"。

两个轻财好义的年轻人就这样结下了深厚的友谊。

汉献帝初平四年（公元193年），袁术一路兵败，辗转来到寿春，此后迅速通过一系列手腕稳住了局面，成为江淮地区的最强势力。周瑜和孙策的家人、孙坚的旧部都在袁术手下任职，比如周瑜的叔叔周尚，孙策的舅舅吴景、堂兄孙贲，因此两个少年也都栖身在袁术手下。

不同的是，孙策带着家人辗转南下，在安葬好父亲后，始终想着占据江东老家，并且打到荆州，为孙坚报仇。羽翼渐丰的孙策，逐步从袁术手中收回了父亲的部曲，花了不到两年时间打过江东，并在建安二年（公元197年）袁术称帝后，与其分道扬镳，自立山头。他期待的是建立"齐桓晋文"式的霸业。

周瑜的行动则迟缓一些。周瑜家世代居住在庐江，因为豪族搬迁必然伤筋动骨，所以周瑜除了一度在长江北岸的历阳短暂地协助孙策渡江外，并没有从一开始就跟着孙策征战，而是直到孙策和袁术决裂后，才举家迁到江东。

两汉的"游侠"，如司马迁在《史记·游侠列传》中说的，"其言必信，其行必果，已诺必诚，不爱其躯"，是一群目无法纪，但重名誉、轻生死、够朋友的人。对儿时的周瑜而言，游侠是令人向往的江湖故事；对少年的周瑜而言，游侠是一种呼朋引伴的生活方式；对成熟后的周瑜而言，游侠是士为知己者死的人生追求。从二十三岁开始，周瑜正式加入孙策阵营。两人一起度过了两年并肩战斗的岁月。这短短两年也改变了周瑜的人生轨迹。

陈寅恪提出："孙吴政权是由汉末江东地区的强宗大族拥戴江东地区具有战斗力之豪族，即当时不以文化见称的次等士族孙氏，借其武力，以求保全，从而组织起来的政权。故孙吴政治社会的势力完全操在地方豪族之手。"而周瑜从一开始，就超然于这些江东地方势力之外，是在为孙策而战，秉承的是游侠式的道德。

后世史家认为，三国之中，蜀国因为地处偏远，本土战乱不多，任侠之风不盛，蜀汉称得上是游侠出身的只有徐庶一人；而吴国任侠的方式与中原不同，主要表现为轻财尚义，鲁肃是其中的代表。

和鲁肃这种吴式游侠相比，周瑜身上更有中原特色。中原的游侠，突出的是进取的英雄壮志和快意恩仇，像曹植在《白马篇》中所说的"游侠儿"——"捐躯赴国难，视死忽如归"，或者在《结客篇》中所说的"结客少年场，报怨洛北芒"。中原的游侠精神是一种张扬明媚的文化，和饱含忧患意识的建安精神互为表里。周瑜短短十几年的戎马生涯，体现的便是这互为表里的两种精神。

国色流离

周瑜和孙策并肩战斗的两年中,他们的对手多是一些不入流的角色。其中最让人津津乐道的,是他们对周瑜老家庐江的征伐。周瑜、孙策两人和大乔、小乔的故事就发生在这里。

孙策还在袁术手下时,有两个前辈同事对他很欣赏,一个叫桥蕤(ruí),另一个叫张勋,他们都是袁术手下的大将。(《三国志·吴书·孙策传》:"术大将乔蕤、张勋皆倾心敬焉。")桥蕤在建安二年与曹操的蕲阳之战中兵败战死。两年后,袁术病死,张勋带着袁术阵营的残余势力和后方妇孺、辎重,到皖城投奔刘勋。桥蕤的两个女儿也在逃亡的队伍中。

建安四年(公元199年)冬,孙策和周瑜攻破皖城后,原先袁术手下的三万多人都归附了,包括袁术和他下属的全家老小(《三国志·吴书·孙策传》:"得术百工及鼓吹部曲三万余人,并术、勋妻子。"),其中就有桥家的两个姑娘。

几年前,孙坚和桥蕤都还在的时候,孙策、周瑜与桥家的孩子,不说互相认识,也一定是知有其人的。不过就算知道了,他们也不会多留意——当时都还是小学生的年纪,满脑子都是水猴子和江猪,哪里顾得上什么姑娘不姑娘。

没想到时隔多年在皖城相见,"二乔"已经出落成大美女了。

于是,"策自纳大乔,瑜纳小乔"。

孙策还以他惯有的轻佻和俏皮,私下和周瑜开玩笑说:"桥公要是知道他的两个闺女分别嫁给了咱们俩,在天之灵也能安心了。"(《江表传》:策从容戏瑜曰:"桥公二女虽流离,得吾二人作婿,亦足为欢。")

如果孙坚和桥蕤还活着,同在袁术帐下为将的两家联姻,也并不会让人意外，只不过现在是"婆战利品回家"。儿时的旧相识在战乱中流离失所，孙策、周瑜带兵破城，给了"二乔"一个家。

与遵从父母之命的豪族联姻相比，这样的方式显然更符合孙策和周瑜的游侠作风。

除了喜好"二乔"的"国色"外，这样做还有几个附带的好处。

一是可以通过联姻收拢袁术的一部分班底。更重要的是，"二乔"父亲已死，无依无靠，这样的婚事不是强强政治联姻，不会横生变数。

反面的例子比比皆是。曹操在官渡之战前为了拉拢孙策，让儿子曹彰娶了孙策堂兄孙贲的女儿，把自己的侄女嫁给了孙策的四弟孙匡，也算是一种互派人质的方式。这种联姻会严重干扰双方对时局的判断。赤壁大战前，孙贲就因为女儿身在曹营而惴惴不安、意志动摇，为此孙权还专门派朱治去做孙贲的工作。

而"二乔"不仅知根知底，与已知的敌人、潜在的对手也毫无瓜葛，就政治而言，毫无疑问是资产而非负债。

以建安四年攻陷皖城为标志，孙家全面继承了袁术的资源，将其手下的大多数人纳入麾下，互相结成姻亲的大有人在，比如孙权后来也娶了袁术的女儿。可以说，不管孙吴史书如何与袁术划清界限，孙策实际上都是袁术势力的继承者，娶"二乔"就发生在这样的大背景下。"二乔"的故事出现在惜字如金的《三国志》中，实际上点明的是孙策对袁术班底的这种继承，以及取代其崛起于江淮的势头。

二是可以绕开东汉的"三互法"。

东汉末年，一切秩序都被打乱，唯有官员任命的一个原则始终顽固，那就是规定"两郡之人不得互监"的"三互法"。

一般来说，本郡的人不得在家乡出任州郡长官。东汉还进一步禁止两郡的人互相到对方家乡任职，目的是防止两个郡的豪门望族，通过自己的代表进行勾结。同理，这个"不得互监"的规则也延伸到了妻族。

这就意味着，如果一个人才的媳妇是某郡人，那他就不能在该郡当太守，甚至不能到他媳妇老家的父母官的媳妇的家乡去当太守。虽然有点绕，但是当时人们的这个意识很强，北方幽州、冀州的一些地方，甚至因为"三互法"而好几年找不到可以出任太守的人，宁可位置空着。即便这样，这个原则也没有被打破。因为"三互法"不仅涉及国家吏治，还是各地方利益能够得到公平对待的保障。

仍然以孙权为例。他原本的正妻谢夫人是会稽人，孙权是会稽太守。他后来发现这种安排，让自己承受的社会舆论压力有点儿大，显得自己不守规矩，就扶正了吴郡人徐夫人。

大乔和小乔虽然具体籍贯不详，但一定不是江东六郡出身。孙策和周瑜娶"二乔"，还有避免后续种种麻烦的好处。

虽然有以上种种基于现实的考虑，但总体来说，这两桩婚事主要还是由孙策、周瑜二人游侠式的性格和行为方式决定的。后世戏言"东吴好萝莉"，其实两人喜好的是"二乔"这种"国色"和"流离"，前者是基础，后者是加分项。

不过后来"二乔"的命运大不相同。

孙策死后留下三女一子，他死的时候距离娶大乔还不到一年，这说明孙策在娶大乔之前是有媳妇的。而周瑜的子女，无论是早卒的长子、后来获罪的次子，还是嫁给孙权的太子的小女儿周妃，都出生在周瑜娶小乔之后。

这样看来，周瑜和小乔的夫妻感情，可能比孙策和大乔的要好一些。

在此后的二十多年中，因为魏、吴常年的战争，周瑜的故乡舒城和皖城之间几乎变成了无人区，风流佳话已成往事。建安五年（公元200年），孙策死于刺客之手，周瑜也在二十五岁开始了人生的下一个阶段。

胜者著史

周瑜是一个永远在前线、永远追求胜利的人，领到的官职，都是来自还在敌人手中的州郡，比如打黄祖时担任江夏太守，后来打曹军时当南郡太守。周瑜是孙吴的开拓者，也是一个非常强硬、专断的人，被称有"独断之明"。

这种强势作风，在孙策死后的危局中发挥了重要作用。

孙策死后，他属下豪杰各怀异志，忠诚度堪忧。（《三国志·吴书·吴主传》："天下英豪布在州郡，宾旅寄寓之士以安危去就为意，未有君臣之固。"）比如庐江太守李术，收罗了江东各路不服孙权的反对派，有割据一方的意思。

此时周瑜刚刚平定豫章、庐陵二郡，远在洞庭湖一带，得知消息后风尘仆仆地赶回吴郡曲阿的孙氏大本营，带兵奔丧，迅速稳住了局面。在其他人都因为孙权年纪小而犹豫观望时，周瑜带头以对待将军的礼节对待孙权，帮助这个光芒曾被孙策掩盖的小弟弟树立威信。

在曹操威逼利诱，要求孙权向朝廷派出人质时，其他人都犹豫不决，也是周瑜当着吴太妃和孙权的面提出：江东六郡"铸山为铜，煮海为盐"，兵力来去自如，"泛舟举帆，朝发夕到"，在讲究实力的时代，实在没有必要主动跪下。

这种不迷信北方强权的勇气、不为地方豪强门户私计左右的构想，始终是孙吴其他人缺乏的。正因如此，在后来的赤壁之战前夕，鲁肃作为唯二的主战派与人辩论时，还写信请远在鄱阳湖的周瑜回来帮忙一锤定音。

后续的赤壁之战，大众对此耳熟能详，但是这场战役的历史记载，本身是一团迷雾。俄罗斯有句谚语：胜利有一百个父亲，而失败是个孤儿。赤壁之战尤其如此。

比如关于曹军在赤壁挥师东进以取江东的决策，《三国志》中只写了贾诩一个人提出了不同意见，展现了一些先见之明；至于赞同、附和的人，一个都没有提到，曹魏的豪华谋士团集体隐身了。

关于这场战争的过程，魏国的史书只写了寥寥几句（《魏书》："公至赤壁，与备战，不利。于是大疫，吏士多死者，乃引军还。"）。曹操只承认败给了刘备，不承认败给小字辈的周瑜（《三国志·吴书·周瑜传》："孤烧船自退，横使周瑜虚获此名。"）。

关于孙刘联盟构想的提出，吴、蜀两国的史书都将其归功于本国的谋士。关于联军作战的经过，吴、蜀两国都把自己写得豪气干云，都把对方写得略显猥琐。

《江表传》这样说刘备——

鲁肃把刘备从当阳迎到了樊口，让他在那里等待。听说曹操的水军已经从江陵出发，刘备每天坐立不安，天天派人在江边望眼欲穿，盼着吴军的船来。

有一天，手下禀报吴军的船来了，刘备还不信，反问：你怎么知道这不是曹操从徐州找来夹击咱们的呢？

手下说：船长得不一样。

刘备这才相信，派人去慰劳乘船而来的周瑜。

没想到周瑜对使者板着公事公办的脸说：军务在身，还得麻烦你家主公亲自来谈。

刘备见到周瑜后急切地问：你们决定出兵抗曹，真是英明，不知道派了多少人来？

周瑜回答说三万。

刘备说：哎呀，少了点。转头还想找自己更熟悉的鲁肃说话，周瑜也不让他见。

蜀国方面的记录是另一个画风——

《三国志·蜀书·诸葛亮传》中说，刘备到了夏口的时候，发现孙权还在柴桑按兵不动，一副首鼠两端的样子。诸葛亮提议自己去说服孙权，让他早下决定。

两人见面后，诸葛亮说：曹操威震四海，您抓紧掂量一下自己，能打就打，不能打就投降算了，拖下去不好。

孙权已经不太乐意了，问：你家主公咋不投降？

诸葛亮说：刘备是"王室之胄，英才盖世，众士慕仰，若水之归海"，怎么能投降呢？

孙权受激之下，这才坚定了抵抗意志。

《三国演义》几乎复述了蜀国方面的记载，但是结合《江表传》来看，吴、蜀双方似乎都在拔高自己、把盟友写得更猥琐。

关于具体的战争过程，除了吴国自己，其他两国都没有太多记录。对周瑜的"独断之明"，主要通过很多侧面材料来体现，让人可以感受孙吴当时面对的，是怎样一个自信满满的征服者，是怎样一支士气高昂的开国精锐。

建安十二年（公元207年），曹操征乌桓归来，袁家残余势力已经被消除，北方再无后顾之忧。第二年，曹操又马不停蹄地从邺城出发，南征刘表。刘表几乎同时病死，其手下望风而降。曹操的骑兵追赶刘备，就像打猎赶兔子一样轻松愉快，一天疾行三百多里，追到长坂坡，以免刘备先到江陵负隅顽抗。

曹操在江陵，可谓喜气洋洋，自信漫过长江，连对待老冤家都是春风和煦。

汉末书法名家辈出。王仲、师宜官、梁鹄三人，是汉隶"八分体"的代表。八分体是楷书的雏形，和传统的汉隶相比，其书大开大合，遒劲洒脱。

三个书法大师中的梁鹄，曾经狠狠得罪过曹操。

早在洛阳同朝为官时，梁鹄在尚书台当选部尚书（选部尚书，官名，东汉灵帝末年由吏曹尚书改名而来，掌选任官吏，隶尚书台），负责组织任命等具体工作，是实权中层干部。曹操当时想当洛阳令，但梁鹄没有买账，只安排曹操做了洛阳北部尉。（《三国志·魏书·武帝纪》："公欲为洛阳令，鹄以为北部尉。"）把曹操挤掉的，大概就是周瑜的堂兄周晖或者父亲周异。

董卓之乱后，书法大师梁鹄逃到荆州避难，投奔刘表。没想到他"躲得过初一躲不过十五"，老朋友曹操以征服者的身份来了。

梁鹄吓得绑着自己去见曹操。曹操不计前嫌，把梁鹄安排到秘书班子里，让他多写字、写好字。昔日的梁大师成了小梁。

字写好了，曹操将其挂在营帐里看，好心情之下，怎么看怎么喜欢，认为梁鹄比其老师师宜官写得还好——当年师宜官投奔了袁术，如今咱曹营也有大书法家了。

后来魏国宫殿的牌匾，用的都是梁鹄的字。

在曹操看来，这一定会成为一桩体现自己风流雅量的美事。

曹军铁蹄下的荆州，一片四海归心的氛围。此时，远在益州的刘璋都俯首称臣，军队听凭曹操调遣。对曹操来说，下一步就是给孙权写信，督促他学学刘璋抓紧投降了。

曹军浩荡的声势唬得住别人，唬不住周瑜。周瑜家中的长辈，有两人曾经当过太尉，因此周瑜对中原军队的底细摸得非常清楚，能够看透曹操渡江作战是"自送死"的本质。所以，后世说周瑜和鲁肃"建独断之明，出众人之表"是很恰当的。孙权在称帝后说："孤念公瑾，岂有已乎。"怀念的就是周瑜发挥的这种独有作用。

李白在《赤壁歌送别》中写道：

二龙争战决雌雄，赤壁楼船扫地空。

> 烈火张天照云海，周瑜于此破曹公。

这是一个很公允的角度。李白抛开唐时已经出现的层层关于赤壁之战的叙事迷雾，只去看江上熊熊燃烧的战船，和曹操在周瑜面前退却的结果，反而用艺术的简洁提供了另一种历史之美。

名将舞台

与赤壁之战不同，史书对后续孙刘联军和曹军争夺南郡的战争记载有很多。这是周瑜一生中比较重要的一场战役，他遇到的是不同于刘勋、李术、黄祖以及各路山贼的强劲对手，对方手下也是将星云集。

曹操阵营有曹仁、徐晃、满宠、乐进等；孙吴这边有周瑜、程普、吕蒙、甘宁、凌统这些人；刘备军则主要是关羽和张飞。这些后来的"方面军司令"，此时都率领偏师，在江陵到襄阳一线的狭小战场中交锋。

周瑜是孙刘联军的统帅之一，另一位统帅是大他一代人的老将程普。

刘备的主力在这场战役中是"预备队"，待在长江以南的后方，等待联军攻克江陵后，杀回去一雪长坂坡前耻。

刘备和周瑜做了一笔交易：让张飞带着一千人混编到周瑜的队伍里，请周瑜拨出两千人，让关羽统领。这实际上是用张飞给关羽换了两千兵马。

这种安排是刘备深思熟虑后的决策。

南郡之战实际上是长江以北的江陵攻防战。江陵是荆州南郡的治所，城中粮食充足，军械齐全，易守难攻，是曹操南下的前哨。

至于双方的最低目标，曹营是希望己方多守一段时间，稳住阵脚，建立多层次节节抵抗的防线，以免赤壁战败带来更大的危机——秦岭和淮河之间，就这么一个大的缺口，是中原腹地最薄弱的环节；孙刘联军则是希望拔掉江陵这个前哨，再尝试北上占据襄阳，收复荆州全境。

双方的战略意图，使得南郡之战变成了一场旷日持久（持续近一年）的围点打援。周瑜的主力部队负责三面围城。这个计划的要害在于，需要另派一支两栖作战小分队循汉江而上，负责切断江陵后方的补给，骚扰敌方援军和其他小据点。

联军认为，只有关羽能担负起这个使命。

周瑜给关羽安排了一个熟悉水战的副手，名叫苏飞，这人原本是刘表方面黄祖的手下，是孙家的死敌。黄祖和孙策、孙权有杀父之仇，当年孙策点名必须死的两个人中就有苏飞。后来因为周瑜极力举荐的游侠和山贼头领（渠帅）甘宁以命向孙权担保，苏飞才没有在黄祖被打败时身死。

关羽领导的这次艰巨的敌后作战，几乎算是绝命任务。苏飞得到一次戴罪立功的机会，死不死就看造化了。

当时江陵和襄阳之间有两条路，一条是西侧的五百里坦途大道，几个月前曹军追"兔子"（刘备）就是在这里；另一条是襄阳到长江的七百里"黄金水道"沿线。关羽在这次被称为"绝北道"的军事行动中，就是走的第二条路。他带着两千人乘船从夏口出发，沿着夏水（古河道，南北朝时就干涸了）和汉水，到上游骚扰曹军运输和支援的路线。

这是一支"水军陆战队"。《吴录》记载，有一次，吕蒙向孙权提议修船坞，孙权手下将领大大咧咧地说："上岸击贼，洗足入船，何用坞为？"生动说明了这种部队光着脚跑上跑下的作战方式。

战史中，有关羽在渡口、岸上和沿河与曹军各个将领轮番交战的记录，甚至还有从汝南派来的曹军援军，作战半径非常大，位置飘忽不定。关羽军腹背受敌，中间还被烧了汉津渡口，险象环生。

在绝北道的军事行动中，双方互有胜负，好几个曹魏将领还因功封侯。但从总体的结果来看，关羽很好地完成了作战任务，江陵的曹仁军始终没有得到有力的增援。

这也是关羽在战术层面亲力亲为的最后一仗。

另一边,在江陵城外,周瑜主力的第一个动作不是强行攻城,而是派甘宁沿着长江西进,轻松占领了刘璋的夷陵,试图借此调动曹仁的军队出城。结果不仅把曹仁军队调动出来了,还调动得太多了,又不得不去救。周瑜和吕蒙亲率大军出击,凌统等人留在江陵城外监视动态。

可见,正面攻城的损失会很大,联军没有决心正面硬上。决心难下的原因在于两个方面:一是孙刘联军各自保全自己的私心,二是周瑜、程普两位都督并存。

程普仗着老资格,对周瑜很不以为意,一度到了"陵侮"的程度。但是周瑜始终泰然处之,并且对老将军保持尊敬,这让程普折服。后来程普和人说:"与周公瑾交,若饮醇醪,不觉自醉。"

但是程普的转变有个过程,而且这种转变不是没有代价的。若干年后,当事人都不在了,吕蒙才劝孙权不要再设左、右都督了,说当年周瑜和程普两个人分权,"几败国事"。

而守城的曹仁、徐晃等,都是曹营宿将,耍花招的空间很小。综合各方面的原因,联军不得不采用围困的策略。

围困的结果,就是伤亡越来越大,又没有任何进展,双方都着急决战。曹仁的粮草越来越少;而联军这边,眼看久攻不下,刘备已经带着诸葛亮和赵云南下收取荆南四郡去了,周瑜的压力不比曹仁小。

这时,一场决战符合双方的利益。无论胜败,曹仁已经完成了任务,都可以心安理得地撤退。

在这场约好的决战中,周瑜亲临阵前,被一箭射中右肋,伤口很深。曹仁听说周瑜伤得只能躺着了,又摆出进攻的阵型。周瑜不得不强撑着爬起来,在阵营中巡视,鼓舞士气。看到周瑜还活着,曹仁也就顺着台阶撤退了。

南郡之战是三国名将脸贴脸、硬碰硬的一场战役，结果是双方都只达成了最低目标。没有意外，也几乎没有黑马。

而南郡之战对周瑜最重要的影响，不在于战役结果本身，而是让他有了两个非常重要的体会：

一是西进入蜀的难度可能比想象中的小。刘璋的夷陵迅速投降，让周瑜看到了夺取益州的机会。

二是刘备手下藏龙卧虎——指挥关羽、张飞的体验太好了，这两人都是"熊虎之将"。他在写给孙权的信里提出了一个大胆的计划：软禁和腐化刘备，霸占关羽和张飞。（《三国志·吴书·周瑜传》："盛为筑宫室，多其美女玩好，以娱其耳目，分此二人，各置一方，使如瑜者得挟与攻战。"）

两者结合起来，就是一个二分天下版的《隆中对》。只不过在周瑜的版本中，出祁山的将不是诸葛亮，而是奋威将军孙瑜；北伐襄阳的也不再是关羽，而是自己和孙权。

对周瑜的这两个提议，孙权没有采纳软禁刘备这一条，因为刘备人望太盛，而鲁肃提出的让刘备去守住对抗曹操第一线的主意，听起来不错。当听说孙权将荆州的大部分交给刘备时，正在写字的曹操把笔掉到了地上——刘备有多"难养"，没有人比他更清楚。

对周瑜西进入蜀的策略，孙权接受了，并且放手让周瑜去组织。周瑜之前把刘备安置在油江口，这里没过多久就被刘备发展成一个大的据点，改名为公安，刘备的发展势头已经难以遏制。在一次交涉中，周瑜提出要刘备一起出兵讨伐益州刘璋，遭到了刘备的道德绑架加"摆烂"式的抵制：你非要去打，我就去隐居山林当野人，届时舆论汹汹，看你们受不受得了。

不管周瑜愿不愿意承认，此时都再也回不到那个没有刘备的清净世界了。二分天下的构想，第一步就走不下去。不久，周瑜在自己常年驻扎的洞庭湖畔的巴丘去世，时年三十六岁。

从故乡庐江的枫叶荻花，到洞庭湖畔的岸芷汀兰，周瑜部分实现了孙策当初占据荆州、扬州的目标，无论代价如何，少年时的梦想和友谊千金不换。

这种梦想和友谊也后继有人。

孙吴实行特殊的部曲制，士兵算是将领的私兵。周瑜死后留下的部曲和四个供养士兵的食邑由好友鲁肃继承。鲁肃死后，其兵马和食邑又由他们共同的部下和好友——吕蒙继承。他们一个比周瑜大三岁，一个比周瑜小三岁，以"大兄""大弟"相称。

当初孙刘联盟留下的"天坑"，耗费了鲁肃和吕蒙两任继承者的毕生精力。经过鲁肃和关羽在数万军队剑拔弩张地对峙之下的"单刀赴会"，孙、刘才有了在荆州划湘江而治的格局。吕蒙"白衣渡江"虽然取回了南郡，但也导致孙刘联盟彻底破裂。如果周瑜还活着，也无外乎这些结果。

从三国的宿醉中醒来

《世说新语》中说，东晋名士陈逵在长江东岸当年周瑜驻守过的牛渚，与朋友聚会。陈逵望着远处的鸡笼山，用如意挝着腮帮子感叹道：孙策这样的人都没成事啊。陈逵的口才是出了名的好，众人本来都想和他辩论一番，结果这个话头没人接得住。

因为在周瑜死后的几百年中，"江东"成为听起来更纤弱柔美的"江南"的一部分，三国的纷争恍如一场宿醉。

到梁武帝时期，士人连骑马都不会了。建康令王复被马吓到，惊道："这是老虎啊，你们怎么说是马呢？"（《颜氏家训》："正是虎，何故名为马乎？"）

228

文化上，吴国人后裔葛洪在《抱朴子》中说，随着"衣冠南渡"，江东开始放弃"楚音"，学了不南不北的"塑料"洛阳话，连哭丧都要模仿中原的声调。

随着中原文明的浸透和对山越荒野的开发，江东在周瑜所处时代的那种自信和荒蛮不复存在，一手持剑、一手抚琴的人生已经无法想象，周瑜这批人成为江东最后的游侠。

史书中的周瑜既有专断强势的一面，也有"雅量高致"的一面，是一个参与奠定天下三分、有游侠底色的统帅，以其人格魅力，成为孙吴各色人马之间的"团队胶水"。虽然他始终在前线而非中枢，却往往充当一锤定音的主心骨，使孙吴政权进取的气质保存了一段时间。周瑜的"有姿貌"和"精音律"，给这种人格魅力又增添了色彩。

关于"曲有误，周郎顾"，还有一个小小的细节。这句话本身是当时吴国的歌谣。《三国志》补充说，即便在饮酒三爵之后，周瑜醉意之下仍能听出弹错的地方。

周瑜在遗言中说："天下之事，未知终始。"在当时，孙策所期望的霸业仍然存在两种前途、两种可能。面对孙策"写下的乐谱"，周瑜会用凌厉而不失温和的眼光看着"弹琴"的人：这里好像"弹"得不太一样啊。

但他能做的也只此而已，毕竟没有人能当历史的作曲家。

二十六　生有名，死有谥：
为什么说东汉光武帝的谥号不走寻常路？

纵观两汉历史，大部分皇帝的谥号为"孝"再加一字的组合，如西汉孝惠帝刘盈、孝武帝刘彻，东汉孝章帝刘炟、孝献帝刘协等。然而，汉代也有两位特殊的皇帝在定谥号上并没有遵循这样的规律，他们分别为西汉的建立者刘邦和东汉的建立者刘秀。其中，刘邦的谥号为"高"，而刘秀的谥号则为"光武"。

问题来了：如果按照今天的观念，将东汉看作与西汉不同的政权，为什么刘秀的谥号不是像刘邦那样能彰显自己开国功绩的单字？如果按照当时的观念，将东汉看作西汉政权的延续，同为西汉宗室子弟的刘秀，其谥号为何不继承西汉皇帝的传统，而取"光"和"武"结合的双字谥呢？

要回答这一问题，还要从刘秀本人的经历及其身份认同说起。

从南阳到洛阳

从出身上看，刘秀算得上是西汉宗室子弟。他出身于南阳舂陵家族，其高祖刘买受封"舂陵侯"，天祖（高祖之父）刘发是汉景帝的第六子，受封"长沙王"。因此，从血缘关系上讲，刘秀是汉景帝的七世孙、汉高祖刘邦的九世孙。

西汉建平元年十二月（公元前5年1月），刘秀出生于其父刘钦任职的济阳县县舍中。根据史书记载，刘秀出生时天降祥瑞，不仅当天"有赤光照室中"，当年济阳县更是长出了一茎出九穗的嘉禾。巧合的是，刘秀也表现出了好农事的秉性，善于经营田业，因此还被其兄长刘縯笑话过。

但时势注定刘秀不能一辈子埋头于田野之中。

西汉末年，政治腐败黑暗，土地兼并严重，社会矛盾日益加剧。初始元年（公元8年）王莽篡汉称帝，改国号为"新"，并推行一系列"托古改制"措施。但改制的失败反而进一步激化了社会矛盾。王莽新朝末年，天下连年遭受蝗灾，盗贼蜂起，社会陷入混乱。在这样的背景下，刘秀的征战生涯开始了。

地皇三年（公元22年），南阳陷于饥荒，刘秀因躲避官吏，到宛县（今河南南阳市）卖粮。此时南阳豪族李通等人用图谶"刘氏复兴，李氏为辅"劝说刘秀起兵。刘秀最初并不想答应，但思及兄长刘縯的种种举措，以及王莽新朝显露出的衰败迹象，还是在是年十月于宛县起兵了。

是时，天下大乱，各地起义风起云涌，刘秀及兄长刘縯的起兵也与各部起义军合兵而进。地皇四年（公元23年）二月，以绿林军为主力的南方反莽联军拥戴刘氏族人刘玄为皇帝，建年号为"更始"，后世称更始政权。刘玄任命刘縯为大司徒、刘秀为太常偏将军。

王莽得知汉帝已立的消息后，便将战略目标从北方的赤眉军转到南方的绿林起义军上来，派大司徒王寻、大司空王邑率兵百万，集中力量讨伐汉军。五月，王寻、王邑的大军与严尤、陈茂会合后向昆阳（今河南叶县）前进，到达昆阳后便以十万大军围攻之。面对此种情况，刘秀和李轶等人在夜晚轻骑出昆阳，前往各地调集兵马增援。六月，刘秀率领召集来的队伍列阵冲杀，连连取胜，最终以少胜多，击败了王莽的百万兵力，取得了昆阳之战的胜利。

昆阳之战不仅奠定了王莽的败局，也对起义军和刘秀的命运产生了深刻影响。昆阳大捷后，更始帝派遣定国上公王匡攻洛阳，西屏大将军申屠建、丞相司直李松攻武关。面对起义军的节节胜利，南方豪杰也纷纷响应，不仅诛杀郡守，还使用汉年号以示支持。是年九月，三辅[①]豪杰更是共同诛杀了王莽，更始帝也将北上建都洛阳。至此，存在了十五年的新朝宣告灭亡。

然而，新朝灭亡并不意味着统一的阻碍已清扫干净，黄河以北的各州郡还在观望，起义军内部的矛盾也在暗中滋生。

当刘秀取得昆阳之战的胜利又继续攻下颍阳时，其兄长刘縯为更始帝所忌惮，刘縯及其部将刘稷一并为刘玄所杀。但在当时的情境下，刘秀为了不受更始帝的猜忌，不仅要赶回宛城向更始帝承认错误，甚至连为兄长服丧都不敢，更不要说自表昆阳之战的功绩了。刘秀的种种表现让更始帝感到惭愧，于是更始帝授予刘秀破虏大将军的官职，封他为武信侯，后令其以破虏大将军的名义代理大司马一职。

十月，更始帝委派刘秀持节北渡黄河，镇抚河北各州郡。出抚河北成为刘秀一生的重要节点。刘秀在河北地区平反冤案，释放囚徒，废除王莽时期的种种苛政，并恢复汉朝的官名。这一时期，刘秀逐渐获得河北当地吏民的支持，势力不断壮大。其攻破邯郸、击杀王郎等功绩还是引起了更始帝的猜忌。更始帝遣侍御史持节立刘秀为萧王，令其交出兵权，前往长安。刘秀则以河北未平为由推辞，不接受更始帝的征召。可见，此时刘秀与刘玄的矛盾已经凸显。此后，更始帝任命的幽州牧苗曾

[①] 三辅，又称"三秦"，本指西汉武帝至东汉末年期间，治理长安京畿地区的三位官员：京兆尹、左冯翊、右扶风，同时指这三位官员管辖的京兆、左冯翊、右扶风地区。

因不从刘秀之令，为刘秀麾下将领吴汉所杀，这更进一步推动了刘秀与更始帝的决裂。之后的数次战役，都有部下提议刘秀称帝，但刘秀以贼寇未灭为由并未听从。直到更始三年（公元 25 年），刘秀行至鄗县（今河北邢台市柏乡县固城店镇），曾经与其同在长安读书的同舍生强华进献《赤伏符》，群臣趁机进言：

"受命之符，人应为大，万里合信，不议同情，周之白鱼，曷足比焉？今上无天子，海内淆乱，符瑞之应，昭然著闻，宜答天神，以塞群望。"（《后汉书·光武帝纪》）

这一次，刘秀答应了。

更始三年六月己未（公元 25 年 8 月 5 日），刘秀在鄗县南千秋亭即皇帝位，建元为建武，仍以"汉"为国号。十月，刘秀定都洛阳。

能绍前业曰光，克定祸乱曰武

据《后汉书》李贤等注，刘秀的谥号"光武"，按《谥法》解释为"能绍前业曰光，克定祸乱曰武"。

刘秀在"克定祸乱"方面的功绩很好理解。称帝之前，刘秀先是起兵于宛城，后又与王莽政权交战，在取得昆阳之战的胜利后出抚并平定河北。称帝后，刘秀以河北为基础，继续向外扩展势力，相继击败了盘踞关中的赤眉军和占据关东的梁王刘永，又攻破陇西、讨伐川蜀。至建武十二年（公元 36 年），刘秀基本完成统一，西汉末年以来的混乱局势终于平定下来。此后，刘秀采取一系列措施巩固统治，恢复生产：在政治上加强皇权，整顿吏治；在经济上轻徭薄赋，抑制豪强；在文化上大兴儒学，推崇文教等。最终，在其统治期间出现了被后世称为"光武中兴"的治世。

其实，"武"字已基本可以概括出刘秀一生的功绩。一般而言，

"武""文"等都可以作为开国皇帝的谥号,如晋武帝司马炎、隋文帝杨坚等。既然如此,刘秀为什么不能只以"武"为谥号,还要在"武"之前加上"能绍前业"的"光"字呢?

上述假设的成立,建立在刘秀真的是一个独立王朝开国之君的基础上。

实际上,刘秀的身份有些复杂。刘秀建立东汉王朝的功绩,在当时被认定为继承和光复西汉政权。通过分析刘秀即位前的谶语和即位时的祝文,我们可以更深刻地理解时人对刘秀称帝的看法。

如前文所述,强华曾向刘秀献《赤伏符》,有谶语"刘秀发兵捕不道,四夷云集龙斗野,四七之际火为主"。最后一句中的"四七"即"二十八",指的是从刘邦至刘秀起兵,共计二百二十八年。"火为主",即刘氏汉朝崇尚火德。可见,时人认可并强调刘秀与刘邦及其开创的西汉王朝之间的继承关系。

另外,刘秀即位时,有祝文云:

皇天上帝,后土神祇,眷顾降命,属秀黎元。为人父母,秀不敢当。群下白辟,不谋同辞,咸曰:"王莽篡位,秀发愤兴兵,破王寻、王邑于昆阳,诛王郎、铜马于河北,平定天下,海内蒙恩。上当天地之心,下为元元所归。"谶记曰:"刘秀发兵捕不道,卯金修德为天子。"秀犹固辞,至于再,至于三。群下佥曰:"皇天大命,不可稽留。"敢不敬承。(《后汉书·光武帝纪》)

祝文给王莽定性为"篡位",这篡的自然是刘氏西汉王朝的位。而刘秀起兵抗击王莽,正是"匡扶汉室"。王莽改制的失败,使世人更加燃起对刘氏汉朝的眷恋,人心思汉成为当时的潮流。由此,在刘秀发展壮大自身势力的过程中,汉高祖刘邦第九世孙、西汉王室宗族子弟这一身份,为刘秀带来了极大的便利,使其获得了一众豪杰的投靠和支持。

另外,刘秀建立东汉后,也并不承认东汉是新政权,而是将其建立的"汉"看作西汉政权的延续。事实上，我们今天所使用的"西汉""东汉"的说法，是后人为区别于由新莽分割开的两个汉王朝，根据首都的位置而作的修饰。东汉末年以来，时人更习惯称呼东汉为"后汉"，南朝宋范晔所撰《后汉书》即为典型。所以从这一层面看，刘秀或许并不能算开国之君。建武十九年（公元43年），刘秀在武始侯张纯、太仆朱浮、大司徒戴涉及大司空窦融的建议下，定宗庙并承祭祀，将汉宣帝和汉元帝分别尊为祖、父，并将汉元帝以上的皇帝祭祀于洛阳高庙，汉成帝以下的皇帝祠于长安高庙，并将其亲生父亲刘钦追为南顿君。对此，《汉官仪》曰："光武第虽十二，于父子之次，于成帝为兄弟，于哀帝为诸父，于平帝为祖父，皆不可为之后。上至元帝于光武为父，故上继元帝而为九代。"也就是说，刘秀的身份更类似"嗣君"，他被迫抛弃了与父亲刘钦的父子关系，将自己过继给已故的汉元帝为子。

因此，若刘秀与西汉政权无关，那他大可使用"武"作为自己的谥号。但他在起兵过程中不断利用西汉宗室子弟的身份，这使他必须继承西汉王朝的传统，不能在谥号上与西汉历代皇帝有所冲突——"武"显然已被刘彻使用过，刘秀自然不能重复使用。

在《谥法》中，"功格上下曰光，能绍前业曰光，居上能谦曰光"。最终，刘秀的谥号选择将"光"与"武"合用，既不与西汉历代皇帝的谥号重复，也可以更好地彰显在面临被王莽新朝所中断的汉政权时，刘秀讨伐反贼、兴复汉室、平定天下的历史功绩。

越来越长的帝王谥号

据《通志·谥略》记载，谥法制度起源于周人。周代之前的帝王，在称呼方面经历了名、氏、号一体，名、氏一体但号不同，名、氏、号均异的发展过程。夏、商两代多以一名生死通称。至西周时期，开始使用谥号称呼已经去世的人物。周代定谥法，与周人的礼制思想和宗法伦理观念密切相关——"有讳则有谥，无讳则谥不立"。后人称前人，后王称前王，均忌讳直呼其名，而宗法制度下又涉及对宗庙或宗庙中神主的辈次排序，所以为先人定谥号以别昭穆。

关于周王的称号，现代学者通过已发现的礼器铭文，判断出武、成、昭、穆、共、懿等王号都是生称；孝王以后不再使用生称，而是称呼死后所定的谥号。所以，谥法制度应当形成于周孝王时期。

"生有名，死有谥，名乃生者之辨，谥乃死者之辨，初不为善恶也。"谥号最初只是为了追忆先人、寄托哀情而定，所以早期只有美谥、平谥。西周"共和行政"以后，谥号开始出现褒善贬恶之意，当时的恶谥主要有幽、厉、灵等字。春秋时代，谥法制度化，各国广泛实行谥法制度。这一时期大部分君主的谥号还是单字谥，如春秋五霸齐桓公、晋文公、宋襄公、秦穆公和楚庄王都以单字为谥。在历史的发展中，各诸侯国国君的谥号选择可能是在周王室的示范下形成的。战国时期，多位诸侯国国君的谥号选择双字，如秦惠文王、楚考烈王、赵武灵王、燕武成王等，或许是受到春秋战国之交、以双字为谥号的周威烈王的影响。

秦始皇统一六国后，为彰显自己"功过三皇，德高五帝"，以"皇帝"作为最高统治者的称号；同时认为谥法制致使"子议父、臣议君"，将其废除，并称自己为"始皇帝"，令后世子孙以"世"计数，"二世、三世至千万世，传之无穷"。因此，秦朝皇帝并无谥号。

刘邦在起义过程中受儒生影响，认识到礼仪制度的重要性，重新恢复了谥法制度。从汉朝第二位皇帝刘盈开始，西汉皇帝谥号的第一个字均用"孝"字。可以说，汉代除汉高祖刘邦外，其他皇帝的谥号均为双字。但我们今天称呼汉代帝王，常常省略第一个"孝"字，这也带来了汉代皇帝均为单字谥的错觉。如前文所述，在这种情境下，汉光武帝刘秀谥号的特殊点，或许并不在其谥号为双字，而在其谥号的第一个字并未用"孝"，而是用"光"来突出其对西汉政权的合法继承性。

魏晋南北朝时期，政权更迭频繁，北方少数民族和中原汉族均向南迁徙，带来了民族融合的趋势。这一时期的帝王仍主要称谥号，如晋武帝司马炎、宋武帝刘裕、北魏孝文帝元宏、北齐文宣帝高洋等。此时帝王谥号的特点，突出表现在各朝开国皇帝多用文、武作谥号。而从字数来看，一字或二字的谥号仍为主流。

唐代是中国古代帝王谥号字数的变革时期。总体来看，中国古代帝王的谥号，在唐代以前还是以单字为主，双字为辅。但进入唐代之后，帝谥的字数开始在不断加多的道路上一去不复返。唐朝历代帝王中，除殇皇帝李重茂外，其他皇帝的谥号没有再出现单字，多是五字、七字甚至九字，如唐宪宗李纯谥号圣神章武孝皇帝，唐太宗李世民谥号文武大圣大广孝皇帝，唐肃宗李亨谥号文明武德大圣大宣孝皇帝。就连武则天的谥号则天大圣皇后都有四个字。而唐代帝谥字数最多者，竟能达到十八个字！

唐朝之后，宋朝帝谥多为六字或十六字；辽国帝谥在四到七字不等；金国帝谥在八到十六字不等；元朝帝谥字数有所降低，多为四字或六字；明清时期帝王谥号逐渐"膨胀"，明朝帝谥以十七字为主，清朝帝谥则均在二十字以上（上述历代帝谥的统计只涉及实任皇帝，追尊不算在内）。

可以看出，自唐代始，帝王谥号的用意已经由客观评判、褒善贬恶，转变为溢美之词的堆砌，明清时期赋予其更深刻的政治深意。也正因如此，今人在称呼中国古代历代帝王时，经历了由早期多称谥号，唐代之后多称庙号，至明清时期又多称年号的变化。

二十七 懦弱平庸却开创一个王朝，唐高祖李渊真的无能吗？

在传统历史书写中，唐高祖被塑造成懦弱无能、优柔寡断、平庸昏聩的帝王形象，他在太原起兵并成功入主长安，是在其次子李世民的精心策划和周密部署下才完成的。换句话说，唐朝的建立似乎主要是李世民的功劳。

那么，历史上的李渊真的是这般无能吗？

我们不妨从李渊自太原起兵到受禅建唐的过程中始终以"尊隋"为旗号这一问题来考察一下。

从太原到长安，李渊的大局观

隋大业十三年（公元617年），李渊在起兵时，担任的是隋朝太原留守。在此两年前，他还是山西、河东抚慰大使，负责镇压毋端儿等起义军叛乱。可以说，李渊和山西这块土地颇有渊源，从大业十一年（公元615年）开始，他就坐镇山西了。

李渊起兵的地方是太原，这里的太原指太原郡，郡治晋阳（今山西太原）。开皇初期，隋文帝改州、郡、县三级制为州、县两级制，当时太原郡改称并州。到了大业三年（公元607年），隋炀帝再次恢复郡县制，并州改称太原郡。

自北朝以来，晋阳就是北方军事重镇，是中原农耕区和北方草原地区的交界地带，常年配备精兵良将、武器辎重无数，军事战略意义重大。

北魏末年，高欢在晋阳以北的六州安置六镇军士，史称"九州军士"。北魏分裂为东、西魏后，高欢又在晋阳设置大丞相府，坐镇晋阳，遥控邺城的东魏朝廷官署。在东魏北齐时代，晋阳虽然名义上是东魏北齐的陪都，但实际作用却在首都邺城之上，邺城实际与陪都无异，晋阳才是真正的军事、政治决策核心。

北齐灭亡后，北周在晋阳设置并州总管府，囤积重兵，以李穆为并州总管。在周隋禅代之际，北周发生"三总管叛乱"，尤以相州（即邺城）总管尉迟迥的叛乱最为凶险。并州正好处于尉迟迥集团和北周长安杨坚集团的中间地带，李穆所控制的并州总管府的地位可谓举足轻重。关键时刻，正是因为并州总管李穆对杨坚的全力支持，尉迟迥的叛乱才难成气候，从而保证了北周长安中枢的安稳。

入隋后，晋阳依然是北方军事重镇，号称"天下精兵处"。隋文帝后来任命幼子杨谅为并州总管，统辖五十二州军事。然而，就在隋文帝驾崩之际，杨谅却举兵反叛，对刚刚即位的隋炀帝形成巨大威胁，差点挥兵夺取长安。

汉王杨谅的叛乱历时一个多月，最终被隋炀帝派出的杨素大军平定。这场叛乱声势浩大，对当时隋朝长安中枢最高权力的交接造成了极大威胁。平定叛乱后，隋炀帝随即废除了总管府制度，同时深刻地意识到山东地区的不稳定性，开始加强对山东地区的控制。

到了隋末，太原可谓四战之地。当时的太原北有突厥以及后来割据马邑（今山西朔州）的刘武周，东南有李密，南有历山飞义军，西有代王杨侑坐镇关中。这种形势对李渊起兵非常不利。

李渊当时虽为太原留守，手握太原、雁门、马邑、楼烦、西河五郡之兵，掌控着河东北部地区的军政大权，但他的一举一动都被隋炀帝的耳目王威、高君雅所监视，手中也并无可以依靠的军队，即便是保证太原周边郡县的安全都殊为不易。故而，当时的李渊恐怕没有太多心思去考虑帝王功业，更多的想法是自保，即如何在乱世洪流中保全自身。

　　李渊曾对李世民说："唐固吾国，太原即其地焉。今我来斯，是为天与。与而不取，祸将斯及。然历山飞不破，突厥不和，无以经邦济时也。"大意是说，我（李渊）被封到唐地（太原是古唐国所在地），可谓天命所归，然而现在南有历山飞义军，北有突厥，实在是难以济世经邦、施展韬略啊。

　　所以，李渊在太原起兵前就已经开始向周边势力示好了，一方面对突厥称臣，与之结盟；另一方面则向李密通信示弱。这些都是李渊考虑到太原是四战之地而做出的自保之策。尤其是李渊称臣于突厥，对于享国近三百年的李唐王朝而言实在是不太光彩，所以后世史书对此事讳莫如深，致使此事之始末不显于世。历史学家陈寅恪对此专门做了考辨，写就了《论唐高祖称臣于突厥事》一文。

　　当时有许世绪、武士彟等臣下劝说李渊割据太原自立，但因为太原是四战之地，随时都有被周边强大势力吞噬的风险，故而在太原割据自立并不是好的选择。

　　正确的做法是什么呢？以太原为跳板，另寻他处作为稳定的后方和基地，才能保证自己不被周边强大势力所消灭。实现自保之后，再伺机争雄天下。

　　那么，李渊应选择何处作为基地呢？稍微了解一点隋唐史的人都清楚，李渊最后选择了关中，选择了长安。

　　我们不禁要问，李渊为何要选择关中和长安呢？

　　第一，关中具有得天独厚的军事战略价值。

从军事地理角度来说，关中号称"四塞之地"，凭高据险，进可攻，退可守，是不折不扣的军事战略要地。秦朝和西汉都是利用关中得天独厚的地理优势，一步步实现天下一统的。可以说，秦、汉两代王朝都用事实验证了这种"关中模式"的成功。后来，蜀汉丞相诸葛亮数次北伐，其根本目的也是夺取关中，以期能复制秦、汉"关中模式"的胜利。南北朝时期，长期被东魏、北齐压着打的西魏、北周，也是凭借关中这块宝地，利用"关中模式"成功统一了中国北方地区，进而促进隋文帝时代实现南北大一统。

第二，李渊谋划起兵时，瓦岗军正与东都的隋军相持不下，无暇西顾。

第三，李渊出身关陇贵族集团，不仅熟悉关中地区，而且在关中也拥有强大的政治资源。

李渊的祖父是西魏八柱国之一的李虎，当时被赐鲜卑姓大野，故而当时叫大野虎。李氏家族可谓"根正苗红"的关陇集团核心家族。西魏丞相宇文泰为了对抗东魏权臣高欢，实行府兵制改革，由此诞生了八柱国体系。当时虽然名为八柱国，实际上是六柱国，因为其中宇文泰本人和皇室成员元欣是脱离于组织之外的。

在这套自上而下如金字塔般的军事组织结构中，六柱国的地位是仅次于宇文泰的，每个柱国统领两个大将军，是为十二大将军，大将军之外又有二十四开府将军，每个开府将军又各领一军，合为二十四军。故而，作为六柱国之一的李虎其实统领着两个大将军、四个开府将军以及四个军。

而且，宇文泰在创建关陇集团时，非常注重用缔结姻亲的方式把府兵制体系内的将领"捆绑"起来，让他们不仅是同僚和上下级关系，还是亲属关系，正所谓一荣俱荣，一损俱损。比如李虎之子、李渊的父亲李昞，当时迎娶了六柱国之一独孤信的女儿，李渊本人也与关陇集团内的窦氏家族缔结姻亲。所以，关陇集团内的家族关系是盘根错节的，李渊家族在关陇地区的政治影响力更是根深蒂固，不可撼动。

另外，六柱国中的部分家族后来在政治争斗中败落了，如独孤信、赵贵、侯莫陈崇，而李虎家族却一直绵延至隋朝，这就更加凸显了李虎家族在关中的地位和声望。哪怕到了唐朝，唐人依然有言："当时荣盛，莫与为比。故今之称门阀者，咸推八柱国家云。"在唐人心中，八柱国依然是首屈一指的门阀大族。

由此可知，李渊家族在关中享有极为崇高的政治地位和声望。这些都可以给李渊带来强大的政治资源，足以让李渊在关中立足，进而以此为根基与关东群雄争霸。

第四，长安是隋朝故都，也是关陇集团的大本营，以"尊隋"的名义攻取长安，就能赢得关陇集团的支持，为日后夺取天下奠定基业。

西魏、北周、隋朝都以长安为都，隋文帝即位后所践行的依然是关中本位政策。而隋炀帝上位后，开始想摆脱关陇集团的束缚，另立阵地，故而才有了修建东都洛阳、开凿大运河和下江南之事。而隋朝后期隋炀帝之所以失去人心，除了他滥用民力导致民怨沸腾，另一个重要原因就在于他失去了关陇集团的支持。

就当时的情况而言，关陇集团是隋朝统治赖以维系的基础，隋炀帝过早与关陇集团决裂，导致隋朝的统治基础迅速变得薄弱。所以，隋炀帝下江都以后，很多关陇集团势力纷纷倒戈，他们迫切希望有一个新的领袖来重建关中本位的政治秩序。

李渊决定攻取长安，并打出"尊隋"的名号，就是看到了关陇集团内部的政治诉求。李渊清楚，关陇集团是自己必须要争取的势力，只要有了关陇集团的支持，就意味着夺取天下已经成功了一半。更何况，李渊自己的家族也是这个集团内的重要成员，他作为关陇贵族集团内部一员去拉拢关中地区关陇集团家族的支持，肯定更得心应手。

清代学者赵翼在《廿二史劄记》中说："周、隋、唐三代之祖皆出于武川。……区区一弹丸之地，出三代帝王，周幅员尚小，隋、唐则大一统者，共三百余年，岂非王气所聚，硕大繁滋也哉。"诚如赵翼所言，北周、隋、唐三代王朝共计二十八位帝王（不包含追封和武则天），跨度长达三百年，而他们全部出自武川，难道是武川这个地方"王气所聚"吗？

事实上，哪有什么"王气所聚"，不过是北周、隋、唐均出自关陇军事贵族集团，无论是周隋禅代还是李唐代隋，都不过是关陇集团内部的权力交替，而武川就是关陇贵族集团的策源地和发祥地，其影响可谓深远。

所以，李渊要走的路线，不是和农民起义军一样自立为王，而是要尊奉隋朝，以此来拉拢关陇集团的支持，再以隋朝的名义讨平叛乱，进而继承隋朝正统，最后实现改朝换代。可以说，李渊的这种大局观和深刻认识是他最后取得胜利的关键所在。

这就是李渊选择发兵长安的四点原因。

事实上，对于发兵长安的重要性，不仅李渊意识到了，李渊的几个心腹，如刘文静、裴寂、唐俭等人也意识到了。他们对李渊说："愿公兴兵西入，以图大事。"从历史发展的眼光看，被称作"群盗"的农民起义军，的确是消灭暴隋的主要力量，但是他们只起到推翻旧世界的历史作用，而建设一个新世界，则需要有宏大政治眼界和格局的人，关陇集团又是当时最具政治影响力和号召力的门阀，所以历史的胜出者极大概率出身于这一集团内部。

历史的重任，最终落在了李渊的肩上。

李渊决定起兵后，命李建成、李世民攻取河西，紧接着开仓济贫、大量募兵，称臣于突厥，还除掉了王威、高君雅这两个绊脚石。

大业十三年七月，李渊以第四子李元吉为太原太守，留镇后方，自已带着李建成、李世民率领三万大军，打出"尊隋"拥立代王杨侑的旗号，直奔关中而去。

八月，李渊大军攻克霍邑，斩杀隋军主将宋老生。接着，李渊经临汾，下绛郡到达龙门。之后，李渊在河东郡遭遇隋朝大将屈突通的顽强阻击，李渊大军包围河东城久攻不下，战局陷入胶着。

与此同时，身居关中的李渊之女李氏（后封平阳公主）散尽家财、招募义勇，在获知李渊起兵后，也在鄠县举义响应；李渊的堂弟李神通也在鄠县山中举义。之后，平阳公主吸纳关中各支反隋势力，部众发展至七万人；李渊的女婿段纶在蓝田聚众一万起兵响应。由此，李渊大军虽尚未进入关中，但其声势就已震动关中。

于是，李渊不再与屈突通在河东消耗时间，于九月十二日从壶口西渡黄河，攻取长春宫（今陕西大荔），分兵两路进取关中。到十月，李渊的军队已经进驻长安城下，手下的兵力从最初的三万人发展至二十万人。

最终，在十月二十七日，李渊对隋长安城发起总攻。十一月初九，李渊大军正式攻克长安城。

入主长安的李渊并没有忘记自己"尊隋"的旗号，对隋朝的宗庙、宗室以及代王杨侑都秋毫无犯。十一月十六日，李渊在天兴殿拥立代王杨侑即位称帝，遥尊远在江都的隋炀帝为太上皇，改元义宁，自己晋位为唐王，以李建成为世子，李世民为京兆尹。

这也直接影响了后来的历史书写，以魏徵领衔的贞观史臣在编撰《隋书》时，除了把隋文帝杨坚和隋炀帝杨广列入本纪，也把隋恭帝杨侑列入本纪。我们一般说隋朝是二世而亡，隋炀帝是亡国之君。不过，按照官方话语主导下的正史记述，隋朝具有正统性的帝王应该有三位，隋恭帝杨侑才是真正的亡国之君。

"尊隋"的政治深意

在隋末群雄中，李渊在太原所举之义军，与其他群雄的义军相比，有个非常鲜明的特点——其他各路群雄打出的旗号普遍是反隋，而李渊打出的旗号却是"尊隋"。

当然，"尊隋"不是尊隋炀帝。隋炀帝当时已经惹得天怒人怨，成为天下百姓的众矢之的，甚至被关陇贵族集团抛弃。但隋朝的正统性还在，只要另立皇帝，就能实现"挟天子以令诸侯"，进而改朝换代。所以，李渊从太原起兵开始，就打出了尊立代王杨侑的旗号。可以说，李渊从一开始就做好了全盘的战略规划。

李渊刚刚攻克长安，就宣布"约法为十二条。惟制杀人、劫盗、背军、叛逆者死，余并蠲除之"。熟悉历史的人都能发现，李渊的"约法为十二条"的举措，和当年刘邦进入关中后的"约法三章"极为相似。

隋炀帝为什么失尽民心？就在于他的横征暴敛、滥用民力。而李渊一举废除了隋炀帝的暴政和苛法，这便意味着隋炀帝的政治权力在关中彻底失效，也意味着李渊在向关中百姓以及天下黎民宣誓——长安的政权仍然是隋朝的，但却是一个全新的政权，要一改往日对天下百姓横征暴敛的作风，剔除一切苛法，"约法为十二条"。

当时，文臣将佐还向李渊劝进，要他早日代隋自立，切不可学刘邦那样不称关中王，结果被项羽所制。听完此言，李渊面色凝重，先是表了一番忠心，说："举兵之始，本为社稷，社稷有主，孤何敢二。"然后话锋一转，说道，"刘季不立子婴，所以屈于项羽。孤今尊奉世嫡，复何忧哉？"李渊认为，刘邦之所以入关后还被项羽所制，关键原因并不在于他不自立关中王，而在于他没有即时立秦王子婴为帝，如果有了秦王子婴这面旗帜，还怕不能号令天下诸侯吗？还会被项羽所制吗？刘邦抢先入关却错失了"挟天子以令诸侯"的机会，这是李渊看到的历史经验。

我们不去讨论李渊的想法对不对，事实上，哪怕是李渊家族自己的经验，也能让他意识到"挟天子以令诸侯"的重要性。李渊的祖父是西魏八柱国之一的李虎。李虎亲身经历了北魏分裂的全过程，也亲眼见证了西魏的崛起和夹缝求生。

北魏末年，高欢击败尔朱氏掌权后，就选择迎立魏孝武帝元修，因为他是北魏孝文帝之孙，身份尊贵，代表着正统。高欢通过操纵元修，进而操纵北魏朝政，实现了"挟天子以令诸侯"。当孝武帝元修和高欢决裂，西奔长安的宇文泰势力后，宇文泰就相当于从高欢手中抢到"挟天子以令诸侯"的话语权，抢到元魏皇室正统。后来宇文泰能够在关中草创西魏并与强大的东魏相抗衡，这无疑是一个非常重要的舆论武器。这段历史几乎可以算是李氏的家族记忆，时代距离李渊也并不遥远，李渊必然也是谙熟于心的。

从北朝后期到隋末唐初，社会上一直流传"李氏将兴""李氏当为天子"的谶言，其来历一方面可能和周隋时期李贤、李穆家族的贵盛有关，也可能和道教李弘（源于道教，据说是太上老君降世的化名）的信仰有关。总而言之，隋末很多割据势力都在借助"李氏当为天子"的谶言为自己的势力构建合法性，并让其为自己摇旗呐喊，其中最有代表性的就是李密、李渊和李轨。

李渊早在太原起兵前就意识到谶语的重要性，并有意借此大做文章。史书明确记载："帝（指李渊）自以姓名著于图箓。"李渊之后打出的"尊隋"旗号，以及入主长安后所采取的一系列"尊隋"的举措，其实都是为了应和"李氏将兴""李氏当为天子"的谶言。

总而言之，李渊就是要向天下人表明，自己是"李氏将兴"的应谶者，同时也是隋朝正统的合法继承者，二者互为表里，互为因果。可以说，李渊的这番操作，为自己太原起兵及在长安建立的政权树立起强大的政治合法性。

从李渊进兵关中的过程中可以看到，李渊对"尊隋"旗号的政治号召力的运用可谓炉火纯青，李渊大军在进军长安途中得到不少民众拥护。李渊大军的主要战役其实都发生在渡过黄河之前，渡河之后，关中地区可谓传檄而定，各地义军无不望风归附。所以，李渊大军进驻到长安城下时才会拥有二十万部众，其中绝大部分都是从沿途各支势力投靠而来的。

到这个时候，李渊想改朝换代已经轻而易举。但是，此刻李渊还不能操之过急，因为太上皇隋炀帝还在江都，如果过早受禅，就会显露出自己的虚伪，并让自己成为众矢之的。只有等时机成熟，李渊才能正式代隋受禅。

时机很快就来了。义宁二年（公元618年）三月，隋炀帝在江都被弑杀，宇文化及拥立秦王杨浩为帝。不久，王世充又在东都洛阳拥立越王杨侗为帝。到这个时候，也就不存在什么篡位之说了。

隋炀帝被弑杀的消息传到长安，李渊恸哭，说道："吾北面事人，失道不能救，敢忘哀乎！"意思是：我北面称臣侍奉君王，主失道不能挽救，岂敢忘记哀痛悲伤呢？

然而，李渊流的是"鳄鱼的眼泪"，一切都是在为他改朝换代做舆论准备。随后，隋恭帝杨侑封李渊为相国，加九锡殊礼。这也意味着李渊做好了受禅准备。自魏晋以来，禅让的把戏已经在历次改朝换代中不断上演，九锡殊礼也成为禅让的代名词。

五月十四日，隋恭帝杨侑正式禅位给李渊；二十日，唐王李渊在太极殿即皇帝位，大赦天下，改年号义宁为武德，推求五行的运行属土德，颜色以黄色为尊。

表面上看，唐承隋火德，故为土德，色尚黄，这就是在昭示唐朝继承自隋朝正统，不存在什么问题。但实际上，唐之土德、尚黄恐怕还有更深一层的意义。东汉末年以来，天下扰攘，长期处于南北对峙的局面，一直到隋才实现大一统，所以唐朝所奉土德也可以理解为是直承汉朝的火德。对此，后来的唐玄宗就曾下诏，明确指出唐朝是承继汉朝的德运，魏晋至隋朝皆非正统。

总之，隋唐之际，在政权合法性构建的问题上，李渊做出了一系列政治举措，而这些都是在其"尊隋"旗号之下有条不紊地进行的，也是隐藏在传统历史书写下的李渊政治智慧和手段的体现。

二十八 靠一首诗名留千史,"榜一大哥"汪伦到底为李白充了多少值?

李白和汪伦的故事,在中国几乎无人不知、无人不晓,这都得益于《赠汪伦》一诗:

> 李白乘舟将欲行,忽闻岸上踏歌声。
> 桃花潭水深千尺,不及汪伦送我情。

李白此番与汪伦相见并作诗,当在天宝十四载(公元755年),当时李白游历各地多年却报国无门,壮志未酬意难平,在怅惘之下甚至有了隐居起来不问世事的打算。此时,粉丝汪伦的热情相邀与踏歌相送让李白心中无比温暖,于是产生了一首千古绝唱。而这首作品也让原本籍籍无名的汪伦成为扬名后世的至情至性之人。

那么我们不禁要问:汪伦究竟是何许人也?他又是如何成功"追星"李白的?

汪伦的身份

关于汪伦的身份，历来有三种观点。

其一，村人说。此说始见于宋刻本《李太白集》注释："白游泾县桃花潭，村人汪伦常酝美酒以待白。伦之裔孙至今宝其诗。"这种观点影响了后代许多注家，如明朱谏《李诗选注》、清王琦《李太白诗集注》皆引此说。但也有人对此提出质疑，如明唐汝询在《唐诗解》中说："伦，一村人耳，何亲于白？"

其二，豪士说。清袁枚在《随园诗话补遗》卷六中称："唐时汪伦者，泾川豪士也，闻李白将至，修书迎之，诡云：'先生好游乎？此地有十里桃花。先生好饮乎？此地有万家酒店。'李欣然至。乃告云：'桃花者，潭水名也，并无桃花。万家者，店主人姓万也，并无万家酒店。'李大笑。款留数日，赠名马八匹、官锦十端，而亲送之。李感其意，作'桃花潭'绝句一首。今潭已壅塞。"袁枚不但指明汪伦是泾川县的"土豪"，而且还讲述了他用"桃花潭"和"万家酒店"骗李白与自己相见的故事。汪伦堪称"诈骗式追星第一人"。

袁枚的"豪士说"虽然生动有趣，但是千百年来未见于他处。此说中李白与汪伦相见后，在汪伦的别业居住了一段时间，临行前，汪伦"赠名马八匹、官锦十端"。李白曾有《宿五松山下荀媪家》一诗：

> 我宿五松下，寂寥无所欢。
> 田家秋作苦，邻女夜舂寒。
> 跪进雕胡饭，月光明素盘。
> 令人惭漂母，三谢不能餐。

当时农家贫苦，一盘"雕胡饭"尚令李白再三辞谢，感觉受之有愧。若汪伦为一村人，李白岂会一直住在人家家中叨扰良久？汪伦可以给李白写信，还有足够的能力盛待他，足见其绝非普通村野百姓，而是泾川的富有显贵之士。此外，袁枚称"今潭已壅塞"，但桃花潭至今犹在，足见其说不能完全采信。

其三，县令说。在公元1982年新发现的泾县《汪氏宗谱》中有关于"汪伦"的记载："汪伦，又名凤林，仁素公之次子也，为唐时名士，与李青莲、王辋川诸公相友善，数以诗文往来赠答。青莲居士尤为莫逆交。开元天宝间，公为泾县令，青莲往候之，款洽不忍别。公解组后，居泾邑之桃花潭。生子文焕，传十余世，有迁常州麻镇者。其兄凤思，曾为歙县令。"

有学者在研究其身世后认为，汪伦为唐代歙州都督、越国公汪华五世孙，以此证实汪伦出身望族的事实。若汪伦任泾县县令，按照唐代官制的地区回避制度，汪伦不可以在家乡及邻县任职，所以汪伦不可能是泾县人，即不可能是桃花潭附近人。后来，又有学者提出"汪伦籍贯新说"，认为汪伦是安徽黟县人，正好解开了汪伦籍贯中的谜团——汪伦当时在泾县，只是由于正在县令任上而已。这就解释了汪伦为何有能力去"追星"。

汪伦真是"诈骗式追星"？

李白与汪伦天各一方，究竟是如何结识并成为好友的呢？长期以来，受到袁枚《随园诗话补遗》的影响，人们都认为汪伦是用欺骗的方式将李白骗来泾川的。该故事读来确实传神有趣、脍炙人口。但随着汪伦真实身份的曝光，此事也显得不那么可信起来。出身不凡且与诸多名人有所往来的汪伦，在面对自己的偶像李白时，真的会用欺骗的方式来"追星"吗？

其实，李白在被汪伦邀请前便已来过泾川。李白在天宝十二载（公元753年）"由梁园南下，秋至宣城"；天宝十三载"复往来宣城诸处"；天宝十四载于泾川作《与谢良辅游泾川陵岩寺》《泾川送族弟錞》《泾溪东亭寄郑少府谔》《下泾县陵阳溪至涩滩》。

桃花潭位于今青弋江（即泾水）上游的安徽东南部宣城泾县桃花潭镇境内。《大明一统志》谓："桃花潭，在泾县西南一百里，深不可测。"在宣城乃至安徽都堪称名胜。该地区水陆交通便利，流动人口众多，众口纷纭之下，云游至此的李白岂会不知？而以李白爱交游、爱饮酒的习性，他在宣城附近也有诸多的朋友，交往中必然会互相谈及自己熟悉的家乡名胜。所以，李白即使未到过桃花潭，也会对桃花潭有没有十里桃花、万家酒店心中有数，怎么可能被汪伦所骗？可见，《随园诗话补遗》中的故事很可能是杜撰，李白之所以会欣然前往，主要是因为汪伦诚挚相邀的真情厚意。

那么，李白究竟是怎样与汪伦结识的？这要从李白另外两首与汪伦相关的诗中寻找答案。

除《赠汪伦》外，李白还有《过汪氏别业二首》留世：

（其一）

游山谁可游？子明与浮丘。

叠岭碍河汉，连峰横斗牛。

汪生面北阜，池馆清且幽。

我来感意气，捶炰列珍馐。

扫石待归月，开池涨寒流。

酒酣益爽气，为乐不知秋。

（其二）

畴昔未识君，知君好贤才。
随山起馆宇，凿石营池台。
星火五月中，景风从南来。
数枝石榴发，一丈荷花开。
恨不当此时，相过醉金罍。
我行值木落，月苦清猿哀。
永夜达五更，吴歈送琼杯。
酒酣欲起舞，四座歌相催。
日出远海明，轩车且徘徊。
更游龙潭去，枕石拂莓苔。

从《过汪氏别业二首》来看，其中有"我行值木落，月苦清猿哀。永夜达五更，吴歈送琼杯。酒酣欲起舞，四座歌相催。日出远海明，轩车且徘徊。更游龙潭去，枕石拂莓苔"之句，可以认定这与《赠汪伦》一样，也是一首情深义重、依依不舍的赠别诗。以常理判断，李白在同一次交游的临别时不会写两首主题相同的赠别诗。且如果《过汪氏别业二首》与《赠汪伦》是同一次交游时所写，合并为《过汪氏别业三首》更合理，何必要拆分为二呢？所以《赠汪伦》与《过汪氏别业二首》不可能是同一次交游时所作。在《赠汪伦》中，李白为汪伦的踏歌所感动，称其情深过桃花潭，但在《过汪氏别业二首》中李白甚至连感激之意都没有表达，因此《赠汪伦》很可能早于《过汪氏别业二首》。

其实，《赠汪伦》中的"忽"字也可证明其问世更早。《赠汪伦》中写明"踏歌声"是李白在准备开船离开桃花潭时"忽然"听到的。所谓"忽"，就是意想不到，没有心理准备。在《过汪氏别业二首》中，从"星火五月中，景风从南来。数枝石榴发，一丈荷花开。恨不当此时,相过醉金罍。我行值木落,月苦清猿哀"中可以肯定,李白自来汪氏别业至离开起码有月余,在长时间与汪伦的交游中充分了解到汪伦"好贤才"的为人,"随山起馆宇,凿石营池台""池馆清且幽"的财势,"扫石待归月,开池涨寒流""永夜达五更,吴歈送琼杯"的情深义重。李白只有在从未与汪伦交往过的情况下,才不会预料到汪伦会率领一群人踏歌相送,给他带来意想不到的惊喜。

《李太白全集·年谱》记载,天宝十一载(公元752年),"公之行踪,由梁园而曹南,由曹南旋反,遂往宣城,然后游历江南各处",其时有诗名为《自梁园至敬亭山见会公谈陵阳山水兼期同游因有此赠》。自从被赐金放还之后,李白心情异常苦闷,故寄情于游山玩水、寻仙访道,以此抒发胸中的晦闷之气。在游完开封名胜梁园后,李白又南下至宣城,登敬亭山探望名僧会公。而泾县陵阳山天柱石、陵阳溪和汉窦子明炼丹、钓白龙、乘鹤仙飞的陵阳祠,同样引起了"诗仙"李白的兴趣。于是,李白沿着青弋江直奔陵阳山,高溪、涩滩、桃花潭、陵阳溪恰在青弋江途中,而且是依次而来。其中,桃花潭与陵阳溪相隔三十里。《安徽行知书》称:"潭西岸怪石拔地而起,形似龙盘虎踞,岸边有隋朝扶风会馆、唐代义门楼等。"这些定然吸引了李白的注意。李白有可能就在这次借道兼游桃花潭时,被自己的狂热粉丝汪伦率领一群歌舞手以别开生面且隆重非常的踏歌仪式相送所感动,于是下船表示谢意,也是在这次借道桃花潭去陵阳溪、与汪伦萍水相逢的情况下,写成了《赠汪伦》。李白盛情难却,接受了汪伦的邀请,两人结下了深厚的友谊,才会有桃花潭重游之旅,并写下《过汪氏别业二首》。

汪伦为李白"打榜"

面对自己的偶像,汪伦尽己所能盛情款待。

李白生性好酒、爱奢靡。在《过汪氏别业二首》其一的开头——"游山谁可游？子明与浮丘"，李白先将汪伦与仙人子明、浮丘作比，赞其志趣之雅；"叠岭碍河汉，连峰横斗牛。汪生面北阜，池馆清且幽"又写明汪伦别业地势之妙，布局雅致；"我来感意气，捶炰列珍馐。扫石待归月，开池涨寒流。酒酣益爽气，为乐不知秋"，写出了肴宴之美，汪伦情谊之盛。《过汪氏别业二首》其二描写了一番离宴之景，欢歌饮酒，通宵达旦，高朋满座，酒后邀舞，乐而忘我，主客相得，流连忘返。汪伦家有别业，诗中明确以"馆"称之，又见酒宴之盛，宾客之众，肴馔之精，可见汪伦家资确实不俗。

　　由于史未明载，我们已无法得知汪伦的宴会上到底有什么美酒美食，但可以根据唐人的生活大致揣测一二。

　　在酒席上，肉类自然是不可缺少的。普通家庭由于经济条件有限，平时只能以腌肉一饱口福。而以汪伦之豪富，搞到鲜肉并非难事。唐人最常吃的肉类是羊肉，做法有炙羊肉、蒸羊头、羊肉面条等。若用来宴客，有一名馔为"过厅羊"。此菜为当堂宰杀活羊，让客人们选择各自喜好的部位并用刀子割下来，一旁服侍的下人奉上颜色不同的彩锦，把自选羊肉包扎好，送去蒸熟；蒸好后，各自认领自己所选的羊肉，用主人提供的竹刀切片，再撒上胡椒，浇上杏酱，即可食用。若不喜欢羊肉的腥膻味，牛肉便是另一种选择。虽然唐代明文禁止食用牛肉，但是仍无法禁绝民间食牛之风。唐代南方就有一道牛肉名菜——"牛头褰"。此外，唐朝人也吃猪肉、驴肉、狗肉、鸡肉、鸭肉、鹅肉等，还时不时吃些野兽肉，像兔肉、野猪肉、熊肉，甚至蛇肉、果子狸肉都曾进入唐人的食谱。

　　除走兽之肉外，泾县周围水网密布，因此水产自然必不可少。今天流行的"日式刺身"在唐代是餐桌常见之物。"唐式刺身"一般使用鲤鱼、鲂鱼、鲫鱼、鲈鱼、鳜鱼……凡是刚出水的鲜鱼，都能切脍生吃。

其外观大多呈丝状，也有小片状，片状的都呈半透明白色，轻薄细嫩。碟边还堆着嫩绿色的葱碎，另有芥末、豆豉、蒜泥、橙丝等调料。若李白吃够了冷食，那么还有另一大流行鱼肴——鱼羹可供其享用。总之，现代人常吃的水产品，如鱼、虾、蟹、贝类、乌贼、水母、蛙、鳖等，都已走上唐人的餐桌。

俗话说，无酒不成席。"李白斗酒诗百篇"，美酒已经成为李白生命中不可分割的一部分，作为粉丝的汪伦自然不会忘记准备。唐代最常见的酒为白酒。与现代白酒不同，唐代白酒呈浅绿色，不但浑浊不清，上面还浮着一层细白的漂浮物，即所谓的"绿蚁新醅酒"。这种酒有一个大众化的名字，叫"浊酒"。如果是把"浊酒"过滤，又经加工的粮食酒，便可称之为"清酒"。除此之外，唐人还比较喜欢"烧酒"，其做法是用微火慢烧，把生酒加热到六七十摄氏度就可以了，如此既能杀菌，也不至于使之沸腾变味。在蒸馏技术出现之前，唐宋时期的酒精度数最高也不会超过二十度。跟酒曲发生化学反应的酿酒粮食，大部分是被糖化了，所以唐代的酒主要是甜，而不是辣，李白等"饮中八仙"才能开怀畅饮而无酩酊大醉之忧。

据《汪氏宗谱》记载，汪伦之兄凤思曾为歙县令。汪氏一门出两县令，自然颇有家学。《全唐诗》还载有刘复的一首《送汪伦》。刘复曾登大历进士第，可见汪伦与文士交往颇多。这些都说明汪伦其实是一位有身份、有才学的风雅之士。考虑到这一点，汪伦为招待偶像李白也可能准备了葡萄酒。在唐朝以前，中原人不会酿造葡萄酒，所以葡萄酒只能从西域输入成品，卖得很贵，一般人喝不到。唐初，唐军开西域，把高昌国（今新疆吐鲁番）设置成唐朝的一个州，当地的特产马乳葡萄和葡萄酒酿造技术也传入中原地区。唐代工匠在内地酿造葡萄酒成功，实现了较大规模生产。当时的河东地区（今山西省中南部）成为内地葡萄酒的集中产地，"河东乾和葡萄"从此名扬天下。李白见多识广，普通美酒未必能入其法眼，故汪伦为博偶像欢心，来点儿"小资情调"也很有可能。

除了美食、美酒外，汪伦也没有忘记准备娱乐活动。古代饮酒作乐时，伎乐不可少。这与当时的社会环境和当地的人文环境相关。唐代盛行伎乐，官府有官伎，私人蓄伎之风亦盛。《旧唐书·河间王孝恭传》记载，河间王李孝恭"性奢豪，重游宴，歌姬舞女百有余人"。《新唐书·李林甫传》也说李林甫"车马衣服侈靡，尤好声伎。侍姬盈房，男女五十人"。不仅是皇亲重臣，唐代许多诗人也养家伎。韩愈即蓄有绛桃、柳枝二伎；白居易的《小庭亦有月》一诗中的"菱角""谷儿""红绡""紫绡"都是女伎之名；《唐才子传》中记载王翰"枥多名马，家蓄妓乐"。唐代富户崇风雅、好伎乐可见一斑。而宴席上有伎乐是唐代一种普遍现象，从唐诗"樽中酒色恒宜满，曲里歌声不厌新""处处闻弦管，无非送酒声"中可见一斑。在送别宴上尤其如此，如皇甫松的《江上送别》即有"祖席驻征棹，开帆候信潮。隔筵桃叶泣，吹管杏花飘"之句。可见唐人送别，设席作宴并配以歌舞管弦乃是常事。

在接受粉丝汪伦无微不至的款待后，李白准备离开，继续云游四方，临行前"忽闻岸上踏歌声"。古代将送别活动称为"祖"，即祭道神，如《诗经·大雅·烝民》："仲山甫出祖，四牡业业，征夫捷捷，每怀靡及。"郑玄笺云："祖者，将行犯軷之祭也。"古代交通落后，通信闭塞，行者在外生死难料，祖道仪式是人们对出行者路途平安的祈祷和祝愿。而在送别宴上表演歌舞及赠诗，不仅是出于娱乐的需要，更大的意义在于为远行者祈福。在祈福的舞蹈中，又以踏歌最为突出。与友人告别时，踏歌代表了美好的祝愿。得知李白即将离开，汪伦追赶而至，设宴饯别，并以家乐踏歌送行，这是为友人的祝祷。此后，汪伦又赠李白"名马八匹、官锦十端"。在唐前期的马匹贸易中，一匹好马的价格从二十到四十匹绢帛不等。唐代币制是钱帛本位，绢帛几乎算十足的货币。在官方诏令中经常提到的绫、罗、绢、布、丝、帛，它们之间并没有一定的比价，而是随时折算。绢帛的单位有尺、匹、端和段，其中一匹大概是四丈，一端是六丈。而官锦自非凡品，其价格当然比普通绢帛高。盛唐时期，一匹绢帛价值约二百钱。最能衡量物价水平的莫过于米价和绢价。盛唐的米价记录，差不多全是特殊丰收时期的报告，所以正常米价每石多少不得而知。据《新唐书·食货志》所载，天宝三载（公元744年）每石米价自三十文到一百多文。而且《通典》明言，开元三年（公元715年）以后天下无贵物，两京米斗不至二十文，则两百文一石为开元、天宝间的正常米价，与此时大概相差不远。也就是说，汪伦赠给李白的临别礼物，折算成铜钱有三万至五万钱，可买米数百石。而开元时期的县令，其月俸也不过五六千钱，折合成米约二十石。由此可见，汪伦相当于将自己一年的工资作为礼物送给李白了。

李白在《赠汪伦》中以"桃花潭水"喻汪伦之深情，并非信口开河、泛泛而谈，而是对汪伦的平安祈福与厚礼相赠的热切回应。回首李白的一生，知遇无数，神交、酒友、新欢、旧爱，无数人绝尘而来，带着美酒与热情，却都成为李白人生中的过客。李白的性子里，透着与人疏离的执拗。他于世间独立，带着飘然的气息，不能与他人同行，最终与之相伴的也只有一轮无法触及的水中月，再无其他。这种孤独，不为强求，也不被他人左右，只取决于他本身，绝无二由。李白与汪伦的这段短暂交集，仅止于物质层面，似乎看不到灵魂上的交流，至深也只是粉丝对偶像的狂热崇拜。李白在与汪伦相识的这段时光里，有酒、有肉、有湖光山色，看似快乐，却依旧孤独。汪伦的陪伴终究只是陪伴，而李白的孤独需要灵魂上的契合来抚慰。这一点，汪伦终其一生也不能达到。

"桃花潭水深千尺，不及汪伦送我情。"这段情缘起于桃花潭水，也终于桃花潭水，几日的悉心招待换来一句千古名句，随着李白的离开和汪伦的去世至此终了。后人在桃花潭东岸建造踏歌岸阁，供人游览凭眺。

二十九 "国民门神"秦叔宝，为何在凌烟阁排名倒数第一？

贞观十七年（公元643年），唐太宗李世民为纪念当初一起打天下的功臣，命令阎立本描绘了唐初二十四功臣的画像，将其悬挂于长安城太极宫西南三清殿旁的小楼——凌烟阁，这便是唐朝《凌烟阁二十四功臣图》。

凌烟阁二十四功臣排名为：长孙无忌、李孝恭、杜如晦、魏徵、房玄龄、高士廉、尉迟敬德（尉迟恭）、李靖、萧瑀、段志玄、刘弘基、屈突通、殷开山、柴绍、长孙顺德、张亮、侯君集、张公谨、程知节（程咬金）、虞世南、刘政会、唐俭、李勣（徐懋功）、秦琼（秦叔宝）。

这个排名很奇怪。其中秦琼，也就是秦叔宝，《旧唐书》评价他是跟程知节、尉迟敬德等人齐名的猛将。秦叔宝这么厉害，为何在凌烟阁中却排名倒数第一？

排名不按功劳大小

唐朝凌烟阁二十四功臣，并不是按照"功"的大小来排名的。

如果是按照功劳大小排名，那么李勣就不应该在倒数第二，即使不在前两名，起码也该在张亮之前。

李勣被李世民称为"唐初三大名将之一"（其他两个分别是李道宗和薛万彻），曾负责唐朝北边防御十六年，多次击败薛延陀势力。唐朝第一次征讨高句丽时，李勣为辽东道行军大总管。李勣率军从柳城县出发，一路高歌猛进、无坚不摧，最后攻克了隋炀帝三次出兵都没有打下的高句丽重镇辽东城，震动整个高句丽。可以说，如果唐军不是最后在安市城无功而返，那么高句丽就亡国了。

第一次征讨高句丽时，张亮为平壤道行军大总管，也就是水军总司令，率江、淮、岭、峡兵四万，长安、洛阳募士三千，战舰五百艘，自莱州（今山东莱州市）泛海向平壤。张亮率领的水师虽然攻克了辽东的卑沙城，但是此后水军就一直在各地游荡，基本上没有为唐军攻打辽东城、安市城发挥什么作用。

张亮在夜袭卑沙城大获全胜后，屯兵建安城下（今辽宁营口）。然而，张亮的营寨还没扎好，敌人的大军就打过来了。张亮生性怯懦，对此毫无对策，只是坐在胡床上一言不发。军中将士却以为张亮临危不惧。在副将张金树的率领下，唐军个个不顾生死、奋勇作战，才将来袭的高句丽军打得大败而返。但是唐太宗对这件事的真相心知肚明，回国后就将张亮逮捕，不过他也知道张亮没有将帅之才，所以放过了张亮。

由此可见，功劳根本不是凌烟阁排名的指标。

秦叔宝虽然劳苦功高，但是也并没有《隋唐演义》里讲的那么夸张。

秦叔宝初为隋将，先后在来护儿、张须陀、裴仁基帐下任职，因勇武过人而远近闻名。后随裴仁基投奔瓦岗军首领李密，瓦岗败亡后转投王世充，因见王世充为人奸诈，与程知节等人一起投奔李唐。投唐后，他随李世民南征北战，是一个能在万马军中取敌将首级的勇将。也就是说，他的战斗力超级强悍，以至于老百姓把他和尉迟敬德的画像一起贴在家中大门上，作为看家护院的门神。

但是，秦叔宝的战斗力只体现在单兵作战上。《旧唐书》记载："叔宝每从太宗征伐，敌中有骁将锐卒，炫耀人马，出入来去者，太宗颇怒之，辄命叔宝往取。叔宝应命，跃马负枪而进，必刺之万众之中，人马辟易。"

但他并没有李勣这样统兵作战的将帅之才。张亮都好歹有过一次率军打下卑沙城的记录，秦叔宝却一次都没有。秦叔宝就像是赵云，有万夫不当之勇，但没有大将之才。

要知道，唐初三大名将之一的李道宗也有万夫不当之勇，曾在辽东城外率四千多兵力打垮高句丽派来的四万援军，而李道宗却没有名列凌烟阁。李世民最心爱的蕃将契苾何力，曾在白岩城外率领八百铁勒骑兵干翻一万多高句丽援军，也没有名列凌烟阁。

因此，秦叔宝能名列凌烟阁最后一名，已经很不错了。

因为没参加玄武门之变？

有一种说法是，秦叔宝因为并未参加玄武门之变，保持了中立，所以才有此等待遇。但此说法经不起推敲。

李孝恭也在玄武门之变时保持中立，却排名第二；李靖没有参加玄武门之变，排名第七；而当时参加玄武门之变的张士贵以及宇文士及，并未被列入凌烟阁功臣名单。

更何况，《旧唐书》说秦叔宝参与了玄武门之变，事后被封为左武卫大将军，食益州实封七百户。只不过和尉迟敬德在现场冲锋陷阵不同的是，秦琼担负着保卫秦王府的重任，因而才让人以为他在玄武门之变中保持了中立。

没错，秦叔宝在玄武门之变中只是一个辅助角色，因此事变后的封赏只有七百户，比长孙无忌和尉迟敬德的一千三百户差很多，比参加事变的张公谨、侯君集都低。但这些人好歹还参与了。魏徵不仅没有参与玄武门之变，而且当时还是太子李建成的人，却位列凌烟阁功臣的第四名。

因此，这里涉及了一个逻辑问题。

尉迟敬德是玄武门之变最大的功臣，危急时刻是尉迟敬德一人杀死了李元吉和李建成，还救了李世民一命；随后又是尉迟敬德逼迫李渊退位，李世民这才顺利当上了皇帝，所以尉迟敬德的排名才那么靠前。

当初，秦叔宝在投靠李世民时，被任命为马军总管，之后跟随李世民进入并州，与宋金刚、尉迟敬德等作战。秦叔宝率军大败尉迟敬德，最后逼迫尉迟敬德投降李世民。

李世民只要细细捋一捋就会发现，没有秦叔宝，尉迟敬德根本没有为自己在玄武门卖命的机会。

所以，是否参与过玄武门之变，不是凌烟阁功臣排名的指标，最起码不是重要指标。

另外一种说法是，秦叔宝相较于其他将军，归顺的时间相对较晚。在大唐建立之后，秦叔宝才从王世充手下投奔大唐，之后跟随李世民征战，不属于李世民真正的原班嫡系或者说核心圈子，因此排名自然就靠后。

这在逻辑上也讲不通。因为尉迟敬德、魏徵归顺李世民都比秦叔宝晚。程知节是跟秦叔宝同时从王世充那边投奔到李世民这边来的，但是程知节排名在秦叔宝的前六位。

还有一种说法是，唐太宗"重文轻武"，所以凌烟阁功臣前六位都是文臣，秦叔宝作为武将，往后面排很正常。且不说唐太宗这个"马上天子"是否"重文轻武"，排名第二的李孝恭就不是文臣，而是有名的大将。李世民在北方攻城略地时，他的堂兄李孝恭先是平定巴蜀，接着平定长江以南。单从贡献地盘面积大小的角度来看，李孝恭不比李世民差。

再看排名第九的萧瑀、排名第二十的虞世南、排名第二十二的唐俭，都是妥妥的文臣。他们可没有因优待而被提到前面去。

排名的真正指标

其实，凌烟阁功臣排序主要是综合考量职事官、散官的级别，相同情况下以左为尊，比如左、右仆射。

排名第一的长孙无忌，此时的官职是司徒，它跟太尉、司空合称为"三公"。三公是中国秦朝地位最尊显的三个官职的合称，秦朝以后多为虚职。尽管长孙无忌的司徒只是虚衔，但可以看出他的地位在唐初是何等尊崇。

排名第二的李孝恭，他在贞观十四年（公元640年）暴病而亡，死后追赠的官阶是司空，位列三公之一。

排名第三的杜如晦，贞观四年（公元630年）去世，死后追赠的官阶是司空。

排名第四的魏徵，在凌烟阁画像同年的年初去世，死后追赠的官阶也是司空。

排名第五的房玄龄，是当朝司空。

由此可见，排名前五的功臣都是三公级别、一品大员。可能是考虑到"死者为大"，所以三个故司空的排名都在房玄龄这个现司空的前面。

至于长孙无忌，他除了很早就开始跟随李世民南征北战，立下赫赫战功，其身份也很特殊——他是李世民的大舅子。他还是劝说李世民发动玄武门之变的主谋。李世民通过"玄武门之变"成功夺取皇位，长孙无忌立了首功。因此，长孙无忌排在凌烟阁二十四功臣第一位，当之无愧。

基于此，李世民终生不忘长孙无忌的辅佐之功。他曾多次对大臣说："无忌聪明鉴悟，雅有武略……我有天下，多是此人力。"

排名第六的高士廉、排名第七的尉迟敬德都是开府仪同三司，是唐朝文散官中的最高等级。开府仪同三司是魏晋至元朝时，朝廷对有功大臣功劳的重赐，意味着可以得到与三公一样的待遇。

排名第八的李靖、排名第九的萧瑀，官职都是"特进"，是正二品的文散官。东汉时，特进位次于三公之下、诸侯之上，至唐代则是文散官中仅次于"开府仪同三司"的官阶。

排名第十的段志玄、排名第十一的刘弘基都是辅国大将军。辅国大将军是汉末设立的高级将军位，唐、宋为正武官名，正二品，为武官的第二级。

从排名第十二的屈突通开始，一直到排名最后的秦叔宝，他们都是尚书仆射、六部尚书、某某州都督这样的官职，排名比较随意。

例如，现洛州都督张亮凭什么要比故徐州都督秦叔宝排名靠前？

再例如，同样是光禄大夫、某部尚书，侯君集的排名为什么要比唐俭和李勣靠前四五位？

但不管他们的排名如何，李世民正是凭着这些文臣武将的辅佐，才迎来了贞观之治。评书大师单田芳在《隋唐演义》中讲的结尾诗言犹在耳，恍如昨日：

隋末英雄起四方，龙争虎斗动刀枪。
多少英雄含恨死，一统江山归大唐！

在《隋唐演义》中，秦叔宝是绝对的主角，以忠义著称。小说中，秦叔宝在瓦岗寨屡次大破敌军，加上跟随唐太宗南征北战，其战斗力强悍的形象早已深入人心。所以，他虽然在凌烟阁中排名最后，但是知名度出奇的高。说起门神，是没几个人知道神荼、郁垒，但都晓得一个是秦叔宝，另一个是尉迟敬德。

在老百姓心中，门神就是家宅安全的保障。千百年来，人们愿意将他们当成可以保护自己的门神，在一定程度上，也算是对他们功绩的最高认可。

三十　大唐名将李靖，为什么乱入殷商"封神榜"？

在明清小说《西游记》《封神演义》《隋唐演义》中，都提到了一个人物——托塔天王李靖。故事中，凡间的他家住陈塘关，是商朝纣王四大总兵之一。后来，他协助周武王克殷有功，位列仙班，被升为托塔天王，成为一名天宫武神。我们印象中的他，身穿铠甲、头戴金翅鸟宝冠、左手托塔、右手持三叉戟，着实威风。

然而，历史上真实的李靖不是商朝陈塘关总兵，殷商实际上也并不存在"总兵"一职，他的真实身份是大唐开国名将。

大唐将军李靖为何成为商朝托塔天王的原型？他又是如何实现这种跨越朝代、身份的转化？

一代战神：历史上的李靖

李靖，本名药师（一说字药师），出生于隋末官宦之家。其舅父韩擒虎是隋朝名将，每抚之曰："可与言将帅之略者，独此子耳！"当时的吏部尚书牛弘曾赞赏李靖有"王佐之才"。李靖确有文韬武略，不过他效力的并非当时的隋朝，而是后来的唐朝。

当时，身为隋朝太原留守的李渊意欲造反。李靖察觉后，准备向隋炀帝告发此事。结果李渊攻占长安，俘获了李靖。李靖在临刑被斩之际，大声疾呼："公起义兵，本为天下除暴乱，不欲就大事，而以私怨斩壮士乎！"李渊及其子李世民都颇为赞赏他的才识和胆气，他因而获释。不久，李靖被李世民召入幕府，从此开始了自己的政治和军事生涯。

李靖半生戎马，亲自指挥了多次战役，不仅显示出超群绝伦的军事才能，还表现出一位统帅应具备的高尚武德。他南平萧铣和辅公祐，消灭江南最大的割据势力；奇袭东突厥，一战定北疆，消除了唐朝西北边境的祸患；远征吐谷浑，越雪山、跨寒地，万里追击，直至塔克拉玛干沙漠腹地，大获全胜。从江南水乡到内陆平原，再到西北大漠，李靖经历水战、陆战、骑兵战，几乎所向披靡，立下不可磨灭的功劳。除了赫赫战功，李靖常常以仁心服众，不仅对部下宽厚，对敌国臣民也能以仁德征服民心。他兵之所向，当地百姓也能安居乐业，无滋事生非者。

除了领兵作战，李靖还以自己丰富的实战经验和军事理论，撰写了多部兵书，今仅存清学者汪宗沂据杜佑《通典》、杜牧《注孙子》以及宋代的《太平御览》《武经总要》等书辑成的《李卫公兵法》，其中就记录了李靖的兵法。李靖善于用兵，长于谋略，他基于诸葛亮的八阵图创造的"六花阵"对后世军事家，特别是岳飞、戚继光等名将，产生了重要影响。

唐高祖李渊曾对李靖卓越的军事才能赞叹不已："李靖……古之名将韩（西汉韩信）、白（秦将白起）、卫（卫青）、霍（霍去病），岂能及也！"唐太宗也夸奖李靖："昔李陵（西汉大将）提步卒五千，不免身降匈奴，尚得书名竹帛。卿以三千轻骑深入虏庭，克复定襄，威振北狄，古今所未有。"

鉴于李靖对大唐立下的赫赫战功，他生前被唐太宗封为卫国公。贞观十七年（公元643年），他又被请进凌烟阁，居凌烟阁二十四功臣的第八位。李靖死后，又被请进武庙，与白起等名将一起，成为著名的"武庙十哲"，真正列于国家祀典中，关羽、张飞等人屈居其次。明朝时，李靖又被明太祖列入古今功臣三十七人之中，配享历代帝王庙。

走入神坛：托塔天王的出现

由于得到历代王朝的承认，祭祀李靖的民间祠庙得到蓬勃发展。根据有关县志及相关史料记载，唐末五代时，民间已经出现了形形色色的李靖庙宇，李靖作为这些庙宇的主神，开始被赋予"掌管天气"的能力，有了"神"的色彩。

除了本人的功绩，李靖从人转化为托塔天王有着较深的宗教渊源。

首先是道教的流行。黄老之术的流行使得李靖在宋代成为道教神仙，具体表现之一便是很多宋代的野史小说记述了大量关于李靖被神化为道教神仙的故事。据《太平广记·李卫公》记载，唐代大历年间，元阳观单尊师乘船时遇见一位异人，听其讲述曾在山中遇见一位已经成仙的老者，老者自称"唐初卫公李靖"，李靖为其治好恶疾，劝其"修行道术"，且得长生，约定二十年后再见。

其次是佛教毗沙门天王崇拜。毗沙门天王又称北方多闻天王，为佛教护法四天王之一，在佛教中享有尊崇的地位。于阗（古代西域佛教王国）等地的毗沙门信仰，经西域高僧不空等人的弘传，在唐朝内地盛行。当时，西北战事烽烟不断，人们相信毗沙门天王可以领兵攻击敌军，守护边疆国界。

唐不空所译的《毗沙门仪轨》中记载了一个关于毗沙门天王助唐军西北破敌的故事。唐天宝年间，安西被蕃军围困，请求唐军救援。但因路途遥远，短时间内救兵难到。在无计可施之际，有人献策："陛下何不请北方毗沙门天王神兵应援？"唐玄宗便让不空大师开坛作法，调请北方毗沙门天王率数百金甲神兵火速驰援。往后，唐玄宗平定乱事，也多请毗沙门天王的庇佑，故毗沙门天王也逐渐被唐军视为"战神"来尊崇。

柳澈在《保唐寺毗沙门天王灯幢赞并序》中记载："天王垂迹，肇兴于阗。威灵旁洽，仰之钤键。爰祚我唐，昭孚变现。廓土开疆，□腾电烻。"

可见，时人认为毗沙门天王在唐朝西北的国土开疆中起到了重要作用。

随着毗沙门在大唐的地位日益突出，毗沙门造像开始出现。毗沙门天王的形象通常作披甲胄、戴冠，右手持戟或执棒，左手擎宝塔，脚踩地神或夜叉，所以世俗常称其为"托塔天王"。

此处的塔是佛教的象征，一般的寺院都有塔，是佛门安置经文、佛物和舍利子的地方。《西游记》中，唐僧训诫孙悟空时说的"救人一命，胜造七级浮屠"中的"浮屠"就是指塔。自此，"塔"便成为毗沙门天王的标志物之一。唐高宗即位初期，在洛阳龙门石窟造像，卢舍那佛像的左侧便有托塔天王的形象。到了唐玄宗时，玄宗诏令各地修建毗沙门天王庙。除了造像修庙外，唐朝军队也会制作有天王形象的神旗，出军时以《祭毗沙门天王文》祭祀。

此时的托塔天王依旧是毗沙门天王，和唐代名将李靖尚没有任何渊源。至于李靖为何能取代毗沙门天王，成为托塔天王，并冠以"李"姓，还和李靖本人有关。

融合：托塔天王和李靖的渊源

李靖军事能力卓越，曾率军西破吐谷浑，这和佛教毗沙门天王助唐军战于西北一事极为相似。另外，李靖已经受到官方和民间的双重祭拜，且升为道教神仙，因此人们很容易将已经初步"神化"的李靖与毗沙门天王联系起来。

而"毗沙门托塔李天王"名号的产生，则标志着毗沙门天王与李靖渊源的开始。

介绍托塔李天王的元话本《乐毅图齐七国春秋平话后集·卷下·鬼谷下山》中有云："独孤角独战四将，五匹马混战，如黑杀神真武贤圣斗毗沙门托塔李天王。"

元代杨景贤的杂剧《西游记》中提到，毗沙门天王姓李，哪吒是毗沙门李天王之子。此时的李天王还不是李靖。明代时，基于元代资料编成的《三教源流搜神大全》在介绍哪吒时，已明确指出他"托胎于托塔天王李靖"。值得一提的是，世人皆知哪吒是托塔李天王之子，殊不知，先有天王之子哪吒，后有托塔天王李靖。早在唐代的《毗沙门仪轨》中，哪吒便是毗沙门天王第三王子的第二子；《北方毗沙门天王随军护法真言》中，哪吒又成了毗沙门天王的第三子；《开天传信记》中也说哪吒是"毗沙王之子"。

元明之际，哪吒身份的转换也对应说明了李靖不仅正式成为托塔李天王，而且代替了毗沙门天王，成为哪吒的父亲。另外，由来已久的毗沙门天王与哪吒的父子恩怨以及哪吒"析肉还母，析骨还父"的佛教故事，也被嫁接到李靖和哪吒的父子冲突情节之中。

毗沙门天王的形象，无论是其外表仪态还是家人设定，都对神化后的李靖形象产生了重要影响。因此，一定意义上，与其说唐朝名将李靖是托塔天王的原型，不如说毗沙门天王是托塔天王的原型。托塔李天王李靖的出现，正是毗沙门宗教文化和中国本土文明结合的产物，是宗教本土化的一大见证。

到了明代，吴承恩结合历代民间传说编写《西游记》，使得李靖以托塔天王的身份有了完整版本的神话故事。此后，另一部小说《封神演义》在《西游记》的基础上再次丰富了李靖的故事，使托塔天王李靖作为哪吒父亲的人物形象广为流传。同时，由于《封神演义》描写的是周武王伐纣的故事，为了配合故事背景，李靖便被赋予商朝陈塘关总兵的身份。

从大唐名将李靖到托塔李天王，其背后既有真实的历史功绩，有官方和民间祭祀，有宗教融合，有文学艺术加工和创作，也有坊间百姓的想象和口耳相传，各种因素融合，塑造出了如今我们熟悉的"托塔天王李靖"。

三十一　宋代赘婿为什么能"软饭硬吃"？

在 20 世纪 40 年代的鲁西南，曾流传着这样的"妇德"歌谣："一学走路要安详，二学裁剪做衣裳，三学寒窑的王三姐，四学磨道的李三娘。"（姜淑梅《乱时候，穷时候》）王宝钏和李三娘都被视为封建时代贤良女性的典范，但她们的丈夫却是在古代不受待见的"赘婿"。

李三娘的故事来自"四大南戏"之一《白兔记》，故事雏形在北宋民间演绎的《五代史平话》中已经出现。《白兔记》讲述了五代时期的一段传奇：

穷汉刘知远被李家招赘为婿，后被妻兄陷害去看守妖精出没的瓜园。刘知远杀死瓜精，得到兵书、宝剑，离家从军，并飞黄腾达。妻子李三娘受兄嫂虐待，推磨时生下儿子"咬脐郎"，托人把他送到刘知远身边。十六年后，"咬脐郎"打猎追赶白兔，在井边重遇正在挑水的生母，一家人终获团圆。

和虚构的王宝钏不同，《白兔记》主角有真实的原型，即后汉高祖刘知远和妻子李氏。刘知远出身寒微，曾先后投身于后唐明宗李嗣源、后晋高祖石敬瑭部下，后来自立"汉国"称帝。《资治通鉴》记载："知远微时，为晋阳李氏赘婿。"当然"李三娘磨房产子"的故事就纯属杜撰了。

五代十国时期，以赘婿的身份载入史册的不止刘知远一人，后周开国皇帝郭威也可被视为变相的"赘婿"。《东都事略》记载，他的妻子柴氏（后来追封圣穆皇后）本是唐庄宗的嫔御，在唐庄宗死后被遣回家中。归家途中遇到大雨，她在旅店暂住，遇到了一个衣着破烂的男人，正是当时的马步军使郭雀儿，未来的后周开国君主郭威。柴氏一看郭雀儿便认定眼前这个落魄男人未来必将贵不可言，于是不顾父母反对，直接与他在旅店中成婚，将从皇宫里带出的财物一半给了父母，另一半作为自己的嫁妆。这笔嫁妆正是郭威后来起家的第一桶金。（《旧五代史·周书》："周太祖柴后，本唐庄宗之嫔御也，庄宗没，明宗遣归其家，行至河上，父母迓之，会大风雨，止于逆旅数日。有一丈夫走过其门，衣弊不能自庇，后见之，惊曰：'此何人邪？'逆旅主人曰：'此马步军使郭雀儿者也。'后异其人，欲嫁之，请于父母。父母恚曰：'汝帝左右人，归当嫁节度使，奈何欲嫁此人？'后曰：'此贵人也，不可失也。囊中装分半与父母，我取其半。'父母知不可夺，遂成婚于逆旅中。所谓郭雀儿，即周太祖也。"）

　　北宋开国皇帝赵匡胤的父亲赵弘殷，也没有避讳自己做赘婿的经历。《东斋记事》记载，赵弘殷孤身一人在杜家庄院门下避雪。庄院里的人悄悄给他饭吃，见他身躯魁伟，做事勤谨，便禀报了主人，留他在庄院干活。[《东斋记事》："宣祖（指赵弘殷）初自河朔南来，至杜家庄院，雪甚，避于门下，久之，看庄院人私窃饭之。数日，见其状貌奇伟兼勤谨，乃白主人，主人出见，而亦爱之，遂留于庄院。"] 不久，杜家庄院的四娘子招赵弘殷为婿，生育赵匡胤、赵光义兄弟二人，杜四娘也成为"昭宪太后"。《烬余录》的记载与之大同小异，还补充说，杜家庄前有一个"双龙潭"，应验了这里将产生两位皇帝的预兆。

　　因杜太后共生五男二女，宋人还将此作为祝祷多子的吉祥之兆，孕妇即将临盆时，父母要送来银盆或彩画盆，盛着粟秆，上面盖着锦绣或生色

帕子，装饰着五男二女花样。(《东京梦华录》)

这些乱世枭雄的经历，可以看作五代至两宋婚姻观念改变的缩影。赘婚，民间俗称"上门女婿""倒插门"，在宣扬男尊女卑的封建社会长期受到歧视。但随着"婚姻不问阀阅"现象的普及，宋代相比前朝对赘婚的接受度有所提高，一部分人甚至将当赘婿作为改变个人命运的台阶，堪称"软饭硬吃"的典型。

古代赘婿生存实录

"男婚女嫁"为主导的聘娶式婚姻制度，早在父系氏族时代既已奠定，在父权为主导的古代社会里占据强势地位。尽管有研究者将"入赘婚"视为母系社会习俗的残余，但就中国古代整体现象来说，"入赘婚"其实只是性别改变的聘娶式婚姻而已，赘婿地位的低下，正体现出男权社会的强势。

《说文解字》对"赘"的含义解释为："以物质钱。从敖、贝。敖者，犹放。贝当复取之也。""赘"的最初含义与放贷相近，指将钱财放出后再收回。从其字义亦可看出"入赘婚"与经济的相关性，贫穷的男子无钱娶妻，只能以自身作"抵押物"，为女家效力。贾谊向汉文帝的上疏中提及"秦人家富子壮则出分，家贫子壮则出赘"，体现了男子入赘多与贫困相关。

"赘"的另一个广为人知的含义是"多余"。战国时齐国名臣淳于髡出身赘婚，唐人司马贞特意注释："赘婿，女之夫也。比于子，如人疣赘，是余剩之物也。"在古代语境中，赘常常和奴婢画等号。如《汉书》的"数年岁比不登，民待卖爵赘子以接衣食"，注疏曰："淮南俗卖子与人作奴婢，名为赘子，三年不能赎，遂为奴婢。"意思是，民间遇到灾荒时，百姓只能将儿女卖给人家做奴仆，这种叫"赘子"，如果三年赎不回来就无法摆脱奴籍了。从"淳于髡"之名来看，"髡"是一种将全部或者部分头发剃掉的刑罚，侧面说明他曾经的身份很可能与奴婢相差无几。

秦汉时期，设置了一系列针对赘婿的禁令。云梦秦简中的《魏户律》记录了相关法规："叚（假）门逆吕（旅）、赘壻（婿）后父，勿令为户，勿鼠（予）田宇。三枼（世）之后，欲士（仕）士（仕）之，乃（仍）署某籍曰'故某虑（闾）赘婿某叟之乃（仍）孙'。"意思是，赘婿不能单独立户、不能分田产，三代以内都不能为官，即使三代之后的后代做了官，也要贴上"赘婿后代"的标签。其中提到的"后父"，指的是有子寡妇招赘的丈夫，其实也是赘婿的一种形式。汉代仍有赘婿不得任官吏的规定，并将其视为皇帝的政绩："孝文皇帝时，贵廉洁，贱贪污，贾人、赘婿及吏坐赃者皆禁锢不得为吏。"

赘婿还一度被作为国家征召的主要对象，去攻打艰险之地。《魏奔命律》记载："叚（假）门逆吕（旅）、赘壻（婿）后父，或（率）民不作，不治室屋……今遣从军，将军勿卹（恤）视。享（烹）牛食士，赐之参饭而勿鼠（予）殽。攻城用其不足，将军以堙豪（壕）。"意思是，包括赘婿在内的受歧视对象在军中要做苦活，待遇也有差异，得不到主将赏赐的牛肉。秦始皇曾遣派赘婿、商人等群体远征桂林、象郡、南海等地。汉武帝为获汗血良马，曾派李广利率军进攻大宛，军队的组成包括"天下七科谪及勇敢士"。"七科谪"的解释是："吏有罪一，亡命二，赘婿三，贾人四，故有市籍五，父母有市籍六，大父母有市籍七。"赘婿和罪犯、亡命之徒列在一起。

在这样的社会氛围下，人们自然对"赘婿"颇为敏感。南北朝时期，刘宋有个叫王敬弘的人任天门（今属湘西地区，不是现在的湖北天门市）太守，妻子的弟弟桓玄在荆州任刺史，请他们去家中住，王敬弘只是派船把妻子送了过去，并说："灵宝（桓玄）见要，正当欲与其姊集聚耳，我不能为桓氏赘婿。"意思是，桓玄邀请我们，是想和他姐姐相聚，我就不以赘婿的身份凑这个热闹了。王敬弘为了彻底避开赘婿的嫌疑，就这样几年没去娘家接妻子。在重视门第的魏晋南北朝，这种心态并不罕见。

到了唐代，虽然国家律令不再公开打压赘婿，但是由于贯彻"官之选举必由于簿状，家之婚姻必由于谱系"的社会等级制度，人们对赘婿的看法与前朝差别不大。相传在唐末，有个叫卢议的人给有权有势的郑家当赘婿，三年没有回家，卢议的哥哥卢诰写诗讽刺他贪恋岳家权势：

三年作赘在京城，著个绯衫倚势行。
夜夜贪怜红粉女，朝朝浑忘白头兄。

宋代赘婿地位的一些转变

经过了"自古未之有也"的五代"氏族之乱"，原本壁垒森严的"士庶"界限在五代后基本被打破。伴随着商品经济的发展，社会各阶层的流动性得到增强，"贱不必不贵""取士不问家世，婚姻不问阀阅"潜移默化地改变了人们的认知，"娶其妻不顾门户，直求资财"成为主流观念，甚至出现高官为钱财争娶妻的闹剧。如后来当了北宋宰相的向敏中，竟与张齐贤争娶有家财的寡妇柴氏而闹得不可开交，成为官场谈资。（《二程集》："本朝向敏中号有度量，至作相，却与张齐贤争取一妻，为其有十万囊橐故也。"）在民间，建立在经济基础上的赘婿关系，也就不那么让人难以接受了。

在宋代，未婚女子招的婿称为"赘婿"，寡妇招的婿叫"接脚夫"。宋太宗淳化元年（公元990年），崇仪副使郭载观察到四川一带赘婿现象日益增多，深感忧虑而进言："川、峡富人多招赘婿，与所生子齿，富人死，即分其财，故贫人多舍亲而出赘，甚伤风化而益争讼，望禁之。"朝廷的解决方式是"禁川、峡民父母在出为赘婿"，侧面体现出对赘婿一定程度的接纳。《岳阳风土记》也记载了湖湘一带男人做赘婿的普遍现象："湖湘之民，生男往往多作赘，生女反招婿舍居。然男子为其妇家承门户，不惮劳苦，无复怨悔。"其中"无复怨悔"四个字描述了赘婿在女家低人一头的感受。

宋代赘婿有一个外号叫"布袋"，是指做了赘婿后像钻进布袋一样，处处忍气吞声。（《猗觉寮杂记》："世号赘婿为'布袋'，多不晓其义。或以为如入布袋，气不得出。"）也有一种解释是，布袋是"补代"的谐音，意思是起到帮女家传宗接代的作用。（《东京梦华录笺注》："语讹也，谓之补代。人家有女无子，恐世代自此绝，不肯嫁出，招婿以补其世代耳。"）赘婿的另一个别名叫"野猫"，体现出女家对赘婿的不信任，"谓衔妻而去也"。

不过，也有个别情况是男方家境并不差，为了双方家族联姻获得更大利益而出赘，或是女方家庭舍不得女儿嫁出而要求对方入赘的。《岭外代答》还记载了宋时广西壮族地方统治者"峒官"的婚俗，与汉族的入赘也有点相似，结婚后要在女方家的五里外单独建屋供夫妇居住，叫"入寮"，半年后女方才会去丈夫家。（《岭外代答》："婿来就亲，女家于所居五里之外，结草屋百余间与居，谓之入寮。……入寮半年，而后妇归夫家。"）不过，"入寮"婚俗建立在峒官对下层民众的滥杀上，男方要以杀女方的婢女来体现自己的威风，即"夫自入寮以来，必杀婢数十而后妻党畏之，否则以为懦"。

不可否认的是，虽然相当多的赘婿的社会地位有所降低，但是他们获得了实实在在的好处，最明显之处在于其经济实力超过了未婚时。宋代洛阳有个焦姓人士当了刘家寡妇的"接脚夫"。刘家家产丰厚，他将当赘婿视为"平生之大遇"。到了南宋时期，多子家庭中有子出赘已成为比较常见的现象。《梦粱录·嫁娶》中写到，婚姻"定帖"时，帖子中需写明男方是否入赘。南宋陶梦桂还为儿子入赘写诗，提醒他恪守"男德"，听天由命，老实做人：

> 诲汝汝知乎，家贫乃赘居。
> 奉身须节约，接物要谦虚。
> 勿以清樽污，而于黄卷疏。
> 只须铭此语，一任命何如。

现实中，经济状况的改变很可能会让男子见利忘义。《夷坚志》记载了一个人入赘到渔民家中后贪图小利、对生母不孝的故事：母亲想念儿子，儿子看到母亲登门时，却连打来的鱼都舍不得给她吃，谎称自己没有收获。（《夷坚志》："至门闻母语声，急藏鱼于舍后，复诳其母，且告之，曰：'今日风恶，不获一鳞。'"）

宋代富贵人家的"榜下捉婿"，也可被视为一种另类的"赘婿"。榜下捉婿也叫"脔婿"，此名来自唐代，"脔"有独自侵占的意思，俨然将进士视为物件。当然，未来的岳家个个出手豪阔，"厚捉钱以饵士人，使之俯就，一婿至千余缗"。苏轼诗中的"囊空不办寻春马，眼乱行看择婿车"，描绘了富豪选择新科进士为女婿候选人的热闹场景。被"捉中"的进士很少反抗，因为岳家的资产或权势也会成为他们未来安身立命的资本，何乐而不为？宋哲宗时官员王蘧还被政敌揭露，他主动去做常州江阴县一个家财巨万寡妇的赘婿。在财富的驱动下，"软饭"当然也能"硬吃"了。

当然凡事总有例外。北宋"连中三元"的冯京，被权倾天下的三司使张尧佐看中，张尧佐来了个"现场抢亲"，派家丁将他挟持到自己家中，逼他当场答应做自己的女婿。冯京因已许婚"以清节闻于时"的三司盐铁判官王丝之女，坚定拒绝："吾头可截，婚终不可易！"《冯京墓志》也记载了张尧佐的逼迫，张尧佐给冯京围上了金腰带劝他就范，冯京还是推辞了。张尧佐拿出准备好的嫁妆引诱冯京，随便打开一个箱子就装有五百两金子，冯京仍不动心，堪称"威武不能屈"的典范。

即使在宋代，赘婿也不能无所顾忌

尽管相比前代，宋代赘婿的社会认可度相对较高，不少人可以做到"软饭硬吃"，但是他们享受的权利仍然有限。封建时代的传统婚姻以"夫为妻纲"为核心，设定了"七出"的限制——"一无子，二淫佚，三不事舅姑，四口舌，五盗窃，六妒忌，七恶疾"，若女方触犯了"七出"中任何一条，丈夫便有权离异。赘婿并没有"七出"的束缚，但妻子和妻子的父母有"休夫权"，赘婿的个人能力往往成为是否被休的关键。《夷坚志》记载，饶州有个叫隗十三的，去王小三家做赘婿，但他除了吃闲饭以外什么都不会，王家便将他逐出家门，不让他与妻子相见，结果隗十三在妻家门前自杀。宋代文学家赵鼎臣在其《竹隐畸士集》中收录了同族堂姐赵氏招赘武姓丈夫的故事：武某丑陋粗鄙，还有赌博恶习，曾被县令抓捕责打，赵氏的母亲和族人商议将有案底的武某休出家门（《竹隐畸士集》："刑余之人，不可以久辱吾女，必逐之。"），但赵氏恪守"妇道"，认为与丈夫离婚不合礼法，只能继续吃苦。

另一个问题来了：宋代的赘婿到底有没有财产继承权？

情况不可一概而论。宋真宗时期颁布敕令，规定自立门户、前夫没有直系男性亲属继承财产的寡妇，如果再招赘婿，女方死后赘婿没有继承妻子及其前夫遗产的权利，按律令要把田产上交官府。（《全宋文》："妇人夫在日，已与兄弟伯叔分居，各立户籍。之后夫亡，本夫无亲的子孙及有分骨肉，只有妻在者，召到后夫，同共供输。其前夫庄田，且任本妻为主，即不得改立后夫户名。候妻亡，其庄田作户绝施行。"）但也不排除有的赘婿将妻子的产业变卖后，把钱财偷偷转移到自己名下的情况。

宋仁宗时颁布的《户绝条贯》规定，没有男性继承人的"户绝之家"，如赘婿或其他亲属在户主生前同住、经营家当三年以上，可以继承三分之二的家产。（《户绝条贯》："若亡人在日，亲属及入舍婿、义男、随母男等，自来同居营业佃莳，至户绝人身亡及三年已上者，二分店宅、财物、庄田并给为主。"）但这一条例没有贯彻多久就做了修订，改为根据实际情况分割财产，并且如果户主有遗嘱，以遗嘱为准。

在现实执行中，因财产分配而发生诉讼的情况并不少见，判决结果通常对男性继承人有利。

北宋时，杭州知府张咏曾判决一桩抢家产案：一个有钱人去世时儿子尚小，女儿已招婿在家，他立下遗嘱：儿子得家财十分之三，女婿得十分之七。儿子长大后认为事有蹊跷，与姐夫对簿公堂。张咏认为，死者分配遗产时故意安排儿子少、女婿多，是怕女婿贪图财产暗害幼子而做出的安排，改判为女婿得十分之三、儿子得十分之七。这一判决被时人视为正义之举。

窦州知州郎简也断过一桩赘婿霸占幼子财产的案件：该赘婿的岳父去世时儿子幼小，赘婿伪造了文书，占据了儿子名下的田产。儿子长大后状告此事，郎简核对笔迹后，判定文书是伪造的，令赘婿伏法。

《名公书判清明集》记载了一桩较为复杂的案子：刘传卿有一儿一女，女儿季五娘招梁万三为婿，儿子季六娶阿曹为妻，季五、季六均早死，梁万三试图占据刘家遗产，但官府判定财产全归阿曹所有。这桩案件成为"明断"的例子，体现出封建社会赘婿的继承权排在儿媳之后。

在宋代赘婿逐渐被社会接受的大环境下，赘婿虽然地位较低，但是也享有了一部分获得财产的权利，在律令中的身份也有所改变，不再是单一受罚的对象。

到了元代，法律对赘婿做了更细致的划分，明确权利和义务："一曰养老，谓终于妻家聚活者。二曰年限，谓约以年限，与妇归宗者。三曰出舍，谓与妻析居者。四曰归宗，谓年限已满，或妻亡，并离异归宗者。"第一种"养老婿"终生居住在女方家，后三种类型则有在岳家生活一段时间后自立门户的可能性，明代统称为"出舍婿"，赘婿在法律上的地位趋于稳定。

成书于明代的小说《西游记》，塑造了史上最著名的"养老女婿"。高太公对孙悟空如此介绍这位赘婿："指望他与我同家过活，做个养老女婿，撑门抵户，做活当差。不期三年前，有一个汉子，模样儿倒也精致，他说是福陵山上人家，姓猪，上无父母，下无兄弟，愿与人家做个女婿。"

可怜高太公的如意算盘，招来了猪八戒。

三十二　秦桧是如何从一朝宰执变成千古罪人的？

《满江红》是否为岳飞所作，在学术界众说纷纭。但秦桧在死后不久，便已是身名俱裂，为南宋上下所不齿。

那么，秦桧是如何从一朝宰执变成卖国求荣的千古罪人的呢？

靖康之难

秦桧年少时丧父，家道中落，他和弟弟秦棣便跟随母亲投靠在歙州做官的舅父王本。早年的奔波流连，让秦桧的性格染上了市侩、自利的色彩。之后，秦桧考中进士，到靖康年间，已经高升为御史中丞。

靖康之难发生时，秦桧身在汴梁，且为宋朝高官，在宋钦宗上表投降后，被拘押在金营。此时的东京留守王时雍召百官共议立张邦昌为君，监察御史马伸主张联名共进议状，以保存宋朝宗庙。（《宋史·马伸传》："众唯唯，伸独奋曰：'吾职谏争，忍坐视乎！'乃与御史吴给约秦桧共为议状，乞存赵氏，复嗣君位。会统制官吴革起义，募兵图复二帝，伸预其谋。"）

秦桧表示同意，遂开始撰写议状，致书完颜宗翰请立赵氏子弟为帝。这便是著名的"乞存赵氏"议状。

关于靖康二年（公元 1127 年），秦桧上书金军主帅完颜宗翰请立赵氏的文章，我们能看到的有宋、金两个版本，其言语用词大相径庭。

南宋的史料中，《三朝北盟会编》《建炎以来系年要录》等均对议状有所记载。其中，秦桧之言辞十分慷慨激昂，甚至以周世宗克复三关为震慑，颇具豪气：

"大金果能灭宋，两河怀旧之思，亦不能亡。如其不能，徒使宗属贤德之士，倡义天下，竭国力以北向，则两河之民，将去金而归宋矣。且天生南北之国，方域至异也。晋为契丹所灭，周世宗复定三关，是为晋报恨。然则今日，岂必赵氏然后复仇哉。"

此状的金国版本出自《大金吊伐录》，秦桧在书中称：

"若蒙元帅推天地之心，以生灵为念，于赵氏中推择其不预前日背盟之议者，俾为藩臣，则奸雄无因而起，元帅好生之德，通于天地，桧虽草芥，亦被生成之数。无任待罪陨越激切恳求之至！谨具状闻，伏候台旨。"

《大金吊伐录》系"其书纪金太祖、太宗用兵克宋之事，故以吊伐命名。盖荟萃故府之案籍，编次成帙者也"。也就是说，《大金吊伐录》是金府库档案，本书至元代方才流出。作为完整的档案资料汇编，加上金代档案记录人员也没有丑化秦桧的动机，其可信度应该比较高。

不过，不管是哪个版本，秦桧都传达了保存赵氏宗庙的意向，只是其遣词造句的差别巨大，南宋版本多有慷慨悲歌之态，金版本却是奴颜婢膝、诚惶诚恐。而其中的真相，结合当时的其他史料，便可略窥一二。

曾在御史台与秦桧一同任职的姚舜明之子姚宏说过："今世所传秦所上书，与向来者大不同，更易其语，以掠美名，用此诳人。"

对于这份议状，当时提出疑义的人并不少见，但这些疑义主要集中在议状是否为秦桧独上，还是与马伸等人连衔同上。因南宋朝廷档案无金版本的议状，对于此事的分歧也仅限于此。对于这个说法，李心传在《建炎以来系年要录》中认为"毁桧太甚"。因为金人没有拘押马伸，那应当是只有秦桧署名。

当我们将宋、金版本的议状放到一起，宋、金之间可信度都颇高的档案表述却截然相反，再考虑到马伸在此事中的作用与秦桧被拘押，那就只剩下一种可能——秦桧将议状偷梁换柱了。由此，千年以前的一起"狸猫换太子"案，也渐渐显现出事件的原貌。

马伸等一干御史官员确实写了请求保存赵宋宗社的议状（即《三朝北盟会编》《建炎以来系年要录》版本）交给秦桧。而秦桧碍于众人施加的道德压力，被迫署名。但因其贪生怕死，担心此议状惹怒完颜宗翰、完颜宗望而连带自己被杀，于是他自己暗自写了一份议状（即《大金吊伐录》版本），换掉了原来的议状，交给完颜宗翰；又因为其语气谄媚，若是找其他御史官员联名则声名堕灭，于是只能自己署名。这也能解释为什么南宋史料与金史料的表述截然不同，但所请之事则是相同。

此时的秦桧主张"和金保宋"。这一方针并非他的政治定见，更多的是迫于时势，且贪生怕死。以秦桧的行事作风，他擅长在多个势力中转圜斡旋，又因当时议状之事并不为南宋士民所知，所以此时的秦桧在世人眼中的形象还算颇为正面。而这种八面玲珑的作风，也贯穿了秦桧在宋、金的政治生活，最终使其成为千古罪人。

此事之后，秦桧未能从金营脱身，只得与宋徽宗、宋钦宗以及大批后妃、帝姬（即公主）一同成为南征的完颜宗翰、完颜宗望的俘虏，并被押往东北。

传车送穷北

在当"俘虏"的生涯里，秦桧将他的圆滑发挥到了极致。

秦桧初到金国时,恰逢金太宗治下。此时的部落制残留仍然在金发挥着巨大作用,并左右着金的政治决策,在地方上也有着极大的权限,皇帝也并非乾纲独断。此时的金与其说是中央集权政权,倒不如说是部落制军事民主政权。因此,金朝内部军事贵族林立,政治格局也显得混乱芜杂。而秦桧的洞察能力,让他在各个势力中左右逢源。

彼时的金国遵循金太祖完颜阿骨打所约定的"兄终弟及,复归其子",建立了谙班勃极烈制度(储君制度),将部族内的兄终弟及传统制度化,之后再传位于长兄之子。即使如此,兄弟相继、父死传他子仍并轨而行,使得金统治内部峻急对立。

金太宗即位以后,任命其弟完颜杲出任储君。由于完颜杲早逝且无嫡亲兄弟,按继承法储位当传于太祖嫡子完颜宗峻,但完颜宗峻也同样早逝,只余庶子在世。不得已,金太宗便有立嫡长子完颜宗磐为储君之私心,但碍于制度未能实现。储位悬而未决,这让手握军政大权的宗室重臣虎视眈眈,金内部已然产生了太祖系和太宗系的分野。秦桧身处金的时间(公元1127—公元1130年),也正是完颜亶(即后来的金熙宗)未确立储位(公元1132年确立储位)、朝内斗争白热化的时期。

作为降人,面对极其复杂的政治环境,秦桧必须步步为营,才能求得生存。

不得不承认,秦桧是很聪明的,也十分擅长察言观色。初到金国,他便与金诸位朝廷重臣、封疆大吏结了善缘,并跟他们有了较为密切的交往。秦桧在北上途中,先是通过关系巴结上离他最近的实权人物——主管燕山行枢密院的完颜宗翰。在分配俘虏时,他被赐给金太宗的弟弟完颜昌,而与他一同被俘的陈过庭等人都被流放到显州(今辽宁北镇市)。秦桧在完颜昌的保护下,留在燕山府(今北京市),先充"任用",后为"参谋军事",为日后宋、金和谈埋下伏笔。其后,他又结识完颜宗弼(金兀术),史载"左右侍酒者,皆中都贵戚王公之姬妾"。

在与秦桧交集较深的人物中，完颜宗翰是"非金世祖"的首领，代表着血缘疏远的旁支宗室力量；完颜昌是"太宗系"之首；完颜宗弼则支持"太祖系"嗣位。秦桧深刻认识到，欲求自保，必要依附于处于执政地位的"太宗系"，同时又得穿插于其他两系之间，以图实现其政治图谋——"和金存宋"，并扩大自身的权力。

与秦桧关系最为密切的自然是完颜昌。完颜昌在金内部的位置十分特殊，他比较主张在攫取南宋利益后与宋讲和，尤其是在完颜昌与完颜宗弼南征接连遭到挫败后。此时，北方起义风起云涌，朝内形势波谲云诡。在金扶植的傀儡政权伪齐国主刘豫的存废问题上，完颜昌与完颜宗翰始终相持不下。此外，完颜昌又与金太宗之子完颜宗磐深相结纳，作为"太宗系"之首，他势必要维护金太宗。在这种形势下，完颜昌主和的思想又占据上风，其中秦桧所发挥的作用必然不小。

于是，秦桧和完颜昌有了政治上的接合点。完颜昌的"欲和"带有侵略色彩，以强大军事实力为依托，迫使南宋大量让渡利益；秦桧的"欲和"则是为了自身返回南宋，并借此扫除政敌、扩大权力，至于国家牺牲多少，则不在其考虑范围内，所以两人旋即一拍即合。随后，秦桧在随军南征的过程中，携家眷逃回南宋。秦桧能够举家潜还，其背后很难说没有完颜昌的授意。

值得注意的是，秦桧与当时的主战派完颜宗弼结下的一丝关系，在他日后的政治生涯发挥了巨大作用，也间接引发了岳飞一案。

秦桧的主和与攀升

回到南宋后，秦桧的政治智慧继续帮助他平步青云，初归不久，他便洞察到宋高宗赵构的祈和意向。

作为一个北返之人，秦桧在南宋朝廷既无根基，也无人脉，唯一的倚仗便是他和金重臣完颜昌的交情。秦桧只得株守"和金存宋"的方针，并在这个过程中放大宋高宗赵构心中早已滋长的对金军的恐惧，极力促成宋、金和谈，方才能在南宋朝廷站稳脚跟。

秦桧返朝入对时，对宋高宗赵构阐言："如欲天下无事，南自南，北自北。"他建议赵构放弃收复中原，承认事实上的南北分治。

"南自南，北自北"，秦桧的主张无疑给漂泊多年的赵构打了一针"强心剂"，赵构自身也希望能借秦桧的关系实现议和。秦桧的政治活动指针得到了宋高宗的认可和赞赏，秦桧开始受到重用。宋高宗认为秦桧忠心可嘉，以"佳士"赞赏，任命其为礼部尚书。秦桧在南宋政坛粉墨登场，其随从也都改为京官，一时鸡犬升天。

其后，完颜昌配合着秦桧的活动，于第二年（公元1131年）撤出淮南。秦桧在回来后的第二年八月拜右相，并在这一过程中不断营销自己，除了在赵构面前维持"忠臣"人设、吹嘘自身与完颜昌的交情外，还在朝臣中宣传自己上书存赵，以及从敌营杀死敌兵归来的"光辉事迹"。一时间秦桧声名鹊起，就连当时的名士胡安国闻知秦桧升职后，也在致书其友人时提道："吾闻之，喜而不寐。"

但由于宋、金内部的权力制衡，双方和议一直未能成行，而秦桧在此期间也因与吕颐浩政争失败而淡出朝野。直到绍兴七年（公元1137年），宋、金双方国内政局陡然转变，双方才迎来和谈的契机，秦桧的命运再度迎来转机。先是金主战派完颜宗翰逝世；同年八月，又发生宋将郦琼于淮西率军叛降伪齐的事变；之后南宋宰相张浚因淮西兵变引咎辞职，赵鼎再相。自此，双方主战派一时远离政治中心。

绍兴七年十一月，在完颜昌的运作下，刘豫被废，宋、金双方正式开始和谈。秦桧重新得到重用，不久便踢开赵鼎，全力负责议和事宜，力赞屈己之说。这时，许多人苦口婆心地劝过秦桧，如程颐弟子尹焞、秘书省官员范如圭等。据《宋史》载，范如圭的言辞尤为诚恳：

"相公尝自谓'我欲济国事，死且不恤，宁避谤怨'。相公之心则忠矣，使杀身而有益于君，志士仁人之所愿为也。若犯众怒，陷吾君于不义，政恐不惟怨谤而已，将丧身及国，毒流天下，遗臭万世。苟非至愚无知，自暴自弃，天夺其魄，心风发狂者，孰肯为此。若曰圣意坚确，臣下莫之能回。此非所望于相公也。"

然而，"和金存宋"是秦桧在南宋立足的基础，也是其攀登的阶梯，自然会被其固守不放，国家的利益则退居其次。范如圭的劝诫，是基于秦桧一心为国、只是政见不同的前提，而事实并非如此。因而，秦桧并没有做出回应。面对范如圭的苦心相劝，秦桧选择了默不作声，以"不答"反驳了范如圭。

绍兴八年（公元1138年）十一月，金"诏谕江南使"张通古与宋使王伦南来。金使的称号中以"江南"称南宋，以"诏谕"代国信，羞辱的意味显而易见。其后金还要求宋高宗跪拜受诏，奉表称臣。对此，赵构给自己找了个冠冕堂皇的理由，表示愿意"委屈"自己以换和平。赵构与秦桧不顾名声扫地，合力弹压反对派，将反对议和的官员几乎贬谪一空，宋金和议达成。

不过，和平并没有持续多久。按照绍兴八年的和议，宋要付出名分和岁币以换取金对河南、陕西等地的归还等一系列条件。但实际上，将河南、陕西归还于南宋这一条引起了金主战派的强烈不满。绍兴九年（公元1139年），金再次爆发政斗，完颜昌身死，完颜宗弼独掌大权，任都元帅。绍兴十年（公元1140年）五月，完颜宗弼撕毁和议，再次南侵，重夺河南、陕西之地，宋、金再度交战。

战端再启后，金军在郾城之战先遭惨败，随后岳飞又逼近至朱仙镇。由于战事推进不顺利，完颜宗弼又产生了和谈的想法，而此时的赵构也无意战事，想要借此机会加紧削夺武将兵权。秦桧洞察到这一意图，想要借此扫除政敌，独擅大权。三者一拍即合。于是赵构发十二道金牌催促岳飞撤军。在赵构、秦桧的逼迫下，岳飞奉诏退兵。当日，岳飞不禁感慨："十年之力，废于一旦。"

岳飞撤军后，完颜宗弼与赵构、秦桧的谈判逐渐明朗。在完颜宗弼的要求下，罢宋主战派兵权与议和相结合。绍兴十一年（公元1141年），秦桧采纳了给事中范同"请皆除枢府，罢其兵权"的建议，将张俊、韩世忠和岳飞召回临安任职，任命张俊与韩世忠为枢密使，岳飞为枢密副使，将三人原先主持的淮西、淮东与京湖三宣抚司统制以下的官兵都划归三省、枢密院统一指挥调动，完成了实际上对兵权的收归。

对此，张俊与虎谋皮，率先向秦桧交出兵权。而岳飞、韩世忠等虽然惊异于朝廷的异常表现，但是也并未反抗。之后，秦桧和赵构则加紧对韩世忠、岳飞等主战派的清洗和迫害。

站在赵构的立场上看，他的政治图谋是达成议和与收归兵权，手下的臣子将领，总归是需要制衡的，因此他对韩世忠、岳飞的态度是稍夺其权，至于杀或者不杀则持模棱两可的态度。反倒是秦桧，为了扫除其擅权的蔽障，防止岳飞、韩世忠重回权力中心，对这件事则特别积极。

赵构和秦桧在岳飞案前，先向韩世忠发难，仿佛是在预演。

韩世忠部下胡纺诬告韩世忠亲信耿著谋反。岳飞也参与到此案的调查，他深知韩世忠的为人，告知韩世忠，史载："先臣不忍世忠之以忠被祸，而告之，世忠号泣，以恳于上。"韩世忠向皇帝陈情。而赵构只是想收拢兵权，而非置韩世忠、岳飞等于死地，这么做也不利于他制衡朝内关系，再考虑到早年苗刘之乱时，韩世忠是救驾的亲信，最终选择放过韩世忠。

这时，除去站在秦桧一边的张俊，够资格作为牺牲品的主战派将领，也只剩下岳飞一个。只待他身陷囹圄，便可达成和议。

绍兴十一年，秦桧唆使万俟卨（mò qí xiè，万俟是复姓）以谏官身份弹劾岳飞，冠以罪名有三，一是"日谋引去，以就安闲"；二是淮西之战,"不以时发";三是淮东视师,沮丧士气。

第一个罪名指的是岳飞之前负气辞职上庐山一事,第二个罪名是指未能解淮西之围一事,第三个罪名则完全把张俊撤除防务的责任转嫁给岳飞。之后,岳飞也意识到危险,上表请求去位。他被罢去枢密副使,改任宫观闲职,无力再对朝廷的决策作出影响。但赵构和秦桧不打算就此放过他,在制词里说,岳飞有"深衅","有骇予闻,良乖众望"。韩世忠闻知后也迅速辞职,以免被波及。而秦桧则在其中嗅到了杀机。

其后,张俊受秦桧指使,胁迫岳飞部下王贵就范,又贿赂了副统制王俊,几乎照搬半年前的韩世忠案,在诬告处理方面极其随意,由王贵接受王俊写的诬告岳飞和张宪谋反的诉状,诬指张宪串通岳飞谋反。这一切都在赵构的允许下进行。

为防止出现韩世忠案的情况,秦桧选择先对事件定性,再由宋高宗赵构追认,防止赵构反悔。宋高宗赵构下旨特审岳飞一案。十月,岳飞与其子岳云被投入大理寺狱,由御史中丞何铸与大理卿周三畏审讯。作为通金急先锋、秦桧的竞争对手何铸,有感于岳飞行事端正,良心未泯而不忍加害,便向秦桧力辩岳飞无辜。秦桧无力抗辩,指出说:"此上意也。"

其后,秦桧改命万俟卨为御史中丞,取代何铸,用酷刑逼供岳飞。而岳飞仅以"天日昭昭"作为回应。最终,岳飞案初步判决由刑部、大理寺进状。为防止夜长梦多,进状当天的十二月二十九日,岳飞蒙难。

在对岳云的处理上,秦桧秉持了斩草除根的原则;在对岳云案的补充意见上,秦桧留下了"情重奏裁"。宋高宗赵构也默契地判死了岳云。可怜岳飞一生转战数千里,廿载为国殚精竭虑,却落得几乎全家尽没的下场。

虽然秦桧作为金和谈意志在南宋的落实者,在完颜昌死后又凭借昔日与完颜宗弼的良好关系,有着"挟虏势以要君"的话语权,但是赵构对秦桧行为的始终默许，并将卖国精神贯彻到底的无耻行径，与秦桧也算沆瀣一气。二人在政治舞台上的唱和，不可谓不是一种"君臣相知"。

不久，绍兴和议尘埃落定。数年之前毫无根基的秦桧，凭借着"和金"政策，如今在朝野中早已是党羽遍地。

千古骂名

秦桧不单纯是宋高宗赵构的替罪羊，也没有所谓"主和救国"的政治定见，家国大义更无从谈起。他做出的选择，是基于自身权力的巩固、利益的最大化。而在宋、金纷繁的政局变幻中，秦桧既挟完颜宗弼以制赵构，又以自身在南宋的优重地位而受到金统治阶层的关注，可谓风头正劲、一时无两。岳飞案的发生，似乎从秦桧和赵构达成屈辱求和的政治共识起，就已经势所难免。

在权位的不断攀升中，秦桧牺牲了家国天下，即便他能以权力一时压服南宋朝野的舆论，但在不久后的孝宗朝，他还是逐渐迎来了舆论反噬。彻底走上一条不归路的秦桧，终落得万世骂名。

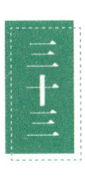

三十三　被朱棣忽悠的宁王朱权，捱过了怎样的一生？

说起宁王，熟悉历史和爱看古装电视剧的读者一定不会感到陌生。在 20 世纪 90 年代到 21 世纪初的电视荧屏上，宁王几乎就是"反王"的代名词。

明朝时期，因为第四代宁王朱宸濠叛乱，宁王一系最终被除名。相比第四代宁王朱宸濠，第一代宁王朱权则少有人问津。不过，在追溯朱宸濠叛乱的原因时，宁王朱权为朱棣所骗的史实也不断被提及。那么，这位被朱棣忽悠的宁王朱权，他的一生究竟如何呢？

少年英雄，文武双全

洪武十一年（公元 1378 年），朱元璋迎来了他的第十七个儿子，他给这个孩子起名为朱权。此时，朱元璋已建立明朝，因此朱权的童年是在京师应天府（今南京市）的皇宫中度过的。朱元璋虽然起于草莽，但是对子嗣的文化教育十分重视，为皇子们挑选的老师都是世间大儒。如太子的老师宋濂是明初著名学者，被朱元璋誉为"开国文臣之首"。在这样的教育环境下，朱权凭着自己的天资聪颖和勤奋好学，得到了朱元璋的赞许。

朱权三岁时，徐达、汤和、傅友德取得了北征胜利。朱权九岁时，冯胜率军战胜纳哈出，平定辽东，蓝玉等率军驻守大宁（今属内蒙古自治区赤峰市宁城县）。朱权十岁时，蓝玉在捕鱼儿海之战大获全胜。朱权十三岁时，边境上原本投降明朝的蒙古贵族相继叛逃，朱权受封宁王。不久之后，朱权与辽王朱植等兄弟各自出镇边疆。

朱元璋封诸子为王，以就藩之地为名号。在朱元璋所生的二十六子中，除了第二十六子朱楠早逝、长子朱标被封为太子外，其余二十四子均被封为藩王。在这二十四位藩王之中，朱元璋挑选了九名皇子镇守边塞紧要之地，其中燕王朱棣、宁王朱权均是北方重要将领。

燕王朱棣镇守北平，北平当时是元朝故都，其地位无需赘述。宁王朱权所镇守的大宁，其地理位置同样十分重要。《明史·朱权传》记载："大宁在喜峰口外，古会州地，东连辽左，西接宣府，为巨镇。"大宁卫的故址在今内蒙古自治区赤峰市宁城县，在张家口与锦州两个战略要地之间，位于北京的东北方向，是明朝防卫蒙古的重镇。同时，朱权麾下还有"朵颜""泰宁"和"福余"三个羁縻卫所，此三卫所被称为"朵颜三卫"或者"兀良哈三卫"。《国朝献徵录》评价宁王"带甲八万，革车六千，诸胡骑又骁勇善战"。宁王朱权及其下属军队是一支不容忽视的军事力量。朱权在就藩大宁后，多次与驻守北地的朱棣等藩王出兵攻击蒙古部落，巡视塞上。

行文至此，一个风尘仆仆、满脸杀气的青年将军形象似乎已跃然纸上。然而，《国朝献徵录》的"宁献王权"条目下，对朱权形象的描写是"生而神姿秀朗，白皙，美须髯"。历史上的青年朱权，容貌俊美，不仅能征善战，亦能著书立说，文采斐然，对历史尤感兴趣，奉朱元璋之命纂修了《通鉴博论》《汉唐秘史》等史书。其中《通鉴博论》在洪武二十九年（公元1396年）完稿，朱权将其呈献给父亲朱元璋。作为一个不满二十岁的皇子，完成这部著作必定有其幕僚的协助，但从其所作序言来看，这部书确实是他花了心思用功撰写的，其中也有他本人的志向寄托。

早期的朱权是一个受过良好教育、文武双全的少年英才。难得的是，相比他的兄弟们，朱权较少违禁，与朱元璋之间的关系也颇为和谐，与驻守北平的燕王朱棣更是兄友弟恭，怎么看都是朝着一代贤王的目标去发展的。

只是这一切，都随着朱元璋的去世而化为乌有。

裹挟靖难，背井离乡

朱元璋在建立明朝的第一年，就立其嫡长子朱标为皇太子，正式确立了自己的接班人。朱标生于元至正十五年（公元1355年），此时朱元璋尚在征战，得知朱标出生，非常开心。朱标五岁时，朱元璋聘请宋濂为他的老师。朱元璋称吴王后，就封朱标为王世子。作为朱元璋与马皇后的长子，朱标一直被当作接班人培养。朱标也没有辜负朱元璋的期望，不仅才干出众，而且为人仁厚。可惜的是，朱标英年早逝。在一片惊疑之中，朱标次子朱允炆被推上了皇位继承人的位置。

朱元璋平定天下后，大肆诛戮功臣。根据《明书》记载，仁厚的朱标曾劝谏朱元璋，得到的答复是"今所诛者，皆天下之险人也。除以燕汝，福莫大焉。"在朱元璋看来，这些战功卓著的猛将是朱标难以驾驭的，而朱标的弟弟们则是其可以信赖的。这种想法在朱标继位的前提下是没有问题的。但是朱标死后，他那些精明能干的弟弟于他儿子朱允炆而言，却是更加难以驾驭的荆棘之棒。

洪武三十一年（公元1398年），明太祖朱元璋去世，皇太孙朱允炆即位。朱允炆即位次年，也就是他改元建文的第一年，开始在齐泰、黄子澄等人的支持下着手削藩。藩王在封地往往多有不法之举。朱元璋在世时，秦王等人就曾因不法行为而遭到过惩罚。周王朱橚（sù）是朱棣的同母兄弟，被禁锢在首都应天府。随后，代王、齐王、岷王、湘王均因罪被废，或死或囚。

朱允炆这样的做法自然引起其他藩王的恐惧和愤怒。对朱允炆来说，最大的对手是手握重兵、虎视眈眈的燕王朱棣。朱棣也最终利用朱元璋的《皇明祖训》中"朝无正臣，内有奸恶，必举兵诛讨，以清君侧"的条文，借口讨伐齐泰、黄子澄，起兵谋反，史称"靖难之役"。

那么这个时候，二十一岁的宁王在干什么呢？

与手握重兵的燕王朱棣一样，宁王朱权也是"带甲八万，革车六千"，掌握精锐的蒙古骑兵，还和朱棣关系良好，怎么看都是要铲除的对象。那么朱允炆是怎么对待朱权的呢？

朱允炆在削除岷王、湘王时，明示其罪状，将其抓捕，但是对于朱权，仅仅是征召其来京，不明示罪名抓捕。不是朱允炆不想这么做，而是他不能。作为极具权势的藩王，朱权在其封地并不完全遵纪守法，但是也没有什么大罪过，不过是放任将士扩大草场之类的，连朱元璋也未曾深责。所以，朱允炆无法以这种借口将朱权拘捕，只能以皇帝的身份要求皇叔朱权进京。但是有诸王进京受辱的先例在前，朱权自然不愿贸然前往京师。于是朱允炆以朱权不至京师为由，削减他的护卫数量，仅此而已。这其中也有朱允炆担心逼迫太急，将朱权逼到朱棣一方的顾虑。总体而言，在朱棣没有拜访朱权之前，宁王朱权对于两方的争斗是持中立态度的。

再说回改变朱权一生命运的男人——朱棣。朱棣的起兵谋反颇费周折。他先是通过装疯佯狂来麻痹朱允炆派往北平监视自己的张昺（bǐng）、谢贵；收拢军队后，又与耿炳文号称三十万大军接战。虽然朱棣大败耿炳文，但朱允炆又派李景隆率大军前来讨伐，加上辽东吴高的部队，朱棣陷入被夹击的态势中。在此间隙，朱棣率千余精锐前往大宁，留世子朱高炽守卫北平。

朱棣之所以前往大宁，是看上了宁王的军事力量。与宁王共同出兵巡视塞上时，朱棣就很欣赏宁王军队的实力，尤其是其麾下朵颜三卫的能力。而且朱棣的情报工作也做得很不错——对于朵颜三卫这种雇佣兵性质的武装可以许以重利；而宁王麾下的汉族将士因为都来自塞内，受不了塞外之地的苦寒，早就想回到内地。这些情况都被朱棣打探清楚了。收服宁王，不仅能大大增强燕军的军事力量，更能切断辽东军队与南军的联系，还能断绝宁王这一肘腋之患，真是一石三鸟。为了达成这个目的，朱棣开始了堪称影帝级别的表演。

朱棣先是单骑入城，抓住朱权的手向他哭诉自己的遭遇，说自己起兵是迫不得已之举，实在是没办法，现在南军百万大军兵临城下，做哥哥的快不行了，弟弟一定要在皇上面前替自己说说话，只有他能救自己了。真是闻者伤心，见者落泪。

朱权对这位哥哥还是缺少了解，要是知道他通过装疯来设计张昺、谢贵的事，估计绝对不敢将他留在自己的府邸。朱棣在朱权府上盘桓数日。朱权渐渐对他放松警惕，允许燕王的下属进入大宁。朱棣乘机让手下收买笼络朵颜三卫的首领和不愿驻扎在外、希望回到塞内的将士，并与他们达成协议，让他们背叛朱权。可怜一片赤心的朱权，还在款待朱棣。

到朱棣"临走"时，朱权还去郊外为他饯行，却不想羊入虎口，被伏兵捕获，接着被朱棣作为人质赚开城门，燕军与城内叛变的军士里应外合，拿下大宁。大宁守将朱鉴奋战而亡。朱权家小全部被迁往北平监视居住，朱权收藏的大量藏书也毁于兵灾。从此，朱权被留在朱棣身边，既是阶下囚，又是座上客。朱权素有善谋的名声，在燕军中还得为朱棣草檄传谕，想来是十分憋屈的。

值得一提的是，在靖难之役中，明面上"跟随"朱棣的只有朱权一人。建文元年（公元 1399 年），朱元璋所封的二十四个藩王中，秦王朱樉、晋王朱棡（gāng）、潭王朱梓、赵王朱杞、鲁王朱檀已经去世，周王朱橚被发配云南，齐王朱榑被废为庶人拘禁在应天府，代王朱桂被废为庶人拘禁在大同，湘王朱柏在被围捕时自焚而死，辽王朱植被征召至应天府，岷王朱楩（pián）被废为庶人改居漳州，谷王朱橞从宣府逃归应天府，肃王朱瑛主动申请将藩地内迁，楚王朱桢、蜀王朱椿、庆王朱㮵（zhān）在各自的封地观望，韩王朱松、沈王朱模、安王朱楹、唐王朱桱（jìng）、郢王朱栋、伊王朱㰘年幼，未就藩，在应天府居住。莫说天下人，连朱家人自己对这场叔侄之争都是多采取观望态度，对朱棣少有支持。

未分天下，著书立说

在历经近三年的战争后，燕王朱棣成功击败自己的侄子朱允炆，登上了梦寐以求的皇位。但是对朱权来说，这是一件喜忧参半的事情，喜的是以后不用再跟随朱棣过囚徒一般的生活，忧的是自己该去往哪里呢？

朱棣在诓骗朱权、夺其军队后，为了笼络朱权，曾经有"事成中分天下"之约。此事在明代《建文朝野汇编》、清代《明纪》等文献中都有记载。不过，就算朱棣真的向朱权如此许诺，见识过兄长演技的朱权也是绝对不会相信会有这种好事发生的。结果，朱棣不仅没有与朱权中分天下，还在论功行赏的事情上狠狠地恶心了朱权一把。

按道理说，在存世的诸王中，唯一一个"跟随"朱棣靖难的是朱权，他就是没有功劳也有苦劳。而且，朱权本人为朱棣草拟檄文，朱权的家属在北平作人质，朱权的军队被朱棣收编，大大加强了燕军的军事实力。但靖难成功后，朱棣放出了之前被朱允炆囚禁的周王朱橚等藩王，给予他们赏赐，恢复他们的封地。对于背叛朱允炆、打开应天城门的谷王，更是给予了丰厚的赏赐。可是对于"跟随"靖难的朱权呢，朱棣没有任何额外的赏赐。

朱权原来的封地大宁，早已被作为筹码赠予蒙古部落了。从此辽东—大宁—宣府的塞外防线出现了一大缺口，后来的京师顺天府则缺少了一块重要屏障，埋下了一大隐患。史料记载，朱权先后向朱棣讨要苏州、钱塘（杭州），均被驳回。江南乃财赋之地，朱棣怎么可能让他人染指。朱权未尝不知道这一道理，如此要求，恐怕也是在与朱棣怄气。朱棣给朱权列出了建宁、荆州、重庆、东昌四地，让他选择。朱权最终选择南昌作为封地，并获得了朱棣的承认。

现代学者分析，朱权之所以选择南昌，与其夫人张氏出自南昌并葬在南昌有关。无论如何，朱权总算有了安身立命之所，他的家属也可以安定下来。但是朱权消气了吗？并没有。在明仁宗朝，朱权提出南昌不是自己的封地，请求改封，被驳回。在明宣宗朝，又请求增加自己在南昌的土地，惹怒了明宣宗。从此以后，朱权在南昌生活，直到正统十三年（公元1448年）去世。

朱权生于公元1378年，死于公元1448年，在古代中国实属不易。但朱权在公元1399年被裹挟参加靖难之役时不过二十一岁，受封南昌时也不过二十五岁，人生不过经历了三分之一。那么，剩下的时间，朱权在干什么呢？

答案是著书立说。

早在青年时期，朱权就奉朱元璋之命完成了《通鉴博论》，在呈交《通鉴博论》后又承担了编纂《汉唐秘史》的任务，书未写完而朱元璋去世。之后朱权被裹挟参加"靖难之役"，待朱棣称帝后，他蛰居南昌，开始读书弹琴，醉心艺术与修道。这般做法，一方面，是为了打消朱棣的疑虑；另一方面，朱权确实热爱文化，毕竟伪装只是一时，难以持续一世。从朱权定居南昌后不断创作的表现来看，这并不是伪装。

朱权的著述极多，内容涉及史学、道教、戏曲、文学、医学等诸方面，不仅范围广，而且数量大。朱权亲自参与撰写，不是托名之作的有七十余种。在这些著作中，影响较大的有戏曲类的《太和正音谱》、音乐类的《神奇秘谱》、道教类的《天皇至道太清玉册》、医学类的《活人心法》等。时至今日，朱权仍然有三十余种著述存世。根据《宁王朱权著述考》，朱权"存世著作有30多种，其中史类2种、音乐类3种、杂剧类3种、文论韵谱类4种、诗文类3种、时令类1种、医家类5种、道家类2种、杂艺类3种、堪舆类1种、五行类3种、类书类1种、兵书类1种"，不可谓不丰。值得一提的是，明末清初的著名画家"八大山人"朱耷（dā），正是朱权的后裔。

朱权改封南昌后，特别注重道教和戏曲类书籍的撰写，这也是他的避祸之道。他称自己为臞（qú）仙、涵虚子、丹丘先生等，对于自己早年纵横沙场的经历，只能在创作诸如《肃清瀚海平胡传》的杂剧中回味一二了。

公元1958年，国家考古队对朱权墓进行了考古发掘，出土了《宁王圹志》，也就是宁王朱权的墓志铭。《宁王圹志》对宁王朱权的品格作出了"天性敦实，孝友谦恭，乐道好文，循理守法"的总结，虽然稍有溢美之意，但是总体符合朱权一生的写照。朱权最终被谥为宁献王。"献"字在《谥法解》中被解释为"聪明睿哲"。朱权青年时期文武双全，文能著书立说，武可驰骋塞上；遭逢大变，能够委曲求全，保全性命；就藩南昌，著述百种，涉猎百家。

朱权的一生，对得起这个"献"字。

三十四　大清灭亡时，知府知县们都去哪儿了？

历史学界有一个观点：清朝的官员，尤其是中央官员，后来大多成了民国官员。民国北京政府似乎只是换了一块招牌，内部人员没有太多变化。

晚清官员弃旧朝而投新朝，自然有生计的原因，但他们在做政治选择时，并没有太多思想方面的痛苦。清朝灭亡之际，曾作为维护清朝统治重要力量的官僚集团，上至三公九卿下到知府知县，他们在大厦将倾之际都做出了自己的选择：大部分人选择投奔民国政府，少部分选择离开政坛，个别的则选择给清朝殉葬。

在那个乱世，不同的人做出了不同的选择，而不同的选择也决定了这些人不同的人生路线。他们有的在民国飞黄腾达，成为一方高官大员；有的则一生坎坷，命运几经沉浮。这些人丰富多彩的人生轨迹，也为厚重的历史添加了无数的故事，让后人得以一窥当年社会的一角。

按照光绪三十四年（公元 1908 年）的政区划分，全国共分为二十二省、二百余个府、一百余个厅、二百一十余个州、一千三百余个县。如此计算的话，全国的督抚、布政使、按察使、知府、同知、知州、通判和知县之类的大小官员，加起来可以说成千上万。这些人作为"大清"一手提拔起来的官员，在大厦将倾之际的表现十分诡异，大部分人对清廷的覆灭非但没有感伤，反而有一股幸灾乐祸的感觉。

为什么会有这种情况发生？原因也十分复杂。实在要简化的话，可以说有三种原因。

第一种原因是，到了清末，朝廷已经丧失了中央集权的威信。既然清廷中央已经没有什么权威，地方官员自然不想再为其效忠，而是开始各做打算。

第二种原因是，因为清末官场已腐败至极，各地官僚集团都有自己的生财之道。而面对签署了大量不平等条约的赔款压力，清廷中央自己都难以在财政上约束地方。地方势力在各帝国主义的支持与合作下，更是不愿意在清廷这条下沉的破船上久留。

第三种原因则是，军权的丧失。清末，全国精锐部队都已掌握在地方实权派手中，清廷一手建立的新军又是革命党的主力，此时，嗅觉灵敏的官僚早已跟革命党有了各种各样的联系。所以，武昌起义枪声一响，随着革命军的前进，各地纷纷宣布脱离清廷独立，清廷的统治最终瓦解。

殉葬的终究是极少数

辛亥革命胜利之际，为了尽快平息战火、恢复国家元气，革命党对旧势力还是做出了妥协。比如武昌起义成功后，同盟会湖南分会焦达峰、陈作新领导新军起义并成立了中华民国军政府湖南都督府，随后很快占据都督府，下达了"不分满、汉，任职如常"的电令。也就是说，原来的清廷官员只要不反对革命，一律可以继续任职。这种事情在当时稀松平常，绝大多数的原清廷官僚都选择与革命党合作。这虽然减少了革命时期的暴力事件，但是也让辛亥革命成为一场不彻底的革命，为中国后来走的弯路埋下伏笔。

当然，人性复杂，在浩浩荡荡的历史大势前，什么事情都有可能发生。

首先谈谈那些"硬骨头"。

尽管清廷极度腐朽，但还是有些清廷的顽固拥护者在最后时刻选择"杀身殉葬"。这些人中有在九江自尽的时任江西巡抚冯汝骙。武昌起义爆发后，南昌新军在响应时一度想把冯汝骙推举为都督，宣布独立，却遭到冯汝骙的拒绝。后来冯汝骙为表忠诚，在九江自尽，成为为清廷殉节的汉官第一人，还被清廷诏谥忠愍。

福州将军朴寿则穷凶极恶，在大势已去的情况下还浇油放火烧城拉着全城人陪葬，组织旗兵负隅顽抗。最后在福州被革命军攻破之际，朴寿被革命军抓到，但是他坚决不向革命军投降，最后被处决，弃尸山下。事后，清廷追赠其太子太保，予二等轻车都尉世职，谥忠肃。他也算一块硬骨头。

另外还有闽浙总督松寿，在福州城破之际也选择自尽。

同样的人还有山西巡抚陆钟琦，此人在最后时刻依然对清廷保持忠诚，甚至到了太原后，他还积极组织反对革命党的活动，对革命党造成了极大威胁。在关键时刻，太原革命党断然决定举行起义。公元1911年10月29日早晨，阎锡山指挥的起义新军士兵持枪冲入巡抚衙门。陆钟琦见到起义军时质问："尔辈将反邪？"随即陆钟琦这个顽固反革命就被乱枪击毙……

这些人算是清廷最后的追随者。按照罗正钧编写的《辛亥殉节录》、吴庆坻编写的《辛亥殉难记》、赵尔巽等人编写的《清史稿·忠义传》等书记载，当时为清廷"殉节"的文武官员、名流士绅多达三百二十八人，其中满族二百一十三人，汉族九十人，蒙古族十六人，汉军旗人九人。

然而实际上，这些人中有部分人的"殉节"也不太成立。比如曾任川汉、粤汉铁路督办大臣，后为四川代总督的托忒克·端方在被革命党抓住后苦苦求饶，还说自己祖上是陶姓汉人，且平日对大伙不错，请求饶恕。但是众革命党皆表示"诚如此，私恩耳！今日之事，乃国也，不得顾私恩"。于是把端方和他弟端锦一起宰了。也许是为了遮丑，清廷得知端方死后也没追究他贪生怕死求饶之事，反而追赠端方太子太保，谥忠敏。所以说这个"殉节"实在是水分大了点儿。

除了官员外，也有不少文化名人为清廷"殉节"，比较著名的就有国学大师梁漱溟的父亲、曾任京师巡警厅教养局总办委员的梁济。在六十大寿之际，他留下一封万言遗书，称："国性不存，国将不国。必自我一人殉之，而后让国人共知国性乃立国之必要。"之后就投湖自尽。对于梁济的死，历史学家傅斯年虽然在《心气薄弱之中国人》中将梁济和辜鸿铭、张勋并列为守旧的象征，但是他也承认："任凭他是什么主义，只要有主义，就比没主义好。"

另一个为清廷投湖"殉节"的王国维争议很大。公元1927年6月2日，王国维在万事安排妥当后，在颐和园昆明湖鱼藻轩自沉。事后，人们在其内衣口袋内发现遗书，遗书中写道："五十之年，只欠一死。经此世变，义无再辱。"虽然很多人并不认为他的死是给清廷殉节，而是另有原因，比如"逼债""惊惧"等，但溥仪事后赐王国维谥号为"忠悫（què）"的行为，反倒似坐实了王国维为清廷"殉节"一事，也给后人留下了无尽的猜想空间。

对清廷以死明志的人固然有，但数量上实在少得可怜。正如前清遗老王树枏（zhān）感叹："吾尝读宋、明诸史，见其末造鼎革之际，忠臣志士往往以一死殉君父之难；甚至瓮牖（yǒu）绳枢之子，足不出一乡，名不挂尺籍，而抗节不屈，或不惜捐糜踵顶，杀身以成其仁，或结身长往，以履土食粟米为耻。若此者，比比皆是也。独我朝养士二百余年，深仁厚泽，实远轶宋、明两朝，而国变之后，士大夫之从容就义与国同尽者，寥寥无复几人；其有不降志辱身，高栖远遁，以老死于山陬（zōu）海澨之间者，亦可偻而数也。"

他们还是地方实力派

绝大部分的清末官僚在改朝换代之际，还是老老实实地选择了和民国政府合作以换取出仕的机会。比如鲁迅讽刺过江苏巡抚程德全在辛亥革命时，"用竹竿挑去了抚衙大堂屋上的几片檐瓦，以示革命必须破坏"，然后摇身一变，成了民国政府的江苏都督。这种人才是当时清末知府知县们的普遍状态。

比如慈利县知县雷以动，在革命后，按照革命党的"留任"法令继续担任知县一职，还遵守了革命党要求的城乡普遍实行男剪辫发、女放裹足等命令。其他的大官如十三位内阁、九大总督等，大部分人都选择跟革命党合作，成功保住了自己的政治地位。以所谓的"皇族内阁"里的徐世昌为例，此人五十岁出任军机大臣，后任内阁协理大臣。辛亥革命时期，作为袁世凯的重要政治盟友，徐世昌不但在清廷倒台时起到了重要作用，还在公元1918年担任中华民国总统。除了他，"北洋三杰"王士珍、段祺瑞、冯国璋也都在民国任职。作为"皇族内阁"司法大臣的爱新觉罗·绍昌，在清廷覆灭之际也没有殉节，而是选择投靠袁世凯，最后还当上了弼德院顾问大臣。清廷九大总督之中，如前东三省总督赵尔巽在民国成立后，初任清史馆总裁，主编《清史稿》；后在段祺瑞政府任善后会议议长、临时参议院议长等职。直隶总督张镇芳，在清朝灭亡后继续从政，在袁世凯时期任河南都督兼民政长，直到后来跟张勋复辟才彻底丧失了政治前途。

这些人都是清廷举足轻重的官员，他们的表现也让清廷的覆灭有了讽刺意味。而那些普通的知府知县转变更快。比如，广西梧州宣布独立后，当地官员迅速利用自己在当地根基深厚的优势，把控了梧州新政府的各个要职。前清道台沈林一为总管兼梧州税关监督，前清知府张德渊、知县张祖栻继续留用，武官统兵不变，一切机关行政均按旧制，梧州革命的成果事实上已经被窃取。更让人愤怒的是，这帮人还制造借口在当地百花冲杀害了超过四百名革命志士。从此一地就可见，留用旧势力对辛亥革命的成果造成了多么大的损失。类似的事情在全国各地都有上演。苏州知府何刚德在民国时期官运亨通，公元1914年出任民国江西内务司司长、豫章道尹，还在公元1922年一度代理江西省省长一职。这都是当时前清官员的缩影。大部分的前清官僚都在辛亥革命的大潮下，选择与革命党合作，并且多数在民国继续干着老本行。

心灰意冷，套现跑路

当然，也有部分人在清朝覆灭后对政治心灰意冷，选择隐居或从商从学，甚至干脆跑路。这些人所占比例也不小。上文提到过的清廷"皇族内阁"和提督知府们，很多人对辛亥革命并不抱支持的态度。辛亥革命爆发后，他们或是逃走，或是归隐，离开了政治舞台。

比如，摄政王爱新觉罗·载沣就是典型例子。载沣在溥仪退位后便回家安心种花养鸟，不再过问世事。后来张勋复辟时曾专门请他出山，被他拒绝。甚至后来伪满洲国成立，载沣不但拒绝同行，还力劝溥仪不要过去，也算是在大是大非面前立场不变。

再如，曾任清末第一届内阁总理大臣的庆亲王爱新觉罗·奕劻（kuāng），此人虽然庸碌无能，但是在搞钱方面是一把好手。英国《泰晤士报》驻华记者莫理循披露，庆亲王的银行存款高达712.5万英镑，相当于数千万两白银。但在清廷大厦将倾之际，他还是"义无反顾"地逃跑了。最后，他于民国六年（公元1917年）一月二十九日死在天津租界，时年七十九岁。

又如陕甘总督长庚，在得知清帝逊位后，立刻将总督印交布政使赵惟熙，随后离职回家养老。

类似这样的高官不胜枚举。除了高官外，那些"三年清知府，十万雪花银"的知府知县们亦有不少卷款逃亡的。比如在青岛，因辛亥革命逃亡到这里的各路前清官僚众多，他们带的金银细软也多，为了防止被贼人偷抢，他们多居住在德国巡捕房附近，其中住在巡捕房所在的宁阳路的人最多，以至于青岛百姓称其为"赃官巷"，甚至闹出了很多人只知"赃官巷"而不知宁阳路的笑话。其他的帝国主义在华租界区也有很多前清遗老的身影，尤其是天津、上海等地，一时间兴建了不少豪宅府邸，当然都是用他们曾搜刮来的民脂民膏建造的。

　　袁世凯窃取了辛亥革命的胜利果实后，便把内阁中外交、内务、财政、陆军、海军、交通等要害部门收入囊中，惟将司法、教育、农林等几个清水衙门让给南方革命党人。袁世凯的手下基本都是前清官僚，这些部门上上下下岿然不动。同时，南方地区出于种种原因，强大的旧势力依然牢牢把控着基层，大部分知府知县根本就是原来的官员在继续掌权。这让辛亥革命成为一场很不彻底的革命。故有人感慨，民国初期简直就是一个没了清朝皇帝的大清。这也引发了后来一系列诸如"护国运动""护法运动"等历史事件。

　　辛亥革命推翻了压在中国人民身上两千多年的皇权专制制度，从此，皇权帝制遭到唾弃，这不得不说是一场划时代的胜利。然而，我们也认识到，革命党由于缺乏先进的理论指导和坚强的领导核心，并没有彻底摧毁旧制度，在客观上给了前清官僚可乘之机，尤其是中下层的知府知县们，更是利用他们的官场人脉和行政经验在民国时期混得如鱼得水。用鲁迅在《阿Q正传》中的话来说，就是"知县大老爷还是原官，不过改称了什么，而且举人老爷也做了什么——这些名目，未庄人都说不明白——官，带兵的也还是先前的老把总"。

《历史的棋局2》创作者列表

（按文章出现顺序排列）

成蹊（一）　　　　　　郭歆（二、十、十七、十九、二十一、三十四）

陈峰韬（三）　　　　　江上苇（四）

刘凯（五、二十七）　　韩靖宇（六、二十八）

晋右史（七）　　　　　赵旭腾（八、三十三）

祁夜（九）　　　　　　大梁如姬（十一、二十二）

李方恩（十二）　　　　瀛洲海客（十三、十四）

阮泓华（十五）　　　　铁骑如风（十六）

黑色君（十八、二十三）　潘前芝（二十）

林克（二十四、二十五）　长云川（二十六）

徐飞（二十九）　　　　杜若（三十）

瑶华（三十一）　　　　湘桥蓬蒿人（三十二）